Social Enterprise and Business Model

사회적 기업과 비즈니스 모델

이정환 지음

박영사

이 저서는 2014년 정부(교육부)의 재원으로 한국연구재단의 지원을 받아
수행된 연구임(NRF−2014S1A6A4027422)

들어가는 글

　글로벌 경쟁이 심화되고, 저성장 기조가 지속되면서 높은 실업률, 양극화 등 다양한 사회문제가 대두되고 있다. 각 국가들은 이를 해결하기 위한 접근방법으로 사회적 경제와 사회적 기업에 본격적인 관심을 가지기 시작하였다.

　2017년 7월 정부는 100대 국정과제를 발표하였다. 사회적 가치 관련 과제로 '사회적 가치 실현을 선도하는 공공기관'과 '사회적 경제 활성화' 2개가 100대 국정과제로 선정될 만큼 중요성이 증대되고 있다. 정부는 사회적 경제 관련 기업 또는 조직이 포용적 성장의 주역으로 성장할 수 있도록 성장단계별 특성에 맞는 지원 시스템을 구축하고 파급효과가 큰 분야로의 진출을 정책적으로 유도하고 있다.

　사회적 경제 활성화는 우리 사회가 직면하고 있는 가장 시급한 과제 중 하나이다. 범부처 차원의 지원뿐만 아니라, 대학에서도 사회적 기업가 MBA, 소셜 벤처 동아리 지원 사업 등 청년들을 사회적 기업가로 양성하기 위한 다양한 노력을 기울이고 있다. 다행스럽게도 우리 청년들이 경제적 이익 창출을 위한 창업뿐만 아니라, 사회적 가치를 실현하기 위한 사회적 기업의 창업에 많은 관심을 가지기 시작한 것은 바람직한 현상이라 할 수 있다.

　기획재정부 보고 자료를 살펴보면, 2018년 사회적 경제 관련 기업 수는 2만 4,893개로 전년대비 11.4% 증가하였다. 일자리 창출은 25만 5,541명으로 전년대비 4.2% 증가하였다. 융자, 보증, 투자 등 정책금융은 1,937억 원으로 전년대비 94%로 급격히 증가하였음을 알 수 있다. 정부지원과 더불어 사회적 기업 수와 일 자리가 양적으로 증가하였다. 그렇지만, 사회적 기업이 독자적으로 지속가능성이 있느냐에 대해서는 어느 누구도 확신을 가지고 답할 수 없을 것이다.

사회적 기업이 지속적으로 성장하기 위해서 공익적 측면의 사회적 가치뿐만 아니라, 수익형성 측면에서 경제적 가치를 동시에 창출하여야 한다. 즉, 사회적 목 적을 안정적으로 달성하기 위하여 장기적 관점에서 자원과 역량을 갖추고 있어 야 함을 의미한다. 2010년대 이후 매년 200여개 이상의 기업 및 단체가 사회적 기업으로 인정되고 있지만, 이들의 경제적 성과는 일부 기업을 제외하고는 적자 이거나 미미한 실정이다.

본 저자는 "어떻게 하면 사회적 기업이 지속적으로 성장할 수 있을까?"에 대 한 해답을 찾아보고자 연구를 시작하였다. 사회적 기업에 대한 다양한 연구가 존 재하지만, 대다수 연구들은 사회적 기업의 개념 또는 사례이며, 주로 해외 자료를 바탕으로 하고 있다. 우리나라 사회적 기업의 지속가능성에 대한 체계적인 연구 는 거의 없다고 할 수 있다. 사회적 기업의 지속가능성에 대한 연구를 진행하기에 앞서 사회적 기업에 대한 체계적이고 종합적인 정리를 기본으로 본 연구를 시작 하였다.

본 저서는 크게 5개 파트로 구성되어 있다.

첫 번째 파트는 사회적 기업에 대한 이해이다. 먼저, 사회적 기업의 개념과 유형을 살펴보고자 하였다. 유럽 및 미국의 사회적 기업들이 다양한 유형과 방식 으로 활동하기 때문에 한마디로 정의하기가 어려운 상황이다. 우리나라에서도 사 회적 기업, 사회적 경제 및 비영리조직(NPO) 등 다양한 단어가 혼재되고 있는 이 유이기도 하다. 또한, 해외 사회적 기업의 발전과정뿐만 아니라, 우리나라 사회적 기업의 발전과정도 살펴보면서 유사점 및 차이점을 이해하고자 하였다.

두 번째 파트는 사회적 기업의 지속적 성과 창출이다. 사회적 기업의 성과 유형, 평가 및 지속가능성을 살펴보고자 하였다. 사회적 기업의 사회적 및 경제적 성과 유형을 살펴보았다. 특히 사회적 성과 유형은 사회서비스, 노동통합, 지역사 회통합, 환경개선 측면에서 어떤 내용인지를 분석하였다. 사회적 기업의 성과를 영리기업과 같이 단순히 산출의 개념으로 측정할 경우 사회서비스를 제공하는 투입요소, 과정, 사회적 결과 또는 영향력을 고려하지 않게 된다. 이러한 문제점들을 해결하기 위해서 영리기업과 달리 다양한 요소를 활용하여 사회적 성과 측정 방법을 이해하고자 하였다. 마지막으로 사회적 기업의 지속가능성의 개념과 더불어 우리나라 사회적 기업의 지속가능 현황을 통계적으로 분석하였다. 사회적 기업의 지속가능성은 경제적 자립 또는 지속적 경쟁우위를 창출할 수 있는 비즈니스 모델을 통한 수익활동을 통해서 사회적 목적을 달성하는 것으로 볼 수 있다.

세 번째 파트는 사회적 기업의 비즈니스 모델 연구이다. 일반적인 비즈니스 모델의 개념에서 출발하여 비즈니스 모델의 구성요소와 유형을 살펴보았다. 이후 사회적 기업의 비즈니스 모델을 개념, 구성요소, 유형 측면에서 분석하였다. 비즈니스 모델은 기업의 경영활동을 총체적이면서 간략하게 개념화한 것으로 정의할 수 있다. 사회적 기업의 비즈니스 모델의 정의 및 유형에 대한 연구는 많지 않다. 사회적 기업의 유형은 법적인 조직, 사회적 성과에 따라서 상당히 다양하다. 사회적 기업의 사회적 가치를 추구하는 목표는 동일하지만, 사회적 가치의 종류, 자금조달 방법이 다르므로 다양한 비즈니스 모델이 존재할 수 있다. 이를 이론적으로 살펴본 후 다음 파트에서 종합적인 사례분석을 진행하고자 하였다.

네 번째 파트는 사회적 기업의 비즈니스 모델 사례 분석이다. 사례 분석을 위한 개요를 살펴본 후 사회적 기업 유형별 비즈니스 모델을 분석하였다. 다음으로 비즈니스 모델을 종합적으로 평가하였다. 사회적 기업을 법인유형별 혹은 사회적 목적 유형별로 분류한 후 공통된 비즈니스 모델이나 유사한 특징을 갖는지 살펴보고자 하였다. 본 분석은 2017년 12월 기준 1,877개의 사회적 기업을 법인유형·사회적 목적 유형으로 세분화하여 각각의 유형에 해당하는 대표 사회적 기업 총 19개를 선정하여 이들의 비즈니스 모델을 분석하였다. 이들의 비즈니스 모델을 사회적 목적 및 파트너십 유형별로 종합적으로 분석한 결과 공통적인 특징을 가지고 있음을 알 수 있으며, 그룹화하여 시사점을 제시할 수 있었다.

다섯 번째 파트는 한국 사회적 기업이 나아가야할 방향이다. 본 연구의 마지막 파트로 사회적 기업의 비즈니스 모델 연구를 바탕으로 우리나라 사회적 기업이 지속적 성과를 창출하기 위해서 비즈니스 모델을 혁신하는 방안을 제시하였다. 또한, 사회적 기업의 지속가능성을 높이기 위한 정책 개선점을 제시하였다. 사회적 기업은 공공중심 사회서비스 산업의 한 축으로 자리를 잡아가고 있다. 사회적 기업들에게 직접적인 경제적 지원보다 시장경제체계에서 환경적 수용성을 높일 수 있는 지원과 사회적 기업의 지속가능성을 높이기 위한 선순환 생태계 구축이 필요한 시점이라고 할 수 있다. 이를 사회적 기업의 비즈니스 모델에 대한 벤치마킹과 혁신에서 출발점을 찾고자 하였다.

본 저서를 작성하면서 가장 많은 노력을 기울인 부분은 사회적 기업과 비즈니스 모델에 대한 핵심 개념 및 사례를 쉽게 이해할 수 있도록 체계적으로 분석하고자 하였다. 예비 사회적 기업가, 사회적 기업가 및 사회적 기업에 관심이 있는 일반인 또는 전문가들도 단순이론에 그치지 않고 실제 현장과 연계해서 학습하거나 벤치마킹할 수 있도록 하였다. 그리고 우리나라 사회적 기업의 비즈니스 모델을 종합적으로 분석하고 시사점을 제시하고자 하였다.

본 저서가 나오기까지 도움을 주신 여러분들께 감사의 마음을 전합니다. 필요한 자료를 모으고 정리하는 데 많은 도움을 준 박은지, 김기훈, 박진석, 박혜수, 최현선, 이승환, 신동원 등 여러 제자들의 도움에 감사드립니다. 마지막으로 한결같은 믿음과 사랑을 주신 가족들, 아내 수현, 큰 딸 수빈, 작은 딸 채원에게 감사의 마음과 사랑을 전합니다.

2019년 6월
저자 **이정환**

차 례

한국 사회적 기업이 나아가야할 방향

PART
01

사회적 기업에 대한 이해

본 파트에서는 사회적 기업에 대한 이해의 폭을 넓혀 주고자 한다. 사회적 기업과 사회적 경제가 급격히 확대되고 있지만, 이들에 대한 개념과 유형은 국가별로 서로 다르게 나타나고 있다. 또한, 사회적 기업에 대한 종합적인 분석이 많지 않다. 사회적 기업에 대한 개념과 유형, 국가별 발전과정을 살펴볼 수 있을 것으로 기대된다.

사회적 기업의 개념

1 사회적 경제의 등장

글로벌 경쟁이 심화되고 저성장 기조가 지속되면서 높은 실업률, 양극화 등 다양한 사회문제가 대두되고 있다. 각 국가들은 이를 해결하기 위한 정책적인 접근방법으로 사회적 기업에 대한 관심이 증가하고 있다.

사회적 기업을 바라보는 관점은 매우 다양하다. 많은 나라의 사회적 기업들이 다양한 유형과 방식으로 활동하기 때문에 한마디로 정의하기가 어렵다.

먼저, 사회적 기업을 이해하기 위해서는 사회적 기업의 역사적 출현배경을 살펴볼 필요가 있다. 사회적 기업은 제3섹터, 사회적 경제, 비영리 조직 등과 관련하여 등장하였다. 그러므로 사회적 기업의 개념을 이해하기 위해서는 이들 개념들을 살펴볼 필요가 있다.

사회적 경제는 이상적인 사회주의, 지속가능한 개인 경제개발과 관련된 자유주의, 인간적인 측면을 강조하는 기독교적 연대주의를 모두 고려하면서 시작되었다(노영희, 2015). 사회적 경제는 19세기 중반 사회경제적 기금조성의 수단이었던 유럽의 협동조합에서 유래를 찾을 수 있다. 협동조합은 조직의 결사체 형태로 투자자의 권한과 시장경제를 견제하기 위한 수단으로써 시장경제에 의존하면서도 도움이 되는 존재로 인식되기 시작하였다(꿈과미래사회연구원, 2013). 그렇지만 이때까지는 사회적 경제라는 용어를 사용하지 않았다. 사회적 경제의 용어는 샤를 지드(Charles Gide, 1848~1932)라는 프랑스 경제사상가가 처음으로 사용하였다 (노영희, 2015). 그는 사회적 경제를 세 범주로 구분하면서, 기업의 사회적 공헌 활동, 협동조합 및 노동조합 등과 같은 결사체, 사회적 입법을 통한 공공규제로 정의하였다. 또한 이를 시장경제의 대안으로 인식하고 사회변혁의 가능성을 주장하였다.

　20세기 들어와서 서유럽 국가들을 중심으로 사회서비스 개발과 함께 수익 창출의 다양성에 대해 관심을 가지기 시작하면서, 제3섹터는 협동조합 중심으로 사회적 경제의 개념으로 이해되기 시작하였다. 제3섹터는 자본주의 사회를 구성하는 요소를 국가 및 공공부문의 제1섹터, 민간 영리활동의 시장부문 제2섹터, 이 두 영역을 제외하고 나머지 다양한 부문을 제3섹터로 통칭하는 용어로 중간적이며 다차원적인 특성을 지니고 있다(강욱모, 심창학, 2012). 제3섹터를 구성하는 조직의 특징은 공공이나 민간부문에서 공급되지 않는 욕구를 충족하기 위한 조직, 자주적으로 조직되고 관리되는 조직, 지역사회에 기반을 두거나 이를 지향하는 활동을 하는 조직, 이윤을 분배하지 않는 조직, 자원봉사를 포함한 자선에 기반을 둔 활동을 하는 조직 등이다(강정석 외, 2017). 이와 같이 사회적 경제와 제3섹터는 유사한 개념으로 이해되기 시작하였다.

　1970년대 들어 경기침체와 실업률 증가로 복지국가가 위기에 봉착하면서 사회적 경제 활동은 본격적으로 성장하기 시작하였다. 사회적 경제는 자본주의 및 자유시장경제의 발전으로 인한 불평등과 빈곤 등 사회문제를 해결하기 위한 수단으로 발전하였다(강정석 외, 2017). 사회적 경제 활동은 민간부문을 중심으로 프랑스, 이탈리아, 벨기에 등에서 협동조합, 노동조합과 같은 조직형태로 나타났다 (이광택 외 역, 2011). 그렇지만 사회적 경제에 대한 개념으로 누구나 동의할 수 있는 통일된 정의는 존재하지 않는다. 많은 연구자들이 실제 나타나는 조직들을 중심으로 사회적 경제를 다양한 관점에서 개념화하기 시작하였다. 사회적 경제는 사회적 질서 속에서 사회적 가치를 실현하기 위하여 화폐적 및 비화폐적 자원을 바탕으로 재화의 생산, 교환, 분배, 소비하는 조직들로 구성된 경제활동 영역으로 볼 수 있다. 또한, 폴라니는 인간의 경제활동 가운데 상호배려 정신에 바탕을 두고 호혜성, 나눔의 원칙으로 재분배의 원리가 작동하는 경제로 정의하였다(꿈과 미래사회연구원, 2013).

사회적 경제의 개념은 국가별로 서로 상이하게 나타나고 있다. 유럽의 사회적 경제는 정부로부터 최소한의 도움과 지역사회를 기반으로 시장경제에 맞서기 위해 독자적이면서도 연대의 경제를 의미한다. 그 예로 협동조합, 상호부조조직, 자발적결사체 등 여러 유형이 있다. 반면, 미국의 경우는 비영리 조직의 형태로 이익을 전혀 배분하지 않으며, 자선조직 또는 지역사회 봉사조직 등의 형태로 나타난다(송인방, 2014).

우리나라도 사회적 경제에 대한 관심이 2000년대부터 증가하기 시작하였다. 우리나라는 2010년대부터 안전행정부(현 행정자치부) 중심으로 마을기업 사업을 시작하면서 자활기업, 사회적 기업, 마을기업 등을 포함하여 포괄적인 개념에서 사회적 경제라는 용어를 공식적으로 사용하기 시작하였다(강정석 외, 2017). 이윤재(2010)는 사회적 경제란 영리목적의 사적인 이익을 추구하는 시장경제가 아니라 사회적 가치와 공익성을 추구하는 공익경제를 의미하며, 개인의 이익보다 지역사회 공동체 이익, 연대와 통합을 최우선 가치로 하는 공동체 자본주의 또는 나눔과 호혜의 경제로 정의하였다.

국가별 사회적 경제의 개념은 상이하지만, 규범적으로 핵심적인 요건이 있으며, 다음과 같다(김성기, 2011).

첫째, 공동체 이익을 지향하는 명확한 목적

둘째, 운영이나 경영에 있어서의 자율성

셋째, 자본 소유에 종속되지 않는 민주적 의사결정 구조

넷째, 이윤 배분의 제한

본 요건은 공익성을 강조하는 사회적 측면에서 시장경제와는 다르다. 또한, 영리적 특징과 비영리적 특징을 모두 가진다는 점에서 비영리단체와도 다르다. 사회적 경제의 개념은 서로 상이하지만, 핵심 요건을 갖춘 사회적 경제 관련 조직이 활발히 등장하고 있다. 그렇지만 이들은 아직까지 제도적으로 불안정하다. 이를

해결하기 위해서 많은 국가들이 법적인 토대를 마련하고 있다. 사회적 경제 관련 법을 제정함으로써 사회적 경제 자체를 하나의 조직으로 인정하고 가시성을 부여하고자 하였다. 캐나다 퀘벡은 사회적 경제를 구성원 또는 공동체에 대한 봉사를 중심으로 하는 목적으로 운영되는 기업이 사회적 목적으로 수행하는 모든 경제적 활동으로 정의하고 있다(황덕순 외, 2105). 우리나라도 각 자치단체별 사회적 경제 관련 조례를 제정하여 운영 중이다. 경기도의 사회적 경제 육성지원에 관한 조례에서 사회적 경제란 삶의 질 증진, 빈곤, 소외극복 등 공공의 이익이라는 사회적 가치 실현을 위해 협력과 호혜를 바탕으로 사회적 경제 조직들의 생산, 교환, 분배, 소비가 이루어지는 경제시스템으로 정의하고 있다(법제처 국가법령정보센터).

　앞에서 언급한 바와 같이, 미국과 유럽을 중심으로 사회적 경제의 개념과 경제 시스템의 차이로 인하여 사회적 경제의 유형은 다양하게 나타나고 있으며, 국가 및 추진기관에 따라서도 다양하게 정의하고 있다. 노대명(2007)은 먼저 사회적 경제의 유형을 국가지향과 시장지향으로 이분화 하였다. 그리고 정부의존 및 자립지향, 비영리 및 영리 추구 경향에 따라서 유형을 공공지원형 일자리 사업, 공공지원형 사회적 기업, 민간 지원기관, 사회적 경제로 정의하였다. 공공지원형 일자리 사업은 공공근로, 자활근로사업, 사회적 일자리 사업 등 인건비와 사업비를 정부 재정을 통해 전적으로 지원받는다. 그러나, 공공지원형 사회적 기업은 정부가 재정을 일부 지원하지만 시장에서 수익을 통해서 운영되며, 궁극적으로 정부의 보조금 및 기부금에 의존하지 않는 사회적 기업을 지향한다. 사회적 경제는 시민단체, 협동조합, 공제조합 등의 형태이며, 시민단체와 협동조합이 조직의 수, 규모 측면에서 상당히 크다. 그렇지만 협동조합 중 많은 조직들이 영리화를 추구하고 있으며, 사회적 경제의 기본적인 가치를 주 목적으로 추구하는 노동자협동조합과 생활협동조합의 수는 적은 편이다.

　이상에서와 같이 사회적 기업에 대한 개념은 사회적 경제의 개념에서 유래하였음을 알 수 있다. 사회적 기업을 포함하여 다양한 주체가 사회적 경제에서 중요한 역할을 수행하고 있다. 우리나라는 사회적 기업을 사회적 경제보다 공식적인 용어로 먼저 사용하였지만, 미국 및 유럽 등 선진국에서는 사회적 경제가

표 1-1 **사회적 경제의 유형과 특징**

성격 I	성격 II	유형분류	세부설명
국가 ▼ ▼ ▼ ○ ○ 사회적 경제 ○ ○ ▲ ▲ ▲ 시장	정부의존 ▲ ▲ ○ ▼ ▼ 자립지향	공공지원형 일자리 사업	장애인 보호작업장/노인생산공동체
			복지부자활근로사업단
			노동부사회적일자리사업
		공공지원형 사회적 기업	자활공동체
			노동부사회적기업
		민간 지원기관	대안금융기관
	비영리 ▲ ▲ ○ ▼ ▼ 영리	사회적 경제	시민단체(서비스공급형)
			노동자협동조합
			생활협동조합
			농협/수협/산림조합
			신협/새마을금고

출처: 노대명(2007), 김성기 외(2014) 재인용.

사회적 기업 논의의 시발점이 되었음을 알 수 있다. 사회적 경제가 보다 포괄적이고 광의의 개념에서 사용되고 있다.

2 사회적 기업의 정의

사회적 기업이라는 용어는 언제부터 사용되기 시작하였을까? 1970년대 미국 및 유럽에서 사회적 기업은 사회적 경제의 재등장과 더불어 새로이 출현하였다. 유럽의 사회적 기업 연구자 네트워크인 EMES(EMergence des Enterprises Sociales en Europe, 프랑스어 약자)는 사회적 기업을 사회적 경제 영역에서 시민사회에 역동성과 기업가적 전략에 기반을 두고 실업, 사회서비스 등 사회 문제를 해결하고자 하는 일련의 새로운 활동과 조직을 가리키는 개념으로 정의하였다(김성기, 2011).

사회적 취약계층은 실직 등으로 인해 소득감소뿐만 아니라 사회서비스 배제를 겪게 된다. 정부가 추진하는 전통적 복지정책만으론 취약계층의 소득증대 및 삶의 질 향상이 쉽지 않다. 과거의 복지정책은 국가 정부 주도하에서 행하여졌으나, 정부 정책의 미흡과 시장의 실패로 인하여 사회적 경제 영역에서 협조가 필요하게 되었다(이윤재, 2010). 사회적 경제 영역 중에서, 사회복지에 필요한 사회서비스를 제공해주고 새로운 일자리를 창출하며 자선활동 등을 통하여 공동체와 연

그림 1-1 사회적 기업의 출현 도식화

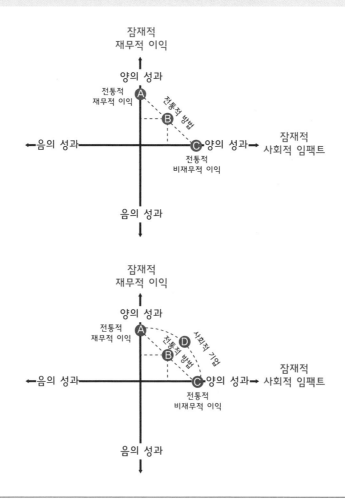

출처: Wilson et al.(2013) 자료 수정.

대 관계를 향상시키는 중요한 역할을 하는 조직이 사회적 기업이라 할 수 있다. 사회적 기업이 출현한 이유는 〈그림 1-1〉로 요약할 수 있다. 전통적인 방법보다 사회적 기업으로 사회서비스를 할 경우 재무적 이익 및 사회적 임팩트도 크게 할 수 있기 때문이다.

그렇지만 사회적 기업 또한 사회적 경제와 마찬가지로 복합적인 형태로 다양하게 나타나고 있다. 이는 사회적 요구사항에 따라서 사회적 기업들이 출현하면서 사회적 기업의 개념, 유형 그리고 내용이 달라지고 있기 때문이다. 많은 나라의 사회적 기업들이 여러 유형으로 정의되고 다양한 활동을 하고 있기 때문에 사회적 기업을 한마디로 정의하기가 매우 어렵다. 일반적으로 사회적 기업의 역사적인 출현과 발전은 유럽 국가들과 미국을 중심으로 진행되었다. 유럽의 사회적 기업은 1980년대 정부중심의 복지 정책이 위기를 맞으면서 실업해결, 지역통합, 사회서비스 제공에 대한 필요성이 대두되면서 협회 또는 협동조합의 형태로 출현하여 운영되었다. 반면, 미국은 비영리단체에 대한 정부의 재정지원예산이 축소되면서 비영리단체가 수익을 창출하기 위한 기업활동의 관점에서 사회적 기업의 개념이 등장하기 시작하였다.

최근 20~30년간 지역통합, 사회서비스에 대한 요구는 전 세계적으로 질적 및 양적으로 급속히 증가하였지만, 공공기관 또는 영리를 목적으로 하는 민간 기업은 다양한 요구를 점점 충족시키지 못하면서 사회적 기업의 역할이 증가하기 시작하였다. 왜냐하면, 사회서비스를 필요로 하는 소비자들의 지불능력이 전통적 공급자가 제시하는 가격보다 낮거나, 기존 조직이 사회서비스를 생산하기에는 비효율적이기 때문이다. 그래서 이를 해결하기 위한 새로운 조직으로 사회적 기업의 필요성이 제기되었으며, 본 조직을 통해서 실패 원인을 제거하고 서비스 공급에 있어서 효율성을 창출하게 된다.

우리나라는 2000년대 취약계층의 일자리 창출과 사회서비스에 대한 필요성이 증대되면서 사회적 기업에 대한 관심이 증가하였다. 2007년 7월 '사회적기업육성법'이 제정되고 실행되면서 사회적 기업을 공식적으로 정의하고 있다. 우리나라보다 앞서서 2000년대 벨기에, 영국 등 유럽 국가들을 중심으로 사회적 기업 관련 정의 및 법제도 제정이 활발히 이루어졌다. 그러나 일본, 미국 등 일부 선진국에서는 협동조합, 비영리 조직, 상호조직 등을 포함하는 광범위한 개념으로 사회적 기업들이 활동을 하고 있지만, 이를 법제도의 측면에서 사회적 기업을 명확하게 정의하지 않고 기존의 비영리단체 관련 법령에서 설명하고 있다.

이상에서와 같이 다양한 국가에서 출현한 사회적 기업 관련 개념을 종합해 보면, 사회적 기업은 사회서비스에 취약한 계층의 노동통합, 취약계층에게 사회서비스 전달, 지속가능한 지역개발 등의 사회적 가치창출이라는 목표를 가지고 운영되는 민간중심의 다양한 조직들을 통칭한다고 볼 수 있다. 사회적 기업은 기존의 한시적인 자선사업과 달리 적절한 경제적 이익을 창출하여 지속가능한 사회적 목표를 실현하는 조직을 의미한다. 그럼에도 불구하고 사회적 기업은 국가나 관련 연구기관 및 연구자들에 따라서 다양하게 정의되고 있다.

먼저, 사회적 기업에 대한 국가별 정의를 살펴보면, 유럽의 모든 나라가 사회적 기업이라는 정확한 표현을 법률 문서나 공문서에서 사용하고 있는 것은 아니다. 태생적으로 협동조합, 상호공제조합, 민간단체를 중심으로 사회적 관련 활동이 먼저 출연한 후 법제도가 제정되면서 사회적 기업 관련 용어들이 공식적으로 사용되기 시작하였다. '사회적 기업'이라는 표현은 태생적 특성에 따라 유럽 각 국가에서 조금씩 다르게 사용되고 있다. 예를 들어, 이탈리아 의회는 '사회적 협동조합(social co-operatives)법'을 1991년에 도입함으로써 법제도적 측면에서 선구자적인 역할을 하게 되었다. 이러한 새로운 법적 형태가 성공리에 도입되고, 사회적 협동조합이 큰 발전을 이룩하면서 유럽지역의 타 국가들도 관심을 가지기 시작하며 관련 법률 제정이 이루어졌다. 1995년 벨기에가 '사회적 목적을 가진 회사(companies with a social purpose)'라는 법률을 제정하였으며, 1998년 포르투갈이 '사회적 연대 협동조합(social solidarity co−operative)'법을 제정하였다. 1999년 그리스는 '유한책임 사회적 협동조합(social co−operatives with limited liability)'법을 제정하였다(박대석 외 역, 2009; Borzaga, Defourny, 2004). 영국은 2002년부터 사회적 기업에 대한 논의가 급격하게 진행되었다. 블레어 정부는 '사회적 기업연맹'을 조직하고 공식적으로 '사회적 기업과'를 통상산업부에 설치하여 사회적 기업을 활성화하기 위한 노력을 기울이고 있다. 2004년 '공동체이익회사(Community Interest Company)'라는 제도를 회사법에 도입하여 사회적 기업의 개념과 활동을 촉진시켰다. 우리나라의 경우, 2007년 제정한 '사회적기업육성법'에 따르면 사회적 기업이란 취약계층에게 사회서비스 또는 일자리를 제공하거나 지역사회에 공헌함으로써 지역주민의 삶의 질을 높이는 등의 사회적 목적을 추구하면서 재화 및 서비스의 생산/판매 등 영업활동을 하는 기업이다. 동시에, 본 법령 제7조에 따라 인증받은 자를 말한다고 명확히 정의하고 있다. 이는 우리나라가 다른 해외 국가보다 엄격하게 사회적 기업을 정의하고 공공기관을 통해서 인증받은 자만을 사회적 기업으로 인정하고 있음을 알 수 있다. 이와 같이 우리나라뿐만 아니라 세계 여러 국가들이 사회적 기업에 대한 법률적 정의와 함께 지원체계를 수립하기 위해 노력하고 있음을 알 수 있다.

사회적 기업에 대한 법률적 용어의 정의와 더불어 사회학, 경영학 등 다양한 학문분야의 학자들이 학문적인 연구를 위해서 사회적 기업을 정의하기 시작하였다. 켐벨(Campbell, 1999)은 '사회적 목적을 갖는 사업으로 지역사회에서 필요로 하는 재화 및 서비스를 생산하고 부족한 재원을 지원하는 활동을 통해 이윤을 사회적으로 보편화하고자 하는 조직'으로 정의하였다. 또한, 아우테리(Auteri, 2003)는 '순수한 사업에서 시도되어서 박애주의적 기업으로 변한 조직으로 정의하면서, 박애주의와 특별한 목적을 달성하기 위해 시장을 혼합하여 선택된 특별한 형태'로 정의하였다. 보르자가와 드푸르니(Borzaga and Defourny, 2004)는 '제3섹터에서 주로 나타나는 것으로, 전통적인 의미의 기업형태가 아닌 협동조합, 주식회사, 교육/문화/복지 분야의 비영리 조직, 비정부 기구 등이 공익성과 수익성을 동시에 추구하며 사업을 실행하는 조직형태'로 정의하고 있다(강욱모, 심창학, 2012). 이와 같이 사회적 기업에 대한 연구자들의 개념 정의는 서로 간 많은 유사점이 있음에도 불구하고 강조하는 주제에 따라서 약간의 차이가 있음을 알 수 있다.

연구자들 외 공공기관 또는 연구단체를 통한 사회적 기업의 정의를 살펴보면, 1994년 킹 보드인 재단은 사회적 기업을 '미숙련 근로자들을 노동시장에 복귀시키기 위해 시장과 비시장 자원을 모두 활용하는 기업 활동을 포함하는 모든 활동'으로 정의하며, 취약계층의 근로자들을 고용하지 않더라도 사회적 목적을 추구하는 단체들도 포함하는 것으로 그 정의를 확대하였다(김정원, 2009). 영국 통상산업부는 사회적 목적을 우선적으로 추구하는 기업으로 주주와 소유주의 이익 극대화를 추구하기보다 창출된 이익을 사회적 목적 달성을 위해 주로 사업 자체나 지역사회에 재투자하는 기업으로 정의하고 있다(강욱모, 심창학, 2012).

사회적 기업에 대한 정의가 국가, 학자, 기관에 따라서 서로 다름을 알 수 있다. 영국과 미국 등은 일반적으로 사회적 기업을 비영리단체를 포함한 사회적 목적을 가진 비즈니스 조직으로 보기 때문에 다소 포괄적인 반면, 영국을 제외한 유럽 내륙 국가의 경우 사회적 가치 및 목표 추구에 초점을 두고 사회적 경제, 비영리단체, 제3섹터 등을 포함하는 사회적 관련 기업으로 정의되고 있음을 알 수 있다. 그럼에도 불구하고 유럽의 리서치 네트워크인 EMES 프로젝트는 유럽 15개국 각각의 사회적 기업을 설명하기에 활용 가능한 공통기준을 정의하고 있다. 본 정의는 상당히 명확하고 신뢰할 만한 기준으로 받아들여지고 있으며, 크게 4가지 경제적 기준과 5가지 사회적 기준으로 잘 정의되었기 때문에 본 기준을 바탕으로 전 세계 사회적 기업에 대한 연구를 진행할 수 있을 것이다.

먼저 경제적 측면에서 4가지 기준을 살펴보면 다음과 같다.

첫째, 지속적인 재화의 생산과 서비스 판매 활동이다. 사회적 기업은 보통 전통적인 비영리 기관과 달리 주요한 목적으로서 자선사업이나 이익의 재분배만을 주된 목적으로 하지 않으며, 지속가능한 제품의 생산과 서비스 제공에 직접적으로 관여한다. 그러므로 제품과 서비스의 제공은 사회적 기업을 지속가능하게 하는 주요한 근거가 된다.

둘째, 고도의 자율성이다. 사회적 기업은 자율적인 프로젝트 하에 자발적으로 참여하는 구성원들과 조직에 의해 생성된다. 상황에 따라서 사회적 기업이 공적 보조금에 의존할 수도 있지만, 직접적으로나 간접적으로 공공기관 또는 다른 민간기업의 통제를 받지 않으며, 스스로 자신의 입장을 고수하거나 사업을 자유롭게 마무리 지을 권리가 있다.

셋째, 상당한 수준의 경제적 위험 감수이다. 사회적 기업을 설립하는 사람들은 완전 혹은 부분적으로 사업시작 단계에서 경제적 위험을 감수해야 한다. 대부분의 공공기관과는 달리 기업운용에 필요한 재정은 재원을 제공하는 구성원이나 근로자들에게 의존한다.

넷째, 최소한의 유급 노동자이다. 대부분 전통적인 비영리단체와 마찬가지로 사회적 기업은 재정적 자원과 비재정적 자원인 유급 노동자와 자원봉사자를 모두 활용한다. 그러나 사회적 기업이 수행하는 활동은 최소한의 유급 노동자를 필요로 한다.

4가지 경제적 측면에서 보면 사회적 기업이 비록 사회적 목표를 추구한다고 할지라도 공공기관, 민간 비영리단체(NPO), 비정부기구(NGO)와는 근본적으로 다른 기업적 특성을 가지고 있음을 알 수 있다. 반면, 일반적인 영리기업과는 다른 사회적 관점의 5가지 기준을 살펴보면 다음과 같다.

첫째, 지역사회 사회공헌의 명시적 목표이다. 사회적 기업의 주요한 목표 중 하나는 지역사회나 특정 집단에 봉사하는 것이다. 사회적 기업의 주요 특징은 결국 지역 수준의 사회적 책임감을 스스로 발휘하는데 있다.

둘째, 시민들의 자발적 참여이다. 사회적 기업은 지역사회나 특정한 목표와 필요를 공유하는 집단에 속하는 사람들의 자발적이고 역동적인 참여로 나타난다. 진정한 사회적 기업은 이들의 자발적 참여가 지속적으로 유지되어야 한다.

셋째, 자본소유에 기인하지 않는 의사결정이다. 영리기업과 같이 자본소유구조에 의해 조직지배권 또는 의사결정권이 결정되는 것이 아니라, '1인 1표제' 원칙을 따르거나, 사회적 기업의 의사결정권이 다른 이해관계자에 의해 공유된다.

넷째, 사회적 기업 활동에 영향을 받는 사람들의 의사결정과정 참여이다. 고객의 대표권과 참여, 지분참여자의 참여 등 민주적 경영방식은 사회적 기업의 중요한 특성 중 하나이다. 많은 사회적 기업의 주된 목적 중 하나가 많은 경제 활동을 통한 지역차원의 민주주의 확대에 있다.

다섯째, 제한적인 이윤분배이다. 사회적 기업은 전면적인 이윤비분배를 특징으로 하는 비영리단체나 이윤극대화를 추구하는 영리기업과 달리 협동조합처럼 제한적으로 이윤을 분배할 수 있다.

이와 같이 사회적 목적을 달성하기 위해서 이익추구 활동을 하는 기업일지라도 사회적 관점의 5가지 기준은 사회적 기업의 일반적인 영리 활동을 많은 부분에서 제한하고 있음을 알 수 있다.

　　이상에서 다양한 연구자 및 미국, 유럽 등 다양한 국가 및 기관으로부터 사회적 기업에 대한 정의를 살펴보았다. 〈표 1-2〉는 다양한 연구자 및 기관들이 사회적 기업을 연구하기에 앞서 사회적 기업을 정의한 것을 요약한 것이다. 사회적 기업이라는 용어를 동일하게 사용한다고 할지라도 이들이 의미하는 바는 태생적으로 조금씩 다르게 나타난다. 사회적 기업 관련 스펙트럼이 경제적 가치를 추구하는 영리 기업의 특성과 사회적 가치를 추구하는 비영리단체의 특성을 모두 내포하는 형태로 〈그림 1-2〉와 같이 전통적 비영리 기관과 전통적 영리 기업의 중간에 위치함을 알 수 있다. 즉, 수익창출 활동을 하는 비영리 기관, 사회적 책임 기업, 사회적 책임 활동을 하는 기업 등이 사회적 기업의 영역에 속하며, 사회적 기업이라 부를 수 있다.

표 1-2　사회적 기업의 정의

연구자 또는 기관	정의
도허티 외 3명 (Doherty at el., 2014)	• 둘 이상의 범주에서 가치와 결과물의 공존을 허용하는 조직
헤이 & 호프만 (Haigh & Hoffman, 2014)	• 영리 및 비영리 영역의 요소를 결합한 조직: 시장 및 사명 지향적 신념을 유지하고 사회적 및 환경적 문제를 해결하기 위한 이론적 근거를 두고 있다. 비영리단체와 같이 사회 및 환경문제 해결을 위한 미션을 채택하지만 사명을 완수하기 위해 수익을 창출함
요하니소바 외 3명 (Johanisova etl al., 2013)	• 최소한 어느 정도까지 시장에 관여하는 조직: 명확한 사회적, 문화적 또는 환경적 목적과 함께 주로 지역사회에 뿌리를 두고 이상적이고 민주적인 소유구조(1인 1표제)
리 & 바틸라나 (Lee & Battilana, 2013)	• 전통적으로 합법화된 범주에서 추진할 수 있는 수단뿐만 아니라 주어진 활동 분야에서 합법이라고 여겨지는 정형화된 목표와 관계되는 여러 제도들의 결합
브루와 & 라리벳 (Brouard & Larivet, 2010)	• 사회적 사명이나 목적을 추구하는 조직: 소유권이나 법적 구조 및 재정적 자립 수준, 혁신 및 사회적 변화에 상관없이 공동체 이익을 창출함
드푸리니 & 닛센 (Defourny & Nyssens, 2010)	• 비영리 민간단체로서 지역사회의 이익을 위해 명확한 목표를 가지며, 직접적으로 관련된 상품과 서비스를 제공: 일반적으로 다양한 유형의 주주가 참여하는 이사회와 자율권에 높은 가치를 두고, 그들의 활동과 관련된 경제적 위험을 부담함

모인게온 & 레만-오르테가 (Moingeon & Lehmann-Ortega, 2010)	• 재화나 서비스를 팔고 주주에게 수익을 주지만, 사회에 봉사하고 빈민층을 부양하는 것을 주된 목적으로 하는 자립적인 회사
불 & 크롬튼 (Bull & Crompton, 2006)	• 사회, 지역사회 및 환경에 관한 구체적 목적을 지니고 지속가능한 경영을 목표로 조직구조를 가지고 있는 사업체
탐슨 & 도허티 (Thompson & Doherty, 2006)	• 조직의 핵심은 사회적 목적 • 자산과 수익은 공동의 이익을 창출하기 위해 사용 • 시장을 통해서 (적어도 일부분) 공동체 이익을 추구 • 직원은 회사 내 의사결정권자 또는 경영진의 일부 • 넓은 의미에서 구성원과 공동체 모두에게 책임을 짐 • 가장 효과적인 것은 사회적, 재무적으로 가장 큰 성과를 나타내는 것
하센펠드 & 기드론 (Hasenfeld & Gidron, 2005)	• 저항과 다른 비제도적 수단을 통해서는 아니지만 사회변화를 찾는 조직: 제공하는 사회적, 교육적 서비스들은 사회변화를 위한 하나의 전략으로 내부구조는 집단주의자와 관료적 요소들의 결합체
졸더스마 & 윈터 Joldersma & Winter, 2002)	• 사명 조직과 시장 조직 특성들의 결합: 이사회의 통제뿐만 아니라, 역동적인 외부시장 환경을 다룰 수 있어야 하고, 방어적인 사명 조직보다 더 높은 수준의 전략적 선택이 필요함
스몰본 & 웰터 (Smallbone & welter, 2001)	• 사회 및 공동체 이익에 기여하기 위해 지역사회의 소유권 및 통제 수단을 포함하는 비영리 조직
딜로이트 (Deloitte, 2014)	• 사회적 또는 환경적 목적을 실현하기 위하여 혁신적인 운영, 비즈니스 전략과 자본을 사용하여 공공이익의 증진을 우선적으로 하는 법인
사회적 기업 연합 (Social Enterprise Alliance) (http://www.se-alliance.org)	• 공공선을 주요 목적으로 하는 사업체: 그들은 사회적, 환경적 그리고 정의와 관련된 의제를 발전시키기 위해 비즈니스 분야, 비즈니스 방법 그리고 시장지배력을 이용함
사회적 기업 매거진 온라인 (Social Enterprise Magazine Online) (http://www.socialent erprise- magazine.org)	• 개별 사회적 기업가, 비영리단체 또는 비영리단체가 수행하는 영리와 관계되는 사명 중심적 수익 또는 일자리 창출 프로젝트
네스티(NESsT) (http://www.nesst.org)	• 지속가능한 재정적 방법으로 사회적 목적을 달성하는 사업체: 영리와 비영리 모두를 추구하는 형태일 수 있음

경제협력개발기구(OECD) (Organisation for Economic Co-operation and Development) (http://www.oecd.org)	• 기업가 정신과 함께 사회적 목표와 경제적 목표 모두를 추구하기 위해 OECD 국가에서 서로 다른 법적 형태를 취하는 조직: 도시와 농촌지역 상관없이 사회적 불우한 집단과 공동체를 대상으로 사회서비스 및 노동통합 서비스를 제공함
사회적 기업(영국) (Social Enterprise UK) (http://www.socialenterprise.org.uk)	• 사회문제를 해결하고 삶의 질과 환경을 개선하기 위해 운영되는 사업체: 시장에서 재화와 서비스 판매를 통해 수익을 창출하고 이를 다시 사업과 지역사회를 위해 재투자함
사회적 기업 웨스트미들랜즈 (Social Enterprise West Midlands) (http://www.socialenterprisewm.org.uk)	• 사회와 환경적 목적을 위해 운영되는 사업체: 사회적 또는 환경적 목적은 주 활동의 핵심이며, 수익은 목적을 달성하기 위해 재투자됨
영국 중앙정부 기업혁신과 기술부 (UK Central/Government's Department for Business, Innovation and Skills) (http://www.gov.uk)	• 주주 이익의 극대화보다 주로 사회적 목적을 지닌 사업체: 잉여금은 사업의 목적이나 지역사회에 주로 재투자됨
한국사회적기업진흥원 (Korean Social Enterprise Promotion Agency) (http://www.socialenterprise.or.kr)	• 사회적 사명을 최우선 과제로 삼아 사업 활동을 수행하는 기업과 단체

그림 1-2 사회적 기업의 정의 영역

출처: 한국사회적기업진흥원.

CHAPTER 02

사회적 기업의 유형 분류

① 사회적 목표 연관성에 따른 유형

사회적 기업은 사회적 목표를 추구한다는 공통된 속성을 가지고 있다. 사회적 목적을 달성하기 위하여 상업적 수익활동을 실행하는 사회적 기업은 각 나라별 특성에 따라서 서로 다른 형태 또는 명칭을 사용하고 있음을 알 수 있다. 많은 연구자들이 사회적 기업을 법적인 정의, 조직 목적, 조직 형태 등에 따라서 유형을 구분하기 위해서 노력하였지만, 하나의 일관된 유형으로 구분하는 것은 불가능하였다.

먼저, 사회적 기업이 궁극적으로 실현하고자 하는 사회적 목표와 이를 달성하기 위한 경제적 활동 간의 연관성을 이용하여 사회적 기업의 유형을 구분할 수 있다. 사회적 기업은 노동통합 또는 취약계층을 위한 사회적 서비스 등의 사회적 목표를 가지고 이를 달성하기 위해 기업가적 활동, 혁신 등 시장 지향적인 경제적 활동을 수행한다. 이러한 사회적 기업은 사회적 목표와 경제적 활동이 서로 의존적이다. 조직의 사회적 목표를 달성하기 위해서 사회적 활동을 지속적으로 수행해야 한다. 그러기 위해서는 안정적인 자금 확보가 필요하다. 사회적 기업은 재화나 서비스를 생산하고 판매하는 경제적 활동을 수행하며, 다양한 기업 활동과 조

그림 2-1 사회적 가치 추구 활동과 경제적 가치 추구 활동과의 연관성

사회적 활동
+
경제적 활동

사명 중심 사회적 기업

사회적 활동

경제적 활동

사명 연관 사회적 기업

사회적 활동

경제적 활동

사명 비연관 사회적 기업

출처: Alter(2007) 자료 수정.

직구조로 나타난다.

사회적 목표 지향성과 경제적 활동의 연관성을 바탕으로 사회적 기업은 크게 3가지 형태로 구분할 수 있다. 첫째, 사명 중심 사회적 기업(Mission-centric Social Enterprise), 둘째, 사명 연관 사회적 기업(Mission-related Social Enterprise), 셋째, 사명 비연관 사회적 기업(Mission-unrelated Social Enterprise)이다(Alter, 2007). 사회적 가치를 추구하는 활동과 경제적 활동의 연관성을 〈그림 2-1〉로 나타낸 것이다.

(1) 사명 중심 사회적 기업

사명 중심 사회적 기업은 사회적 사명을 수행하는 활동과 이를 뒷받침하기 위한 경제적 활동이 하나의 활동으로 동일하게 나타나는 조직을 의미한다. 즉, 사회적 가치를 추구하는 활동과 경제적 가치를 추구하는 활동이 하나로 통합되어 나타난다. 사명 중심 사회적 기업의 사회적 사명이 경제적 활동의 핵심 사명으로 동일하며, 기업의 경제적 활동이 조직 운영과 사회적 활동 프로그램에 내재되어 있다. 그래서 내재적 사회적 기업이라고 불리기도 한다. 사명 중심 사회적 기업은 사회적 가치 추구 활동과 경제적 가치 추구 활동이 동시에 달성되는 조직이며, 사회적 활동 프로그램은 자립적인 경제적 활동을 통해서 재정을 조달하고 지속적으로 수행한다. 대표적으로 빈곤탈피 또는 취약계층을 고용하기 위해 만들어진 농업, 수공예 협동조합, 취약계층 고용기업, 소액금융기관 등이 있다.

(2) 사명 연관 사회적 기업

사명 연관 사회적 기업은 경제적 활동이 조직의 사명이나 핵심 사회서비스와 연관되어 있으며, 비영리조직 내의 기업부문이거나 또는 별도로 분리되어 나타나는 조직을 의미한다. 사명 연관 사회적 기업은 사회적 프로그램과 운영비용을 보조하기 위하여 경제적 가치를 창출하는 활동과 사회적 가치를 추구하는 프로그램 간 시너지 효과를 추구하고 자산을 공유한다. 그래서 통합적 사회적 기업이라고 불리기도 한다. 사명 연관 사회적 기업은 사회서비스 활동을 상업화하여 더 큰 사회적 가치를 창출하는 것이 일반적인 조직 형태이다. 이는 또 다른 방법으로 조직의 사회적 사명을 확대하여 고객에게 새로운 서비스를 제공하는 것이 가능하다. 예를 들어 조직의 주간보호 프로그램에 등록한 저소득층 어린이들에게 무료식사를 제공하는 서비스 조직이나 노인보호 서비스를 제공하는 것이 대표적이다. 인도의 스쿠조(SCOOJO) 재단은 안경사업으로 도시시장에서 빈곤층을 대상으로 저렴한 안경을 개발하고 판매하는 상업활동을 하면서 일자리를 만들고 있다. 동시에, 농촌의 가난한 사람들에게는 무료로 나눠주는 사회적 프로그램을 하는 사회적 기업이 대표적인 사명 연관 사회적 기업이라고 할 수 있다(정무성 외, 2011).

(3) 사명 비연관 사회적 기업

사명 비연관 사회적 기업은 사회적 가치 추구 활동과 경제적 가치 추구 활동이 서로 달라서 완전히 분리되어 운영되는 조직이다. 별도의 외부 경제적 활동을 통해서 재정을 확보하여, 사회적 가치 추구 프로그램을 지원하는 형태이다. 그래서 외부적 사회적 기업이라고 불리기도 한다. 그러므로 본 유형의 기업은 우선적으로 사회적 가치 추구 프로그램이나 이를 운영하기 위한 비용을 확보하기 위해서 수입을 만들어내는 것이 중요하다. 사명 비연관 사회적 기업의 경제적 활동이 사회 프로그램이나 간접비를 위한 수익 창출이 목표이므로, 사회적 사명을 경제적 활동의 사명으로 발전시킬 필요는 없다. 단지 사회적 사명은 사회적 가치 추구 활동을 위한 모금기제로서 작동할 뿐이며, 미국의 세이브 더 칠드런 라이센싱 프로그램 등이 대표적이다(Alter, 2007; 정선희, 2004).

② 사회적 목적에 따른 유형

우리나라에서는 사회적 기업의 목적을 취약계층에게 사회서비스 또는 일자리를 제공하거나 지역주민의 삶의 질을 높이는 것으로 정의하고 있다. 이를 바탕으로 사회적 기업을 각각의 사회적 목적에 따라 크게 노동통합형 사회적 기업, 사회서비스형 사회적 기업, 지역통합형 사회적 기업으로 구분할 수 있다.

(1) 노동통합형 사회적 기업

노동통합형 사회적 기업은 취약계층의 일자리 창출을 주도하기 위한 목적으로 설립된 조직을 의미하며, 노동통합은 유럽 국가들의 대표적이고 핵심적인 사회적 기업의 활동분야이다. 이미 프랑스, 스페인 등에서는 훈련, 고용, 주거와 같은 통합된 서비스를 제공함으로써 취약계층의 노동통합을 추구하고 있다. 이는 점차 미국, 아시아 등 개발도상국가로 점차 확대되고 있다. 한국의 사회적 기업의 출현은 사회적 일자리 창출이라는 명목하에 시작되었다. 노동통합형 사회적 기업의 중요한 사회적 목표는 취약계층의 일자리 창출이다. 그래서 노동통합형은 취약계층에게 일 할 수 있는 기회를 주고, 이들의 노동 참여를 통해 사회적으로 배제된 집단을 통합하고 강화해 나가는 역할을 한다. 노동통합형 사회적 기업은 취약계층에게 새로운 직업을 줄 뿐만 아니라 새로운 가치를 발전시켜 주는 역할을 한다. 취약계층 노동자들은 민주적인 경영방식 하에 조직의 이익창출을 위한 재화나 서비스를 생산하고 판매할 뿐만 아니라, 이를 통해 특별한 사회적 서비스나 지역사회 발전과 연관된 사회적 가치를 창출할 수도 있다.

노동통합형 사회적 기업은 단순히 취약계층의 일자리 창출만을 의미하지 않는다. 그렇지만 우리나라의 경우 사회적 일자리 창출을 목적으로 생겨나기 시작하였다. 사회적 일자리는 "사업 목적에 있어서 사회적 유용성 또는 공익성을 가지며, 추진주체는 공공기관이나 영리기업이 아닌 비영리 민간단체이며, 수익창출을 배제하지는 않지만, 수익의 공평배분을 실천하는 것이다"라고 규정하고 있다(노대명, 2007). 이와 같이 정부의 재정지원을 받는 사회적 일자리 창출사업은 주로 정부 재정지원을 받을 자격이 있는 수급자, 실업자, 차상위 계층이 주 대상이다. 이들은 노동능력이 우수하지 않고, 고용기간이 1년 이내로 짧아서 노동 의욕을 제고시키기 쉽지 않으며, 사회적 서비스의 질도 낮은 한계점이 있다. 그렇지만 우리나라도 사회적 일자리 창출 자체를 완결적인 최종 목표로 하는 것이 아니라, 취약계층의 노동통합을 위한 하나의 수단으로 발전시킬 필요가 있다. 사회적 일자리가 하나의 훈련의 장이 되고, 여기에 참여한 취약계층의 노동자가 좀 더나은 일자리로 옮겨갈 수 있도록 유럽과 같이 노동통합형 사회적 기업으로 발전시키는 과정이 필요하다.

(2) 사회서비스형 사회적 기업

사회서비스형 사회적 기업은 개인 또는 사회 전체의 복지 증진을 위해 조직되었으며, 사회적으로 서비스를 제공한다. 초기 사회적 기업은 노동통합을 주 목적으로 출범하였지만, 정부의 복지정책이 효과적이지 못하면서, 유럽 전역으로 광범위하게 사회서비스형 사회적 기업이 발전하였다. 1990년대 이탈리아는 구성원들에게 사회적, 개인적 서비스를 제공함으로써 건강치료, 심리, 정신건강치료와 훈련 분야에서 고도로 전문화된 A형 사회적협동조합이 급속히 발전하였다. 이와 더불어 이러한 서비스 분야에서 많은 기업과 일자리가 창출되었고 B형 사회적협동조합도 선순환적으로 많이 출현하게 되었다.

사회서비스에 대한 영역과 정의는 국가별로 서로 다르다. 예를 들어 스웨덴의 경우 노인을 위한 사회서비스와 간호 서비스, 육체/신체적 장애가 있는 사람들을 위한 사회서비스, 아동과 청소년을 보호하는 개인 및 가족 보호와 알코올 및 약물 남용자를 위한 사회서비스, 자산에 기초한 경제적 보조로 구성된 사회서비스로 규정하고 있다(Tengvald, 2000; 김정원, 2009). 우리나라의 경우 기획예산처가 사회서비스를 개인/사회 전체의 복지 증진 및 삶의 질 향상을 위해 사회적으로 제공하는 서비스로 규정하고 그 유형과 범위로 삶의 질 향상 관련 서비스와 공공 서비스로 나누었다. 삶의 질 향상 관련 서비스로는 보육 및 보호 중심의 사회복지 서비스, 간병/간호 등 보건의료 서비스, 방과 후 활동 및 특수교육 등 교육 서비스, 도서관/박물관 운영 등 문화/예술 서비스를 의미하였으며, 공공 서비스는 환경, 안전과 일반 행정 등으로 구분할 수 있다. 이와 같이 제공되는 서비스들은 다양하게 정의되지만 이들의 공통점은 사회서비스가 집합적 행동에 의해 제공되며, 사회적 욕구를 해소하는 것을 서비스의 목적으로 하고 있다는 점이다.

사회서비스가 일반적 영리 목적의 다른 서비스와 확연히 구별되는 특징은 영리를 추구하는 기업에 의한 생산과 시장을 통한 배분이 지배적이지 않다는 것이다. 서비스 생산은 정부 또는 비영리단체에 의해서 주도되며, 서비스가 영리 기업에 의해서 생산되더라도 이들 기업이 정부로부터 보조금을 받거나 서비스를 이용하는 이들의 구매력이 정부에 의해 보조되는 경우가 많다. 서비스 수요를 위한 재원은 공적인 방법이나 기관을 통해서 조달된 자금으로 서비스 수요자에게 일부 보조되거나 전액 지원되는 경우가 많다.

일반적으로 사회서비스는 사람이 제공하는 것이므로 사회서비스의 확대는 이 부문에서 고용창출이 확대됨을 의미한다. 그래서 사회서비스 부문의 일자리가 확산되고 이 과정에서 사회적 기업이 공급의 주요 주체로 등장하는 것은 정책적 의미에서 볼 때 서비스 확대와 고용창출이라는 의미있는 결과를 나타낼 수 있다. 이는 우리나라 사회적 기업의 유형 중 일자리 창출과 사회서비스를 동시에 제공하는 혼합형이 증가하기 시작한 이유라고 볼 수 있다.

(3) 지역통합형 사회적 기업

　　지역통합형 사회적 기업은 지역개발, 환경개선 등 지역사회 내 주민들을 대상으로 사회적 가치를 창출하여 지역사회 발전에 기여하는 공익사업을 수행하는 조직을 말한다. 지역통합형 사회적 기업은 사회적 기업에 참여하는 대다수의 이해당사자들이 지역사회에 기반을 두고 있으므로 지역적 필요사항을 쉽게 충족시킬 수 있다. 즉, 지역사회에서 소득과 고용을 증대시키고 재분배 활동을 통해 지역사회의 사회복지를 확대할 수 있다. 대체로, 본 유형은 노동통합형 사회적 기업과 사회서비스형 사회적 기업에 속하지 않는 조직들을 폭넓게 포함할 수 있다. 지역통합형 사회적 기업은 지역사회를 통합하고 근접 서비스를 제공하면서 새로운 일자리를 창출할 수 있다. 이는 시장이나 공공기관이 제공해 줄 수 없는 욕구충족의 좋은 대안이 될 수 있다. 지역통합 사회적 기업의 주요한 역할로 사회 주택, 소외지역 재건, 가정지원과 보육이 많이 언급되고 있다(박대석 외 역, 2009). 관광개발의 잠재력이 있는 농촌에 거주하는 여성들에 의해 설립된 그리스의 농촌관광 협동조합이나 지역사회개발을 목적으로 하는 다양한 형태의 기업들이 여기에 포함될 수 있다(정무성 외, 2011).

　　유럽 등 많은 선진국에서는 인구의 급격한 노령화, 삶의 유형과 가족 구성원의 변화, 사회경제적 어려움의 발생으로 가정 내 서비스 분야에서 변화가 나타나기 시작하였다. 장기적인 노인돌봄, 가족 분열 등으로 인한 다양한 서비스의 욕구가 증대되었다. 지역 내 관련자인 의사, 간호사, 민간단체 등이 혁신적 형태의 상호 협력을 하게 되면서 상호공제조직과 민간단체 등 지역통합형 조직으로 생겨나게 되었다. 자원봉사자의 도움으로 운영되는 지역의 많은 민간단체는 인간관계가 필수적인 요소로 작용하는 일에 관여하거나, 이동, 쇼핑, 소규모 수리에 대한 지원 등 공공 보조금을 기대할 수 없는 지역사회서비스를 제공하는 역할을 하였다.

❸ 법제도에 따른 유형

사회적 기업 태생의 역사적 배경에서 각 나라마다 사회적 기업의 법적인 정의가 다름을 알 수 있다. 유럽의 많은 국가들이 1990년대 이후 사회적 기업 관련 법률을 제정하였다. 그렇지만 법제도적인 제정 이전에도 사회적 기업은 자생적으로 존재하였다. 법제도 제정은 자생적으로 존재하는 사회적 기업을 다시 정의하거나 법적으로 인증하는 형태라고 볼 수 있다. 이와 같이 사회적 관련 기업은 단순히 하나의 법적인 영역으로 구분되거나 정의되지 않고 다양하게 나타나고 있다. 법제도적으로 사회적 기업이 속한 영역을 크게 세 가지 관점에서 살펴보고자 한다. 이는 경제적 주체인 정부 또는 공공기관, 공동체, 영리 기업을 중심으로 구분할 수 있다. 먼저, 정부 또는 공공기관과 영리 기업은 이익을 추구하느냐 이익을 추구하지 않느냐로 구분가능하며, 영리 기업과 공동체는 공식적인 조직이냐 상대적으로 비공식 조직이냐로 구분할 수 있다. 마지막으로 정부와 공동체의 구분은 공공성을 추구하느냐 사적인 이익을 추구하느냐로 구분할 수 있다.

〈그림 2-2〉는 경제적 주체와 각각의 특성을 바탕으로 구분한 것이다 (Defourny, Nyssens, 2012). 사회적 기업은 이 모든 영역에서 중간에 겹치는 조직으로 여러 형태로 나타나고 있다. 현재는 정부가 주도적인 역할을 하는 조직은 현재 사회적 기업에 거의 존재하지 않는다. 나머지 영역을 중심으로 살펴보면, 사회적 목적을 추구하면서 이익을 추구하는 영리 기업 영역, 이익을 추구하지 않는 비영리 민간 영역, 이익을 추구하지 않고 비공식적이면서 사적인 영역에 가까운 공동체 특성을 나타내는 영역으로 구분할 수 있다.

이를 법제도적 특성으로 사회적 기업을 구분하면 세 가지 유형으로 구분할 수 있다. 첫째, 비영리 조합으로 협동조합, 사회적 협동조합, 상호공제조합 등이 여기에 해당된다. 둘째, 비영리를 추구하는 공식적 조직으로 비영리 민간단체를 의미한다. 셋째, 상법상 영리 행위를 할 수 있는 사회적 기업으로 이들은 사회적 기업법을 통해서 사회적 기업으로 인정받은 영리 기업을 의미한다. 〈그림 2-2〉에서와 같이 많은 비영리 법인/조합이나 민간단체가 사회적 목표를 달성하기 위해

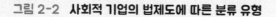

그림 2-2 **사회적 기업의 법제도에 따른 분류 유형**

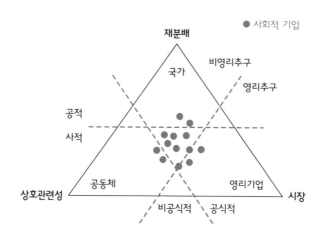

출처: Defourny and Nyssens(2012) 자료 수정.

서 조직되었다 할지라도 이들 모두가 사회적 기업이 되는 것은 아니다. 이들도 사회적 기업법에서 정한 규정을 만족시켜야만 사회적 기업이 될 수 있다.

(1) 비영리 조합

1) 협동조합

유럽 사회적 기업의 가장 많은 법적인 형태는 비영리 법인/조합이다. 비영리 법인/조합의 유형에서 일반적이고 많은 형태인 협동조합은 가장 오랜 역사와 전통을 가지고 있다. 협동조합(Cooperative)은 공동으로 소유하고 민주적으로 통제되는 기업을 통해 공통의 경제적, 사회적 및 문화적 욕구와 바람을 충족시키기 위해서 자발적으로 결합된 사람들의 자치적 결사체를 의미한다(엄형식, 2008). 본 개념은 협동조합의 국제적 조직인 국제협동조합연합(International Cooperative Alliance, ICA)에서 정의한 개념으로 협동조합의 중요한 속성인 자발적인 참여, 민주적 운영, 책임의 공유, 자치를 포함하고 있다. 협동조합은 거의 모든 국가에서 운영되고 있다. 국가마다 가지고 있는 협동조합의 특성이 매우 다양하지만, 기본적으로 1인 1표를 포함한 민주적 운영, 출자금으로 조성되는 사회적 자본 성격, 제한적 잉여배당, 내부적립금의 비분배, 조합원과 이용자로서 이중적 지위 등의 운영방식은 유사하게 나타나고 있다. 또한, 국제적인 네트워크를 통해서 협동조합의 주요 원칙들을 합의하고 원칙에 따라서 정체성을 유지하고 있다. 1995년 영국 맨체스터에서 열린 ICA 총회에서 '지역사회에 대한 기여'를 추가하여 총 7대 원칙을 완성하였다. 기존의 6대 원칙은 자발적이고 개방적인 조합원 제도, 조합원에 의한 민주적 관리, 조합원의 경제적 참여, 자율과 독립, 교육훈련 및 정보제공, 협동조합 간 협동이다.

앞에서 언급한 협동조합의 7대 원칙은 일반적인 협동조합과 관련이 있다. 사회적 기업의 범주에 속하는 사회적 협동조합과 일반적인 협동조합은 엄격히 구분된다. 가장 큰 차이는 사회적 목표(social finality)의 추구 여부이다. 법률에 규정된 사회적 협동조합의 기본적인 목표는 지역사회 전반에 걸쳐 인간의 삶을 개선하고 사회통합을 이루는 것이다. 어떠한 핵심 동기도 이윤 창출이 아니다. 사회적 협동조합은 사회적 목적을 달성하기 위해서 두 가지의 서로 다른 형태로 나타난다. 한 가지 유형은 조합의 구성원인 취약계층의 노동통합을 목표로 교육, 사회, 보건 서비스를 제공하는 것으로 이를 위해서 기업가적 활동을 수행하는 것이다. 다른 한 유형의 사회적 협동조합은 조합원의 구성을 취약계층만으로 제한할 필요는 없다. 일반적인 협동조합과 같이 상호부조 조직이 아니라 조직 구성원 이외의 외부 수혜자에게 혜택을 줄 수 있는 사회적 협동조합도 법적으로 가능하다(이광택 외 역, 2011). 〈표 2-1〉은 우리나라의 일반적인 협동조합과 사회적 협동조합의 차이를 설명하고 있으며, 정의와 주요사업에서 법적으로 명확히 구분하고 있음을 알 수 있다(김성기 외, 2014).

협동조합에는 농업 협동조합, 저축/신용 협동조합, 소비자 협동조합, 보험 협동조합, 소매상 협동조합, 주택 협동조합 등이 있으며, 이탈리아, 포르투갈, 프랑스, 폴란드 등에서 사회적 협동조합의 형태가 많이 나타나고 있다.

표 2-1　협동조합 유형별 특징

	일반적인 협동조합	사회적 협동조합
정의	재화 또는 용역의 구매, 생산, 판매, 제공 등을 협동으로 영위함으로써 조합원의 권익을 향상하고 지역사회에 공헌하고자 하는 사업조직	협동조합 중 지역 주민들의 권익, 복리증진과 관련된 사업을 수행하거나 취약계층에게 사회서비스 또는 일자리를 제공하는 등 영리를 목적으로 하지 않는 조직
법인 형태	법인: 영리법인으로 명시하지 않고 법인으로 명시, 비영리적 성격 반영	비영리법인: 비영리법인으로 명시
배당	배당가능(이용실적에 따른 배등 등)	배당 금지
청산	정관에 따라 잔여재산 처리	비영리법인 또는 국고 등 귀속
주요 사업	업종 및 분야 제한 없음 • 설립목적에 따라 필요한 사업을 자율적으로 정하되, 교육, 훈련, 정보제공, 협동조합 간 협력, 홍보 및 지역사회를 위한 사업 등은 정관에 필수적으로 포함 • 인허가가 필요한 사업을 위해서는 관련 법률에 따라 사업요건을 갖추어야 하며, 신용 및 공제사업은 허용되지 않음	전체 사업 중 공익사업을 40% 이상 시행하며, 다음과 같은 유형으로 구분함 • 지역사회 재생, 지역경제 활성화, 지역 주민들의 권익/복지증진, 기타 지역사회가 당면한 문제해결에 기여하는 사업 • 취약계층에게 복지/의료/환경 등의 분야에서 사회서비스 및 일자리를 제공하는 사업 • 국가 및 지자체로부터 위탁받은 사업 • 기타 공익증진 사업으로 신용 및 공제사업은 허용하지 않지만, 조합원 대상 납입 출자금 한도 내에서 소액대출과 상호부조는 가능

2) 상호공제조합

　　사회적 비영리 법인/조합의 또 다른 형태로 상호공제조합을 들 수 있다. 상호공제조합은 거의 모든 나라에서 장기간에 걸쳐서 존재하여 왔다. 선진국을 중심으로 대부분의 상호공제조합은 점점 제도화되어서 사회보장제도의 중추 역할을 하게 되었다. 상호공제조합은 다양한 위험에 맞서 상호적이고 집단적인 방식으로 기금을 조성하여 이에 대비하고자 하는 단체로 일반적인 의미의 보험과 같은 기능을 하는 조직이다(엄형식, 2008). 상호공제조합을 구성하는 회원들은 회비를 냄으로써 위험에 닥쳤을 때 급여를 받게 된다. 또한, 잉여금으로 운영되는 다양한 서비스를 이용하는 운영구조를 나타내고 있다. 상호공제조합은 일반적으로 두 가지 형태를 나타낸다. 하나는 사람을 대상으로 하여 보험기능을 수행하는 상호공제조합으로 주로 건강문제를 중심으로 한 건강상호공제조합이며, 주로 서유럽을 중심으로 국가의 사회보험 기능을 대신하거나 이를 보완하는 역할을 수행하고 있다. 다른 하나는 자동차 사고, 화재, 흉작 등에 대비하는 상호보험조합이다. 상호보험조합의 경우는 국가에 따라서 상호공제조합법의 적용을 따르는 것이 아니라, 보험법의 적용을 받아서 법적인 구분을 하는 경우도 있다.

상호공제조합은 민간보험과 유사한 점을 가지고 있지만, 명확히 구분되는 몇 가지 특징을 가지고 있다. 첫째, 상호공제조합을 이용하는 사람들은 회원이다. 이들은 상호공제조합의 주인이면서, 투표권한을 가진다. 즉, 피보험자인 동시에 보험자의 성격을 나타낸다. 둘째, 상호공제조합은 회원들의 회비 이외에 수익을 목적으로 한 투자자본을 갖지 않는다. 수익이 발생하면 회원들에게 회비를 인하하거나 연말환급 또는 보장의 향상이라는 방식으로 회원들에게 직접 혜택으로 돌아간다. 협동조합과 가장 큰 차이점으로 출자금과 잉여에 대한 배당이 없다는 점도 특징이다. 셋째, 대부분 직종사의 연대(농민, 노동자, 공무원 등)나 지역적 연대에 관련되어 조직되며, 피보험자 간 연대의 원칙을 실천한다. 건강상호공제조합에서 연대의 원칙은 위험에 따라 가입을 거부하지 못하고, 회비를 위험의 정도에 비례하지 않고 소득에 비례하여 책정하는 운영에 의해 실현된다.

일반적으로 다양한 유형의 공제조직이 지역사회 구성원들의 보험제도 등 사회적 욕구를 해결하기 위하여 조직되었기 때문에, 지역사회의 통합을 둘러싼 가치나 실천을 반영하고 있다.

(2) 비영리 민간단체

사회적 기업을 구성하는 요소들 중에서 가장 복잡하고 다양한 형태가 민간단체 유형이다. 민간단체는 낮은 수준에서는 다양한 목적을 위해 사람들이 비공식적으로 구성하는 모임에서부터 높은 수준에서는 국가에 등록이 되고 법적으로 실체를 인정받는 법인에 이르기까지 다양한 수준으로 존재할 수 있다. 1980년대 이후 민간단체가 급격히 성장하였다. 국가마다 민간단체를 규정하는 제도와 문화가 다르지만, 많은 국가들이 민간단체를 사회적 기업의 중요한 법적인 유형으로 포함하고 있다. 공식적 등록을 하지 않은 민간단체가 집합적 이해, 자율성, 비영리적 성격을 충족하는 사회적 기업의 역할을 수행하고 있다. 그렇지만, 한국에서와 같이 많은 국가들은 민간단체를 법인격의 실체로 등록하는 경우, 비영리단체로 등록한 경우, 임의단체로 존재하면서 사회적 기업의 역할을 수행하는 경우 일정한 심사를 거쳐서 사회적 기업이라는 법적인 형태를 공식적으로 부여하고 있다.

민간단체는 협동조합 및 상호공제조합과 구별되는 차이점이 있다. 민간단체는 협동조합 및 상호공제조합과 유사하게 집합적 이해를 충족시키기 위해서 여러 사람들이 모여서 일정한 수준의 사회적 실체를 구성하지만, 집합적 이해를 통해서 개별 구성원들이 경제적인 이익을 추구하지 않는다는 구별되는 특징을 가진다. 민간단체가 사회적 기업의 법적인 유형에 포함되는 이유는 민간단체가 가지고 있는 집합적 이해의 추구, 자율적이고 집합적인 운영, 비영리적 성격이 충족되기 때문이다(엄형식, 2008).

다양한 민간단체들 중에서 어디까지 사회적 기업 영역에 포함시킬 것인가에 대해서는 논란이 되고 있다. 일부 연구자는 협의로 민간단체 중에서 재화와 서비스의 생산, 그리고 시장메커니즘을 통한 판매와 소비로 접근하는 입장이다. 또 다른 연구자는 경제활동을 광의의 개념으로 확장하여 비상업적 재화나 서비스를 만드는 경제활동(즉, 보조금이나 기부금에 의한 재정충당), 자원활동에 의한 재화와 서비스, 비공식적인 조직에 의해 실현되는 활동 등이 배제되지 않는 확장된 의미로 민간단체의 사회적 기업 영역을 확장하였다.

민간단체 영역의 사회적 기업을 광의의 관점에서 살펴보면 많은 지원 옹호단체(Advocacy Organization)가 사회적 기업으로 간주될 수 있다. 즉, 이윤획득을 본질적 목적으로 하지 않고 재화나 서비스의 생산을 위해서 사람들이 만든 자유로운 민간단체의 모든 다른 형태가 포함된다고 할 수 있다. 그래서 민간단체의 사회적 기업의 명칭은 다양하게 나타난다. 예를 들면, 민간단체, 비영리 조직, 자원봉사 조직, 비정부 조직, 비영리 결사체, 자선조직 등이며, 재단이나 사단으로 구체적인 법적인 형태로 나타나는 민간단체도 존재한다.

(3) 영리기업

영리 추구를 목적으로 하는 대다수 영리 회사들은 사회적 기업의 법적인 유형에 포함되지 않는다. 그러나 영리기업이 사회적 기업의 조건을 충족하는 경우에는 상법상 회사일지라도 사회적 기업으로 인정하고 있다. 상법상 회사가 사회적 기업으로 인정받는 경우에는 노동부 등과의 관계에서 특별한 규정을 적용하는 경우가 많다. 우리나라와 같이 사회적 기업 육성법에 따라 일정한 조건을 갖춘 상법상 회사는 노동부가 관리하는 사회적 기업에 등록되어야 하며, 이에 따른 사업수행에 관한 규제에 따라야 하고, 납세 및 사회보장 의무를 준수해야 한다.

예를 들어, 우리나라 노동통합형 사회적 기업은 전체 직원 중 장애인뿐만 아니라 중증장애인을 일정비율 이상 고용하면 생산시설 설치비용 등의 국고지원과 더불어 정부로부터 사회적 기업으로 인증받을 수 있다. 또한, 핀란드의 사회적 기업에 관한 법률은 조직 형태와 관계없이 장애인, 장기실업자를 고용하는 모든 종류의 기업을 진흥하는 데 목적을 가진다. 이를 진행하기 위해서 노동법, 사회보장, 조세, 보험 등과 관련된 주된 의무를 준수하는 경우 조직 형태에 관계없이 상법상 회사일지라도 사회적 기업으로 인정하면서 지속적인 고용이 가능하도록 특별 보조금을 지원하고 있다.

영리기업이 비영리단체와 조인트 벤처를 설립하여 사회적 기업이 되는 경우도 가능하다. 그 대표적인 예로 세계 최대의 유가공 제품 제조 회사인 방글라데시의 그라민-다농 회사이다(박정윤, 권영철, 2010). 이 회사는 방글라데시의 그라민은행과 다국적 기업인 다농이 50 대 50의 지분을 갖고 설립한 조인트 벤처이다. 자국의 굶는 아이들에게 저렴한 값의 요구르트를 제공하고 비즈니스 활동을 통해 얻은 수익금으로 지역 빈곤층에게 일자리를 마련해주고자 하는 그라민은행의 사회적 목적과 신규 시장을 확보하고 동시에 브랜드 이미지를 높이고자 하는 다농의 경제적 목적이 동시에 충족되고 있다.

그럼에도 불구하고, 영리를 추구하는 일반적인 상업상 회사가 사회적 기업으로 전환되거나 비영리단체와 협력하여 조인트 벤처를 설립하기는 쉽지 않다. 영리기업의 입장에서 장기간 투자와 수익 실현까지 많은 위험을 감수해야 하기 때문이다. 그래서 대부분의 영리기업들은 사회적 기업을 지원하거나 전략적 파트너십을 맺음으로써 사회적 책임 활동을 수행하는 방식을 선호한다.

4 사회적 기업 유형의 종합

앞에서 살펴본 바와 같이 사회적 기업의 유형은 분류 방법에 따라서 다양하게 나타날 수 있다. 사명 연관성에 따라서 사명 중심 사회적 기업, 사명 연관 사회적 기업, 사명 비연관 사회적 기업으로 분류할 수 있다. 사회적 목적에 따라서는 노동통합형 사회적 기업, 사회서비스형 사회적 기업, 지역통합형 사회적 기업으로 분류할 수 있다. 마지막으로 법제도에 따라서 비영리조합, 민간단체, 영리기업 등으로 분류할 수 있다.

이상을 모두 통합하여 정리해 보면, 사회적 기업은 크게 비영리단체, 비영리단체형 사회적 기업과 영리기업형 사회적 기업으로 분류할 수 있다. 사회적 가치 창출만을 목표로 설정할 경우 비영리단체, 비영리단체형 사회적 기업, 영리기업형 사회적 기업이 모두 포함될 수 있지만, 사회적 가치와 경제적 가치를 모두 창출하는 경우를 사회적 기업으로 제한할 경우 비영리단체형 사회적 기업과 영리기업형 사회적 기업으로 분류할 수 있다. 사명 연관성 및 사회적 목적에 따른 사회적 기업의 유형 분류는 상위의 개념인 비영리단체, 비영리단체형 사회적 기업, 영리기업형 사회적 기업에 모두 나타날 수 있는 형태이다.

다양한 유형으로 나타나는 사회적 기업을 분류하기 위해서 가장 상위의 개념으로 분류하고 하위 개념의 유형을 포함하는 것이 가장 효과적일 것으로 판단된다. 〈표 2-2〉와 같이 일반화된 유형을 분류하였으며, 다양한 형태의 유형은 하위 항목별 특성에 따라서 분류되는 형태라고 볼 수 있다.

표 2-2 사회적 기업 유형 분류 종합

	비영리단체	비영리단체형 사회적 기업	영리기업형 사회적 기업	영리기업
목표	사회적 가치 창출	사회적 가치 및 경제적 가치 창출	사회적 가치 및 경제적 가치 창출	경제적 가치 창출
사회적 및 경제적 활동 형태	취약계층이나 지역사회에 사회서비스 제공 (경제적 활동 없음)	사회적 목표를 달성하기 위하여 경제적 활동 수행	경제적 목표와 사회적 목표의 조화를 위하여 이중목적 활동 수행	경제적 목표 달성을 우선적 추구하면서 사회적 책임 활동 수행
투입요소	기부금, 정부보조금, 자원봉사자	기부금, 자원봉사자, 정부보조금, 재화 및 사회서비스 판매 수입	재화 및 서비스 판매 수입, 일부 정부보조금	재화 및 서비스 판매 수입
사회적 산출물	취약계층을 위한 다양한 자선활동	취약계층을 위한 고용, 보육, 교육, 취업/훈련, 문화/여가, 돌봄/주거, 간병/간호	취약계층을 위한 고용, 보육, 교육, 취업/훈련, 문화/여가, 돌봄/주거, 간병/간호	취약계층 및 일반인을 위한 광범위한 사회적 책임 활동
경제적 수익	없음 (일부 비영리활동 제공에 대한 수입)	주로 취약계층에게 사회서비스 판매 수입	취약계층 또는 일반인에게 재화 또는 서비스 판매 수입	일반인에게 다양한 재화 및 서비스 판매 수입
이윤분배	이윤분배 금지 (이윤을 사회적 목표 달성을 위해서 재투자)	이윤분배 금지 (이윤을 사회적 목표 달성을 위해서 재투자) * 협동조합의 경우 조합원 재분배 가능	합리적 이윤분배 인정 (이윤의 일부 사회적 목표 달성을 위한 재투자 및 일부 분배)	주주중심의 이윤분배
조직형태	자선단체	재단법인, 사단법인, 공익단체, 민간단체, 협동조합, 영리기업 연계 비영리단체	기업, 비영리기업 연계 영리단체	기업

해외 사회적 기업의 발전과정

1 유럽의 사회적 기업

유럽의 사회적 기업 역사는 크게 세 가지 시기로 구분될 수 있다. 첫 번째 시기는 사회적 기업의 개념이 등장하기 시작하는 1970년 후반부터 1980년대의 '사회적 기업 개념 등장기', 두 번째 시기는 유럽 국가들을 중심으로 사회적 기업이 본격적으로 법제화 되는 시점인 1990년대의 '사회적 기업 법제도화기', 세번째 시기는 유럽 사회적 기업의 개념이 유럽 전체로 전파될 뿐만 아니라 유럽 외부로 전파되는 2000년대 이후의 '사회적 기업 확대전파기'로 구분될 수 있다(엄형식, 2008).

유럽의 사회적 기업 활동의 뿌리는 1800년대 중반 사회경제적으로 기금조성의 수단이었던 협동조합에서 유래를 찾을 수 있다. 로버트 오웬(Robert Owen)이 근로자와 이들 가족의 복지를 향상시킬 수 있는 방안으로 스코틀랜드의 뉴래너크 방적공장에서 최초의 협동조합 소매점을 열었다(정무성 외, 2011). 본 협동조합 소매점을 통해서 노동자는 자신들의 식량을 재배하고 의류를 직접 만듦으로써 빈곤에서 벗어날 수 있게 하는 '협동조합 마을'이 지역 공동체 활동으로 변화하게 된다. 이러한 협동조합의 특성과 활동들이 향후 사회적 기업에 반영되었다.

1970년대 후반부터 1980년대의 유럽은 사회적 기업 개념의 등장기라고 할 수 있다. 서유럽 국가들을 중심으로 사회서비스 개발과 함께 수익창출의 다양성에 관심을 가지기 시작하면서 협동조합 중심으로 제3섹터에서 사회적 경제 영역에서 사회적 기업의 개념이 등장하기 시작하였다. 특히, 본 시기에는 경기침체와 실업률 증가로 복지국가가 위기에 봉착하면서, 민간중심으로 노동조합, 협동조합 및 협회와 같은 사회적 경제 활동이 본격적으로 성장하기 시작하였다. 이는 국가별 특성에 따라서 다양한 양상을 나타내고 있다. 특히 프랑스, 이탈리아, 벨기에에서 두드러진 활동이 이루어졌다. 벨기에는 1970년대부터 실업자들을 대상으로 한 노동자협동조합에 대해 실험하기 시작하였다. 이탈리아는 가톨릭 교회들을 중심으로 서비스와 일터를 만들고자하는 새로운 노력을 진행하였으며, 1980년대 중반 협동조합의 법적지위를 활용하였다. 프랑스 경제활동을 통한 노동통합이라는 개념으로 실업자들과 함께 대안적인 일터를 만드는 신사회 운동을 시작하였다.

사회적 기업 법제도화기는 유럽 각 국가들이 사회적 기업 관련하여 법령을 제도화했던 1990년대이다. 유럽 국가들의 사회적 기업 관련 법적 모델은 크게 세 가지 형태로 협동조합 모델, 회사 모델, 개방형 모델로 법제도화가 진행되었다(이광택 외 역, 2011). 가장 먼저 출현한 협동조합 모델에서의 사회적 기업은 사회적 목적을 그 특징으로 하는 특별한 유형의 협동조합으로, 법에 의해 규율되는 것을 의미한다.

협동조합 형태는 1991년 이탈리아의 사회적협동조합법이 사회적 기업 관련 활동들을 하나의 법률적 실체로 인정한 최초의 사례이다. 본 법령은 전통적으로 구성원 내부의 이익을 추구하는 것으로 여겨지던 협동조합이 본격적으로 공공의 이익을 위한 활동에 참여할 수 있도록 제도적으로 허용하였다. 사회적인 활동에 대하여 사회서비스를 전달하는 기능(A형 사회적협동조합)과 취약계층을 고용하는 기능(B형 사회적협동조합)을 정형화시켰다는 점에서 이후 유럽 전역에 사회적 기업의 법제도화에 큰 영향을 미쳤다. 이탈리아의 협동조합은 1991년 최초 등록된 이후 매년 10~20%의 성장을 보였으며, 2005년 7,300개의 협동조합에 244,000여명의 근로자가 고용되었다. 이후 유럽 여러 국가에서 이탈리아를 참조하여 1998년 포르투갈, 1999년 스페인, 2001년 프랑스 등도 협동조합 형태의 법제도화가 이루어졌다.

　법제도화의 시기에 채택된 두 번째 모델은 회사 모델로 사회적 성과와 분배 제한을 특징으로 한다. 회사 모델은 사회적 기업을 영리 기업에서 파생된 형태로 보면서 법령화를 진행하였다. 1995년 벨기에에서 사회적목적기업법이 제정되었는데, 이 법은 협동조합, 일반기업 등 기존의 법적인 지위를 가지고 있는 조직들이 공익적인 목적을 수행할 때 이를 확인해 주는 법이다. 이 법은 독자적인 법적지위를 주는 사회적협동조합과는 다른 사회적 기업 법제도화의 새로운 흐름을 대표한다고 할 수 있다. 이 법에서는 협동조합을 비롯해 어떤 회사든 제한된 이익 배분을 허용하는 경우에도 지분소유자에게 유리하게 영리를 추구하는 데만 전념하지 않고, 사회적목적기업법에 명시된 의무사항을 준수한다면 사회적 목적을 가진 회사의 정관을 채택할 수 있다. 영국은 사회적 기업 활동이 가장 활발히 이루어지고 있는 나라이지만 법제도화는 유럽 다른 국가들에 비해 늦은 편이다. 2005년 사회적 경제 영역에서 기업가 정신을 인정하고 장려하는 것을 주목적으로 공동체이익회사(Community Interest Company, CIC)에 관한 법을 시행하였다. 영국에서 사회적 기업은 여러 형태가 존재하며, 사회적 회사(Social Firm), 소비협동조합(Co-operation), 개발신탁(Development Trust) 등의 개념과 혼용되어 사용된다. 영국에서 사회적 기업은 법제도화에 의한 규정보다는 사회적 목표가 조직 구조나 운영 및 영업활동을 통해 발생하는 수익을 활용하는 방법에 배태되어 있다. 작은 지방조직부터 천명 이상의 대규모 조직까지 규모나 형태에서 상당히 다양하지만, 사회적 목표를 추구하는 영업활동을 나타낸다(김명희, 2008).

　법제도화 시기에 유럽 국가들이 법령 제정 시 사용한 세 번째 모델은 개방형 모델이다. 본 모형은 앞의 두 가지 모델에 속하지 않는 형태를 설명하기 위한 모델이라고 볼 수 있고 2000년대 이후 법제화를 이루기 시작한 국가에서 채택되었다. 핀란드가 대표적으로 개방형 모델을 바탕으로 2003년 사회적 기업에 관한 법률이 통과되었다. 개방형 모델에 관한 법령은 사회적 기업의 구체적인 법적 형태를 정의하지 않고 사회적 성과에 따라서 법적으로 선택하는 형태를 의미한다. 핀란드는 사회적 기업에 대한 특별한 법적 형태를 선호하거나 또는 의무적이라는 규정을 두지 않고, 조직이 구성되어 사회적 기업으로 운영되는 것이면 충분한 것으로 하였다. 핀란드 법의 주된 목적은 조직 형태와 무관하게 장애인 및 장기 실업자를 고용하는 모든 종류의 기업을 진흥하는데 있다. 이들 기업에는 노동법, 사회보장, 조세, 보험 등과 관련된 의무를 준수하는 조건으로 안정적인 고용이 가능하도록 특별 보조금이 지급된다.

2000년대 이후는 유럽 및 유럽 외 국가들로 사회적 기업이 확대되는 사회적 기업의 확대전파기 단계이다. 유럽노동자협동조합연맹은 중동부 유럽에서 사회적 경제를 활성화시키기 위하여 2002년 체코 프라하, 2005년 폴란드 크라코프에서 국제 행사를 개최하였다. 본 회의를 통하여 사회적 경제 전반을 소개하였을 뿐만 아니라, 전 유럽으로 사회적 기업의 개념 및 법제도화가 확대되기 시작하였다. 2001년 프랑스의 공익협동조합법, 2003년 핀란드의 사회적기업법, 2004년 영국의 지역사회이익기업법, 2006년 폴란드의 사회적협동조합법이 이 시기에 제정되었다. 이탈리아는 협동조합 모델의 사회적 기업 법제도화를 최초로 제정하였지만, 2005년 개방형 모델 형태로 다시 사회적기업법을 추가 제정하였다. 이탈리아의 사회적기업법은 이미 존재하는 사회적협동조합, 사단, 재단, 사회적 효용성이 있는 비영리 조직 등 사회적 기업의 활동분야 및 활동 내용과 최소한의 연관성이 있는 각종 조직을 법제도 속에 도입한 것이라고 볼 수 있다(이광택 외 역, 2011). 개방형 모델은 여러 가지 법제도적인 형태 간의 경쟁을 촉진함으로써 사회적 기업이 자신의 목적에 가장 적합한 모델을 선택하게끔 하는 장점이 있다. 우리나라도 본 시기에 개방형 모델을 바탕으로 사회적기업법을 제정하였다고 볼 수 있다.

〈표 3-1〉은 유럽 주요 국가별 사회적 기업의 특징을 나타내고 있다.

표 3-1 유럽 국가별 사회적 기업의 특성

국가	법률·제도 및 정책 특성	활동 내용
프랑스	• 고용 부속 계약(2005년) 조직 간 통합 장려, 집적구조 간소화, 다양한 조직의 사회적 기업 전환 유도 • 서비스바우처 등 사회적 기업 지원을 위한 경제적 장치 설치	• 특정한 사회적·직업적 어려움을 겪고 있는 사람들에게 고용계약과 함께 직업에 관한 계획을 세우고 실행할 수 있도록 사회단결프로그램을 제공하고 노동시장통합 촉진

이탈리아	• 1991년 유럽 최초로 사회적 기업 법제화 • 사회적 기업 전문지원기관 등 유기적 지원 시스템 가동 • 세제혜택 등 사회적 기업 지원 통합기업지원 시스템 • 사회적 기업 부문 관련기관 형성과 서비스 제공을 위한 도구로서 컨소시엄 이용	• 사회적 기업 부문의 조직적 유연성을 확보하여 생산자, 이용자, 자원봉사자, 지역정부 등 다양한 이해관계자의 참여 보장 • 컨소시엄 모델을 활용한 교육 훈련, 컨설팅 등 서비스 제공
영국	• 사회적기업청(SEU)(2001년) • 사회적 기업 육성을 위한 조직체계(제3섹터형)와 육성전략에 따른 체계적 육성 • 지역공동체 이익회사(CIC)법을 제정하여 간소한 사회적 기업 설립운영모델 창출	• SEU는 사회적 기업에 영향을 주는 정책결정을 위한 초점이자 코디네이터 역할을 할 뿐만 아니라 사회적 기업을 활성화하고 홍보하는 일을 하고 있음
포르투갈	• 공공사회복지제도와 IPSS(사회적 연대책임 민간단체) 간의 공조 협약	• 아동, 청소년, 노인, 장애인, 소외 가정, 소외 지역사회 등 특정집단에 대한 기본적인 사회적 지원을 보장하는 데 그 목표를 둠
벨기에	• 창업센터(지역 인큐베이션 센터, 2000년) • 사회적 기업의 범위가 사회적 목적기업과 자활지원기업(노동통합기업)을 포괄 • 서비스바우처 등 사회적 기업 지원을 위한 경제적 장치 설치 • 재정적 혜택의 폭과 취약계층 고용률이 연동된 노동통합기원 지원	• 사회적 경제 내의 예비 기업가들이 사업 아이디어의 틀을 완성하고 이행하도록 도와주고, 불리한 위치에 있는 사람들을 고용하도록 장려 • 창업센터에 보조금을 지급함으로써 플랜더스 당국은 사회적 기업 부문이 자체적으로 개발 및 발전하도록 돕는 중요한 수단을 제공
핀란드	• 사회적기 업지원정책기구(NSSSE) 설립(2014년) • 대국민고용서비스법과 실업구제법에 의거 사회적 기업에 보조금 지급	• 기존 및 예비 사회적 기업들의 네트워크를 구축 및 지도하고, 사회적 기업에 대한 사회적 인식을 높임
헝가리	• 7개의 사회적 기업 총괄기구가 공적자금 지원으로 '민간고용워크숍(CFM)'프로그램을 실시(2003년) • 약 300개에 달하는 NOP회원들과 함께 사회적 기업의 창업과 프로그램, 재무계획서, 보조금 신청서 등의 준비와 관련한 전문가 시스템 제공	• 사회적 부문에서 시민들의 대화의 장을 마련하고, 의사소통의 폭을 넓히고 질을 향상시키는 것을 목표로 하는 성공적인 협력 모델
폴란드	• 사회적 협동조합법, 2006년 제정	• 사회적 배제로 인해 위협받는 사람들의 활성화와 포용에 초점 • 소득세를 경감해주고, 수입은 조합원의 사회적·직업적 재통합에 투입

출처: 최홍근 외(2013) 자료 수정.

② 미국의 사회적 기업

미국의 사회적 기업 역사는 사명 중심의 사회적 활동들을 지원하기 위하여 지역에서 실시된 비영리 조직의 상업적 활동으로 시작되었다고 볼 수 있다. 이것은 종교집단과 같은 비영리단체 또는 지역주민들이 기부금을 마련하기 위하여 바자회를 개최하거나 손수 제작한 수공예품을 팔았던 시기와 연결된다. 사회적 기업이라는 용어는 1970년대 비영리단체들이 빈곤층의 일자리를 창출하기 위한 방법으로 비즈니스 활동들을 규정하면서 사용되기 시작하였다(Alter, 2002; Kerlin, 2006).

1960년대 미국은 연방 정부를 중심으로 빈곤, 교육, 건강, 지역사회, 환경개선 등 다양한 사회프로그램에 수십억 달러를 투자하기 시작하였다. 본 기금은 기존의 관료조직을 통해서 집행하기보다는 이러한 사회적 목적을 추구하는 비영리 조직에 제공되었다. 이때 다양한 비영리 조직이 창출되고 확대되는 시기를 거치게 되었다(Salamon, 1995). 1970년대 후반부터 경제불황이 시작되고, 1980년대 복지분야에서 대규모 긴축재정과 재정지원예산의 삭감이 이루어짐으로써 비영리단체에 대한 지원이 수백억 달러 축소되었다. 1980년대 이후부터는 사회적 기업의 개념이 사회서비스를 제공하는 비영리단체가 사회서비스 제공을 무료가 아닌 유료화시키는 방식으로 확장되기 시작하였다. 따라서 비영리 조직들은 정부의 대폭적인 재정삭감에 따른 손실을 보완하기 위한 방법으로 사회적 기업이라는 개념을 도입하기 시작하였다. 이후 사회적 기업의 개념이 비영리 조직이 사회적 목적을 추구하기 위한 상업적 활동으로 확대되기 시작하였으며, 구체적인 조직형태를 갖추기보다 비영리 조직이 상업적 방식으로 수익을 창출하는 것으로 간주된다. 미국의 사회적 기업은 사회적 목적을 달성하기 위해서 경제적 활동으로 안정적인 재원을 확보하는 독립적 조직으로 법률적 정의를 하고자 하는 유럽의 사회적 기업과는 상당히 다름을 알 수 있다.

2000년대 이후 미국은 전통적 영리기업의 주주이익 극대화에 대한 권리와 전통적 비영리 조직에서 자본 확보에 따른 제약을 해결하고자 새로운 형태의 사회적 기업 조직이 나타나기 시작하였다. 대표적인 예로 저수익 유한책임회사(Low

Profit Limited Liability Company, L3C)와 베네피트 코퍼레이션(Benefit Corporation, B-corporation)이다(Cooney, 2014). 저수익 유한책임회사는 2008년 버몬트주에서 일반유한책임회사법의 부록으로 처음으로 채택되었다. 이 회사는 주주이익의 극대화가 아니라 사회적 이익의 추구를 목적으로 하는 유한책임회사이다. 일반 유한책임회사와의 차이는 영리법인이지만, 사회적 이익을 위하여 영리 활동을 하는 것이 가장 우선시 되는 설립 목적을 가지고 있는 것이다. 본 법으로 사회적 기업의 활동이 활성화되고, 기존 법인이 갖는 사회적 기업 활동에 대한 다양한 제약을 해소하고 투자촉진을 유도하였다. 베네피트 코퍼레이션은 2010년 4월 메릴랜드주에서 공식적인 법적 형태로 인정하는 법을 채택하였다. 베네피트 코퍼레이션은 주주 이익보다 사회적 목표 달성을 우선시하는 저수익 유한책임회사와는 달리 사회적 목적 달성을 수익향상보다 우선시하지는 않는다. 그렇지만, 사업활동을 통한 사회적 목적 달성은 수탁자의 책임에 반하지 않는 것으로 법으로 인정하였다.

미국의 사회적 기업은 법적인 조직형태로 나타나기도 하지만, 일반적으로 비영리 조직의 혁신적인 활동으로 간주된다. 미국은 사회적 기업의 법제도적인 정의 및 조직형태가 구체적이지 않다. 비영리 조직의 재정위기를 극복하기 위해서 상업적 활동을 개발한 것이 직접적인 동기이므로, 사회서비스 확대 및 취약계층 고용 등과 같은 정부 중심의 복지정책과 관련성이 높지 않다. 그렇지만 사회적 기업에 대해서는 세제혜택 등 다양한 접근을 시도하고 있다. 사회적 기업을 위한 대부분의 정부지원은 제한적이지만, 지역수준이나 주정부 차원의 지원들이 발견되고 있다. 프로젝트를 통한 지원, 우선구매제도, 취약계층을 고용한 기업에 세제혜택, 사회적 기업 지원을 위한 대학 및 고등학교의 관련 교육 실시 등이 있다. 이들 대다수의 지원은 직접적인 지원보다는 사회적 기업을 홍보하는 등 간접적인 지원제도를 시행하고 있다.

미국의 사회적 기업은 유럽 국가들에 비해서 비교적 규모가 큰 비영리 기관이 존재하며, 기업과 연계되는 사회적 기업 활동이 증대되고 있다. 그렇지만 법제도적으로 명확한 정의 및 정부지원이 부족하여 몇 가지 문제점을 안고 있을 가능성이 있다.

첫째, 사회서비스 제공을 통한 이윤창출을 하고자 한다면 취약계층보다는 비용을 지불할 수 있는 수혜자를 대상으로 사회서비스를 제공할 가능성이 높아진다. 둘째, 비영리 조직의 시장지향성 정도가 높아짐으로써 사회서비스를 위한 취약계층, 시민사회, 지역사회 개발보다 개별 대인 서비스 개발을 통한 욕구 충족으로 변질될 가능성이 높다.

〈표 3-2〉는 유럽과 미국 사회적 기업의 주요 특징을 비교하여 나타낸 표이다. 유럽과 미국은 태생적으로 많은 차이가 나타나고 있다.

표 3-2 유럽 및 미국 사회적 기업 비교

구분	유럽형	미국형
강조점	사회적 기여	수익창출
지원여부	세재 감면 등 지원	없음
조직유형	협회/협동조합/연대결사체/회사	비영리 조직
활동상 초점	대인 서비스	모든 비영리 활동
사회적 기업 유형 수	적음	많음
환경	사회적 경제	시장경제
이윤배분 구조	제한적 이윤배분 인정	이윤배분 원칙적 배제
의사결정	이해관계자 참여	제한적 인정과 참여
전략적 육성 주도	정부/유럽연합	민간재단
법률적 프레임워크	미약하지만 개선 중	취약
학문적 연구분야	경영과 사회과학	사회과학

출처: 남승연 외(2010); Kerlin(2006) 자료 수정.

CHAPTER 04

우리나라 사회적 기업의 발전과정

1 우리나라 사회적 기업의 등장

한국의 사회적 기업 역사는 민간단체 전반의 역사에 기인한다고 볼 수 있다. 근대적 의미에서 사회적 기업에 관한 개념의 출발은 1900년대 초 일제 강점기 총독부 주도의 농업, 어업, 임업에 관련된 협동조합에서 시작된다고 볼 수 있다(엄형식, 2008). 농협의 전신은 금융조합은 1907년에 시작되었으며, 1912년 수산조합, 1921년 조선산림회가 결성되어 후에 수협, 산림조합으로 발전되었다. 1920년대에는 일본 유학생 그룹, YMCA 등 다양한 세력들이 협동조합을 조직하였으며, 다양한 사회적 활동들을 전개하였다.

한국의 사회적 기업과 관련된 활동들은 해방 이후부터 1997년 IMF 금융위기 이전의 시기와 본격적으로 사회적 기업의 개념이 등장하는 1997년 이후부터 현재까지의 기간으로 나누어서 살펴볼 수 있다. 먼저, 해방 이후 근대화, 산업화가 진행되면서 국가주도로 민간단체가 재조직되기 시작하였다. 유럽 및 미국 등과 다르게 국가주도 경제성장을 돕고 강력한 통치수단으로 협동조합이 변질되었다. 1980년대 중반 이후, 민주화가 진행되기 시작하면서, 농촌과 도시의 상생을 추구하는 한살림운동 등의 등장과 함께 소비자협동조합이 민간주도로 생겨났다.

또한 1987년 민주화 이후 정부주도의 협동조합 관련 법이 개정되면서 민주적 운영과 조합원에 대한 봉사 등의 개념으로 협동조합으로서의 기능을 회복하게 되었다. 그렇지만 아직까지 우리나라에 유럽 또는 미국식 사회적 기업의 개념이 제대로 도입된 시기는 아니다.

1997년 IMF 경제위기 이후 한국사회가 기존에 경험하지 않았던 새로운 형태의 빈곤, 실업, 사회적 배제 등 다양한 문제점이 발생하면서 사회적 기업의 개념이 나타나기 시작하였다. 외환위기 이후, 성장세가 둔화되고 산업구조의 변화로 인해 고용창출능력이 저하되면서 일자리 창출이 점차 시급한 사회문제로 대두되었다. 민간단체 중심으로 자발적인 일자리 창출 노력과 정부의 취약계층 일자리 창출 프로그램과 맞물리면서 사회적 기업의 개념이 확장되었다. 또한 민주화가 이루어지면서 사회적 취약계층에 대한 사회서비스 향상이 중요한 정책기조로 대두되었고, 시민단체들이 본 역할을 메우기 시작하면서 사회적 기업으로 발전하였다. 또한 여성의 사회참여 증가와 고령화로 인해서 간병, 보육, 복지 등 다양한 사회서비스에 대한 국민들의 수요가 급격히 증가하였다. 그렇지만, 정부의 복지정책을 중심으로 영리기업, 비영리 민간단체 등에 의해서 이들 사회서비스에 대한 공급이 이루어졌지만, 충분하지 않았다. 사회서비스에 대한 불충분한 공급이 사회적 기업의 등장에 주요한 역할을 하였다.

정부는 1998년 '실업문제 해결을 위한 종합대책'을 발표하면서 저소득 실업자의 생계보조와 한시적 일자리를 제공하기 위하여 공공근로사업을 전격적으로 전개하였다. 1999년 공공근로사업의 한계를 극복하고 안정적인 일자리 정착을 위해서 '국민기초생활보장법' 제정과 함께 2000년부터 '자활사업'을 실시하였다. 자활사업은 빈곤계층에게 단순히 현금과 현물을 지급하기보다 '사회적일자리사업'으로 발전하였다. 사회적일자리사업은 2003년부터 노동부 시범사업으로 시작되었으며, 이후 정부지원 하에서 민간기업이 주도하는 사회적 기업이 등장하게 되었다.

2000년대 고용없는 성장, 사회서비스 수요의 급격한 증가 등에 대한 해결방안으로 유럽의 사회적 기업 제도의 도입을 위한 논의가 본격화되기 시작하였다(강정석 외, 2017).

2005년 육성법 제정에 대한 논의가 국회에서 본격적으로 시작되었으며,

표 4-1 **우리나라 사회적 기업의 도입과정**

시기	주요 내용
1990년대 초반	빈민지역을 중심으로 한 생산공동체 운동, 노동자 생산협동조합 등
1990년대 이후	장애인 재활 및 자립사업
1998년	실업문제 해결을 위한 종합대책 • 외환위기 후 공공근로사업
2000년	국민기초생활보장법 • 수급자/차상위자의 자활사업의 제도화 • 자활근로사업과 자활공동체 사업
2003년	사회적일자리창출사업 • 저소득 소외계층의 사회서비스 제공 • 실업 양극화 해소
2007년	사회적기업육성법 제정 • 1차 36개 인증

출처: 한국사회적기업진흥원 자료 수정.

2007년 1월 제정되어 7월부터 발효되었다. 〈표 4-1〉은 사회적기업육성법이 도입되기까지 우리나라 사회적 기업의 도입과정을 요약하여 나타내고 있다.

② 우리나라 사회적 기업의 육성법 시행

2007년 7월 '사회적기업육성법'이 발효되면서 사회적 경제 조직 유형 중 사회적 기업을 활성화하기 위한 추진 체계가 구체적으로 마련되었다. 사회적기업육성법은 사회적 기업이 취약계층을 대상으로 새로운 일자리를 창출하여 다양한 생산 활동을 통해 수익을 올리도록 지원을 한다. 또한, 저소득층에게 사회서비스의 제공 등을 통해 사회적 목적을 달성하고자 하는 사회적 기업이 자리 잡을 수 있도록 법제도적 기준과 체계적인 지원체계를 구축하기 위해서 제정되었다(사회적기업육성법).

사회적 기업은 공동체 수요에 적합한 사회서비스를 확충하고, 취약계층에 안정적 일자리를 제공할 뿐만 아니라, 지역의 인적·물적 자원을 활용하여 고용 및 복지를 확대하고, 경제 활성화에 기여하고 있다(한국사회적기업진흥원). 특히, 최근에는 저성장, 저고용 및 고령화 등 노동구조 변화로 새로운 일자리를 창출하기 위한 방법으로 사회적 기업의 역할이 증대되고 있다.

(1) 우리나라 사회적 기업의 개념

사회적기업육성법에서는 사회적 기업, 취약계층, 사회서비스, 인증조건, 정부 지원정책 등이 구체적으로 제시되어 있으며, 상당히 엄격하게 적용하고 있다. 일례로 사회적 기업으로 인증을 받지 않은 기업이나 단체는 사회적 기업이라는 단어를 사용하지 못하게 되어 있다.

사회적기업육성법에서 사회적 기업이란 취약계층에게 사회서비스 또는 일자리를 제공하거나 지역사회에 공헌함으로써 지역주민의 삶의 질을 높이는 등의 사회적 목적을 추구하면서 재화 및 서비스의 생산·판매 등 영업활동을 하는 기업으로서 제7조에 따라 인증받은 자를 말한다. 여기서 취약계층이란 자신에게 필요한 사회서비스를 시장가격으로 구매하는 데에 어려움이 있거나 노동시장의 통상적인 조건에서 취업이 특히 곤란한 계층을 말한다. 또한 사회서비스는 교육, 보건, 사회복지, 환경 및 문화 분야의 서비스, 그 밖에 이에 준하는 서비스를 말한다. 취약계층과 사회서비스는 구체적인 기준을 대통령령으로 정하고 있다.

(2) 우리나라 사회적 기업의 목적 유형

우리나라 사회적 기업의 목적은 사회적 기업의 유형 구분에서 중요한 요소이다. 사회적 기업은 사회적 기업 인증 신청이나 자율경영 공시에서 구체적으로 사회적 기업의 목적을 명시하고 있다. 사회적 기업의 사회적 목적은 크게 세 가지로 일자리 제공형, 사회서비스 제공형, 지역사회 공헌형으로 구분할 수 있다. 이외에도 일자리 제공과 사회서비스를 모두 제공하는 혼합형, 그 밖에 어느 요건에

표 4-2 **사회적 목적에 따른 사회적 기업 유형과 특징**

사회적 목적 유형	주요 특징
일자리 제공형	• 노동통합형 사회적 기업은 취약계층의 일자리 창출을 주도하기 위한 목적으로 설립된 조직을 의미함 • 우리나라는 일자리 제공형 사회적 기업이 전체 인증 사회적 기업의 약 70% 내외를 차지함
사회서비스 제공형	• 사회서비스 제공형 사회적 기업은 개인 또는 사회 전체의 복지증진을 위해 조직되었으며, 사회적으로 서비스를 제공함 • 초기에는 노동통합을 주 목적으로 사회적 기업이 출범하였지만, 정부의 복지정책이 효과적이지 못하면서, 광범위하게 사회서비스형 사회적 기업이 출현하기 시작한 국가들이 늘어남
지역사회 공헌형	• 지역사회 공헌형 사회적 기업은 지역개발, 환경개선 등 지역사회 내 주민들을 대상으로 사회적 가치를 창출하여 지역사회 발전에 기여하는 공익사업을 수행하는 조직을 말함 • 사회적 기업에 참여하는 대다수의 이해당사자들이 지역사회에 기반을 두고 있으므로 지역적 필요사항을 쉽게 충족시킬 수 있음. 즉, 지역사회에서 소득과 고용을 증대시키고 재분배 활동을 통해 지역사회의 사회복지를 확대할 수 있음 • 지역사회 공헌형 사회적 기업은 지역사회를 통합하고 근접 서비스를 제공하면서 새로운 일자리를 창출할 수 있음 • 시장이나 공공기관이 제공해 줄 수 없는 욕구충족의 좋은 대안이 될 수 있음

출처: 강정석 외(2017) 자료 수정.

따라 판단하기 어려운 기타형이 있다. 〈표 4-2〉는 사회적 목적에 따른 사회적 기업의 유형과 유형별 특징을 간단히 요약하였다.

③ 우리나라 사회적 기업의 인증 절차와 정부지원

(1) 우리나라 사회적 기업의 인증 절차

2007년 사회적기업육성법 시행이후 사회적 기업을 운영하고자 하는 단체나 개인은 사회적기업육성법에서 요구하는 요건들을 모두 갖추어서 노동부장관의 인증을 받은 기관만이 사회적 기업이라는 용어를 사용할 수 있도록 되어 있다. 우리나라는 타 국가의 사회적 기업 관련 법률과 달리 사회적 기업을 인증제로 엄격히 관리하고 있다.

표 4-3 사회적 기업의 인증 요건

구분	주요 내용
조직 형태	• 민법에 따른 법인·조합, 상법에 따른 회사·합자조합, 특별법에 따라 설립된 법인 또는 비영리 민간단체 등 대통령령으로 정하는 조직 형태를 갖출 것 • '특별법에 따라 설립된 법인 또는 비영리 민간단체 등 대통령령으로 정하는 조직 형태'란 다음 각 호의 어느 하나에 해당하는 조직 형태를 말함 　－ 공익법인, 비영리민간단체, 사회복지법인, 소비자생활협동조합, 협동조합, 협동조합연합회, 사회적협동조합, 사회적협동조합연합회,　기타 비영리단체 등
사업 형태	• 유급 근로자를 고용하여 재화와 서비스의 생산·판매 등 영업활동을 할 것
서비스 형태	• 취약계층에게 사회서비스 또는 일자리를 제공하거나 지역사회에 공헌함으로써 지역주민의 삶의 질을 높이는 등 사회적 목적의 실현을 조직의 주된 목적으로 할 것. 이 경우 그 구체적인 판단기준은 대통령령으로 정하고 있음 　－ 취약계층의 사회서비스 경우 서비스 수혜 대상자 중 취약계층 비율 　－ 취약계층 일자리 제공의 경우 취약계층 고용비율 　－ 지역사회 공헌의 경우 지역취약계층을 대상으로 고용이나 서비스 제공 비율 　－ 지역문제해결을 위한 지출 비율 등을 구체적으로 정의함 • 사회적 기업의 서비스 형태는 무조건 취약계층을 대상으로 제공하는 경우에만 인증 받을 수 있음
의사결정 구조, 영업활동을 통한 수입 기준, 재투자, 정관 등	• 의사결정구조는 서비스 수혜자, 근로자 등 이해관계자가 참여하는 의사결정 구조를 갖추어야 함 • 영업활동을 통한 수입 기준은 사회적 기업의 인증을 신청한 날이 속하는 달의 직전 6개월 동안에 해당 조직의 영업활동을 통한 총수입이 같은 기간에 그 조직에서 지출되는 총 노무비(서비스나 생산에 투입되는 인력에 대한 비용)의 100분의 50 이상인 경우 • 회계연도별로 배분 가능한 이윤이 발생한 경우 이윤의 3분의 2 이상을 사회적 목적을 위하여 사용할 것(상법에 따른 회사·합자조합인 경우) • 정관에 대한 사항도 항목, 수익배분 및 재투자에 관한 사항 등을 구체적으로 정의하고 있음

출처: 강정석 외(2017) 자료 수정.

사회적기업육성법에서 인증 기준은 조직형태, 사회목적의 실현, 영업활동을 통한 수입기준, 유급근로자 기준, 이해관계자가 참여하는 의사결정 구조 등이 구체적으로 정의되어 있다(〈표 4-3〉). 사회적 목적 실현, 영업활동을 통한 수익창출 등 사회적 기업 인증을 위한 최소한의 자격 요건을 갖추었으나, 수익구조 등 일부 요건을 충족하지 못하는 기업은 예비 사회적 기업으로 지정하고 있다. 예비 사회적 기업은 향후 사회적 기업 인증을 목적으로 하는 기업이다.

사회적 기업을 운영하려는 기관이나 개인은 인증 요건을 갖추고 노동부장관의 인증을 받아야 한다. 노동부장관은 노동부에 설치되어 있는 사회적기업육성위원회의 심의를 거친 후 사회적 기업을 인증한다. 한국 사회적 기업의 인증 절차는 희망하는 단체가 한국사회적기업진흥원에 접수한 후 실사, 위원회 심의를 거쳐 노동부에서 최종 인증과정을 거치게 되며, 주요 처리절차는 〈그림 4-1〉과 같다.

그림 4-1 사회적 기업 인증 신청 및 처리절차

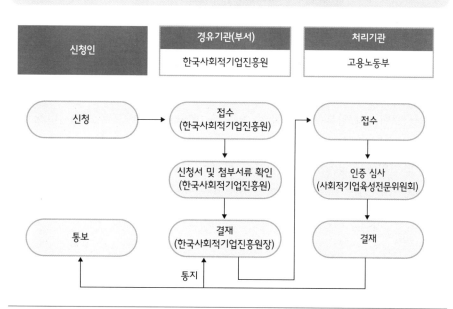

출처: 「사회적기업육성법 시행규칙」(별지 제1호 서식·사회적 기업 인증 신청서).

(2) 우리나라 사회적 기업의 정부지원

우리나라의 사회적 기업은 인증을 받은 경우로 타 국가에 비해서 정부차원에서 다양한 형태의 지원을 하고 있다. 정부지원은 크게 경영지원, 교육훈련 지원, 시설비 지원, 공공기관의 우선 구매, 조세감면 및 사회보험료 지원, 사회서비스 제공 사회적 기업에 대한 재정 지원 등에 관한 사항을 포함한다.

경영지원은 사회적 기업의 설립 및 운영에 필요한 경영ㆍ기술ㆍ세무ㆍ노무ㆍ회계 등의 분야에 대한 전문적인 자문 및 정보 제공 등을 지원할 수 있도록 규정하고 있다. 교육훈련 지원은 사회적 기업의 설립ㆍ운영에 필요한 전문인력의 육성, 사회적 기업 근로자의 능력향상을 위하여 교육훈련을 실시할 수 있도록 하였다. 시설비 등의 지원은 국가 및 지방자치단체가 사회적 기업의 설립 또는 운영에 필요한 부지구입비ㆍ시설비 등을 지원ㆍ융자하거나 국유ㆍ공유 재산 및 물품을 대부하거나 사용하게 할 수 있도록 하였다. 공공기관의 우선 구매는 공공기관의 장이 사회적 기업이 생산하는 재화나 서비스의 우선 구매를 촉진하여야 하도록 규정하고 있다. 조세감면 및 사회보험료의 지원은 국가 및 지방자치단체가 사회적 기업에 대하여 법인세법, 조세특례제한법 및 지방세특례제한법이 정하는 바에 따라 국세 및 지방세를 감면할 수 있도록 하였다. 또한 국가는 사회적 기업에 대하여 고용보험 및 산업재해보상보험의 보험료 징수 등에 관한 법률에 따른 고용보험료 및 산업재해보상보험료, 국민건강보험법에 따른 보험료 및 국민연금법에 따른 연금보험료의 일부를 지원할 수 있도록 하였다. 마지막으로 사회서비스 제공 사회적 기업에 대한 재정 지원은 사회서비스를 제공하는 사회적 기업에 대하여 예산의 범위에서 공개모집 및 심사를 통하여 사회적 기업의 운영에 필요한 인건비, 운영경비, 자문 비용 등의 재정적인 지원을 할 수 있도록 규정하였다.

④ 우리나라 사회적 기업의 현황

한국사회적기업진흥원에 게시된 2017년 12월 29일자를 기준으로, 예비 사

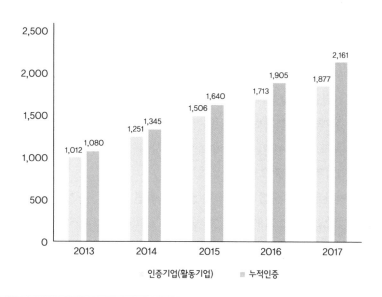

그림 4-2 **연도별 사회적 기업 인증 현황**

회적 기업을 제외하고 총 1,877개의 인증된 사회적 기업이 등록되어 활동 중에 있다(한국사회적기업진흥원). 인증된 사회적 기업의 수는 매년 꾸준히 증가하는 추세이며, 〈그림 4-2〉와 같다. 매년 200여개 이상의 기업 및 단체가 새롭게 사회적 기업으로 인정되었다. 또한 동일 날짜를 기준으로, 누적 사회적 기업 인증 수는 총 2,161개이며, 도중에 폐업 및 조건미달 등의 사유로 인증 취소된 기관은 총 284개이다.

사회적 기업의 분류는 2017년 자료의 경우 한국사회적기업진흥원 홈페이지에 게시된 '인증 사회적 기업 리스트(2017년 12월)'에서 참고하였다. 그리고 2017년 이전의 자료는 동 홈페이지에 게시된 각 연도별(12월 기준) '사회적 기업 인증 현황'을 참고하였으며, 분석의 편의와 사례 분석이 용이하도록 본 연구에 맞게 범주를 재분류 하였다.

2017년 법인 유형 정리는 다음과 같은 기준으로 분류하였다. 기관명에 '주식회사/(주), 유한회사/(유), 합자회사, 합명회사' 등이 포함된 것을 상법상법인으로, '재단법인/(재), 사단법인/(사)' 등이 포함된 것을 민법상법인으로 구분하였다. 사회복지법인은 특수법인에 해당하나 사회적 기업으로 빈번하게 등록되는 형태로 별도의 범주로 간주하고, 기관명에 '사회복지법인'이 있는 것을 포함시켰다. 비영리민간단체는 다른 항목에 해당하지 않으면서, 중앙·시·도별 비영리 민간단체 목록에 등재된 기관들을 포함시켰다. 협동조합 및 기타의 경우 '협동조합, 사회적협동조합' 등과 함께 '농업회사법인, 영농(어)업조합법인' 및 기타 특수법인을 포함시켜 집계하였다. 또한, 기관 및 단체에 소속된 사업단이거나 모기관이 있는 경우해당하는 상위기관을 기준으로 분석하였다.

연도별 법인유형별 사회적 기업 수를 정리하면 〈그림 4-3〉과 같다. 2017년기준으로 상법상법인이 1,113개로 전체 등록된 사회적 기업의 59.3%를 차지하며, 민법상법인이 259개로 약 13.9%로 그 다음의 비중을 보인다. 비영리 민간단체와사회복지법인은 비슷한 수준이나 조금씩 감소하는 경향을 보이고 있다.

그리고, 협동조합 및 기타사항을 상세히 살펴보면 〈그림 4-4〉와 같다. 여기서 협동조합 및 사회적협동조합은 설립 기준이 되는 협동조합육성기본법(2012. 12. 시행)이 사회적기업법육성법(2007. 7. 시행)보다 늦게 제정, 시행되었으며, 마찬가지로 영농(어)조합법인 및 농(어)업회사법인의 기준이 되는 농어업경영체 육성

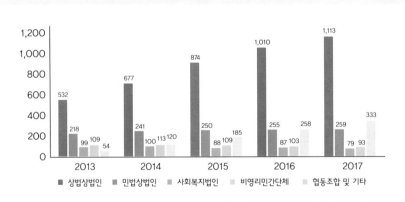

그림 4-3　법인유형별 사회적 기업 현황

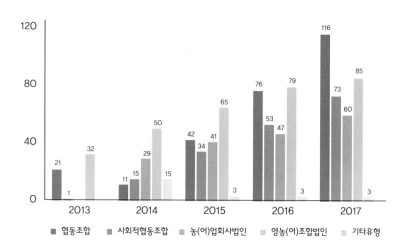

그림 4-4 법인유형 중 협동조합 및 기타의 사회적 기업 현황

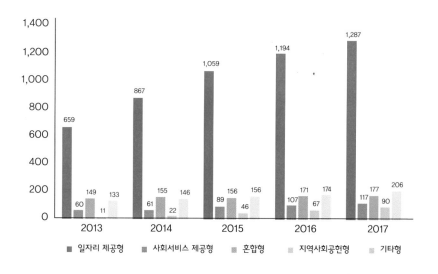

그림 4-5 사회적 목적 유형별 인증된 사회적 기업 현황

및 지원에 관한 법률(2009. 10. 시행) 또한 늦게 제정되어 시행되었다. 그럼에도 많은 기관들이 조합의 형태로 사회적 기업 인증을 시도하고 있으며, 특수법인인 기타를 제외하고 협동조합, 사회적협동조합, 농(어)업회사법인, 영농조합법인 모두 매년 증가추세에 있다.

사회적 목적 유형별 인증된 사회적 기업 현황은 〈그림 4-5〉와 같다. 참고 자료의 시점을 기준으로, 일자리 제공형은 1,287개로 전체 사회적 기업의 과반수 이상인 68.5%에 달하며, 각 연도별 사회적 기업의 증가분 중 대부분은 일자리 제공형이 차지하고 있다. 일자리 제공형을 제외한 나머지 유형은 전체적으로 증가하는 추세이다. 사회서비스 제공형, 지역사회공헌형 및 기타형의 경우 꾸준하게 소폭 증가하였으나, 한편으로 혼합형의 경우 낮은 증가율을 보이고 있다.

구체적으로 사회서비스 제공 세부 유형별 사회적 기업을 분류하면 〈그림 4-6〉으로 나타낼 수 있다. 분류가 까다로운 기타형을 제외하고, 문화예술(222개, 12%), 청소(191개, 10%), 교육(153개, 8%), 환경(113개, 6%), 사회복지(107개, 6%), 간병·가사지원(95개, 5%) 등의 순서대로 높은 비중을 차지하였다.

그림 4-6 사회서비스 제공분야별 분류(2017)

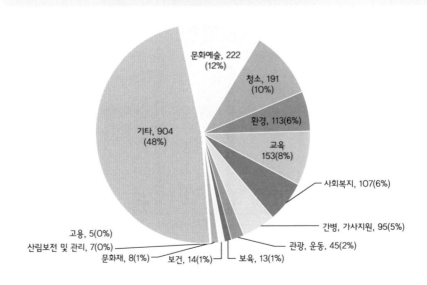

그림 4-7　지역별 사회적 기업 등록 현황

지역	갯수	비율
서울	324	17.26%
부산	91	4.85%
대구	65	3.46%
인천	111	5.91%
광주	99	5.27%
대전	50	2.66%
울산	68	3.62%
경기	316	16.84%
강원	105	5.59%
충북	84	4.48%
충남	91	4.85%
전북	118	6.29%
전남	94	5.01%
경북	123	6.55%
경남	85	4.53%
제주	43	2.29%
세종	10	0.53%

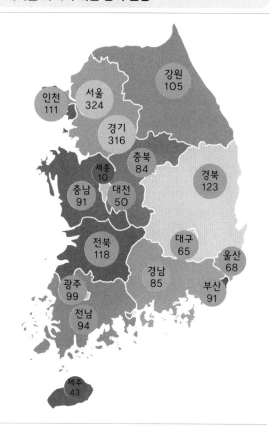

　　지역별로 등록된 사회적 기업을 살펴보자면 〈그림 4-7〉과 같이 볼 수 있다. 서울과 경기지역에 대다수 사회적 기업이 모여 있는데 전체의 약 30% 이상을 차지한다. 최근 신설된 세종과 제주를 제외한 나머지 지역은 5% 내외의 비중으로 사회적 기업이 위치하고 있음을 알 수 있다

사회적 기업의
지속적 성과 창출

본 파트에서는 사회적 기업의 지속적 성과창출에 대해 살펴보고자 한다. 먼저, 사회적 기업의 성과는 일반적인 영리기업과 다르므로 사회적 기업의 성과 유형과 평가방법을 살펴볼 수 있다. 이를 바탕으로 사회적 기업의 지속가능성에 대한 연구와 방법을 살펴볼 수 있을 것으로 기대된다.

CHAPTER 05

사회적 기업의 성과 유형

1 사회적 기업의 사회적 성과

　　사회적 기업은 경제적 활동을 통해서 사회적 목표를 달성하고자 한다. 사회적 기업은 일반적인 영리기업과 달리 경제적 가치와 사회적 가치를 동시에 추구하고 있다. 하나의 조직이 이중목적을 추구하고 있기 때문에 두 성과를 구분하기란 쉽지 않다. 또한, 앞에서 살펴본 바와 같이 사회적 기업이 목표로 하는 사회적 성과를 달성하기 위한 조직 유형은 다양하다. 사회적 기업 유형은 크게 경제적 가치를 창출하여 사회적 목표를 달성하는 영리기업형 사회적 기업부터 기부금, 정부보조금에 주로 의존하면서 사회적 가치를 창출하는 비영리단체형 사회적 기업으로 구분할 수 있다. 각각의 조직형태는 다양하게 나타나고 있어서 경제적 성과와 사회적 성과를 개별적으로 분리하는 것은 상당히 어렵다.

　　그렇지만, 사회적 기업이 지속가능하기 위해서 이들이 창출하는 성과를 정량적으로 분석하는 것이 필요하다. 경제적 성과는 영리기업의 일반적인 측정방법을 활용할 수 있지만, 사회적 기업의 사회적 성과는 다양하게 나타나고 있어서 성과 평가에 앞서 이들의 성과 유형을 먼저 분석할 필요가 있다.

　　사회적 성과란 다양한 사회 문제를 해결하는 과정에서 창출되는 공공의 가치이다. 일반적인 사회적 성과는 특정한 개인에게 귀속되는 가치가 아니라, 일반 시민을 포함하여 불특정 다수에게 혜택이 돌아가는 공공의 가치를 의미한다. 그렇지만 사회적 기업이 창출하는 사회적 성과는 일반시민을 제외하고 취약계층에게 제공되는 공공의 가치를 의미한다. 사회적 기업육성법에서는 사회적 기업을 인증하기 위하여 사회적 성과를 명확하게 정의하고 있다. 그렇지만, 여기서는 법적인 근거보다 일반적인 관점에서 사회적 성과를 살펴보고자 한다.

사회적 기업의 사회적 성과 유형은 장애인, 노인, 여성 등 취약계층에게 교육, 문화, 의료, 주거 등을 제공하는 사회서비스, 취약계층에게 일자리를 제공하는 노동통합, 지역주민의 삶의 질을 높이는 지역사회통합, 환경문제를 해결하는 환경개선 등으로 구분할 수 있다. 각각의 특징을 구체적으로 살펴보고자 한다.

(1) 사회서비스

사회서비스는 각 사회의 역사적 상황과 사회적 맥락에 따라서 상이한 명칭과 내용으로 정의되고 있으며, 사회복지서비스, 대인사회서비스, 사회적 보호 등 다양한 용어들과 혼용되어 사용되고 있다(정경희 외, 2006). 사회서비스를 적용하는 대상 및 방법이 다양하고, 각 국가들의 정책제도가 광범위하여 개념 정의가 명확하게 이루어지지 않고 있다(정무성 외, 2011). 영국은 소득보장, 보건, 고용 등을 포함하여 포괄적인 개념으로 사회서비스를 정의하고 있다. 스웨덴은 노인서비스, 아동과 청소년 등 가족서비스, 장애인서비스 세 가지 영역으로 사회서비스를 규정하고 있다. 반면, 미국은 소득보장, 교육, 의료서비스 등을 제외한 휴먼서비스 관련 부분으로 국한하여 사회서비스를 규정하고 있다(정무성 외, 2011). 우리나라는 보건복지부에서 사회서비스를 다음과 같이 정의하고 있다(보건복지부, 사회보장정보원).

"사회서비스란 일반적인 의미에서 개인 또는 사회 전체의 복지증진 및 삶의 질 향상을 위해 사회적으로 제공되는 서비스를 말하며 공공행정(일반행정, 환경, 안전), 사회복지(보육, 아동, 장애인, 노인 보호), 보건의료(간병, 간호), 교육(방과 후 활동, 특수 교육), 문화(도서관, 박물관, 미술관 등 문화시설 운영)를 포괄하는 개념이다"

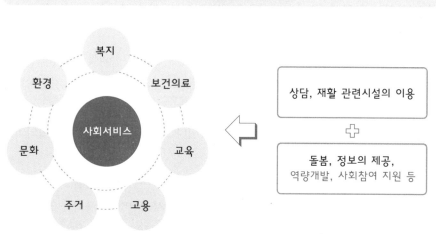

그림 5-1 **사회서비스의 개념**

출처: 보건복지부, 사회보장정보원.

　　우리나라의 법 제도적 측면에서 국민들에게 제공하는 사회서비스는 사회보장기본법과 사회적기업육성법의 사회서비스에서 살펴볼 수 있다. 사회보장기본법의 사회서비스란 국가·지방자치단체 및 민간부문의 도움이 필요한 모든 국민에게 복지, 보건의료, 교육, 고용, 주거, 문화, 환경 등의 분야에서 인간다운 생활을 보장하고 상담, 재활, 돌봄, 정보의 제공, 관련 시설의 이용, 역량 개발, 사회참여 지원 등을 통하여 국민의 삶의 질이 향상되도록 지원하는 제도를 말한다(사회보장기본법). 사회적기업육성법에서 사회서비스란 교육, 보건, 사회복지, 환경 및 문화 분야의 서비스, 그 밖에 이에 준하는 서비스로서 대통령령으로 정하는 분야의 서비스를 말한다(사회적기업육성법). 두 법령에서 정의한 사회서비스에서 표현의 차이는 있으나, 사회 전 분야를 포함하는 포괄적인 서비스라 할 수 있다.

　　사회서비스 관련 연구자들은 사회서비스를 보다 추상적인 개념에서 정의하고 있다. 정경희 외(2006)는 '비영리적 특징, 즉 이윤 추구를 일차목적으로 하지 않으면서, 사회적 욕구 충족에 초점을 두는 집합적이고 관계지향적 활동'으로 규정하였다. 정의에서와 같이 서비스라는 자유시장경제의 특징과 비영리적 특징을 가지는 모순으로 인하여, 사회서비스 영역에서는 소수 영리기업만 존재할 뿐 대다수는 정부에 의해 주도되고 있음을 알 수 있다. 일부 복지관, 지역자활센터 등 비영리 민간단체에 의해서 사업이 전개되고 있다.

조현승(2007)은 "광의의 사회서비스는 국방, 공공행정, 사회복지서비스, 교육서비스, 의료서비스를 포함하지만, 협의의 사회서비스는 사회기반시설과 같은 인프라 제공사업, 우정사업이나 상하수도관리 및 쓰레기 수거와 같은 공공행정, 소득 및 의료보장과 같은 사회안전망 구축 등이 포함된다"고 정의하면서 광의와 협의의 사회서비스로 구분하였다.

남찬섭(2012)은 우리나라에서 사용되고 있는 사회서비스 개념을 5개 유형으로 범주화하였다. 사회서비스 개념을 '공공서비스로서 사회서비스, 사회적 일자리로서 사회서비스, 사회행정으로서 사회서비스, 사회복지서비스로서의 사회서비스, 돌봄서비스/바우처로서 사회서비스'로 규정하였다(서정민 외, 2012 재인용). 〈표 5-1〉은 이를 이용하여 나타낸 것이다.

표 5-1 사회서비스의 다섯 가지 범주와 내용

범주	범주의 내용
공공서비스	• 공공행정·국방·사회보장행정, 교육서비스, 보건 및 사회복지사업 • 기타 공공, 수리 및 개인서비스의 일부: 청소관련서비스, 자선단체, 이·미용서비스, 목욕·세탁업, 간병·산후조리서비스 등
사회적 일자리	• 교육, 보건, 사회복지, 보육서비스, 간병 및 가사서비스, 환경 및 문화 분야의 서비스, 청소 등 사업시설 관리서비스, 산림보전 및 관리서비스, 문화재보존 및 활용관련서비스, 예술·관광 및 운동서비스, 직업 안정법에 의한 고용서비스, 기타 서비스
사회행정	• 소득보장, 교육, 보건, 주거, 고용, 대인사회서비스
사회복지서비스	• 아동·노인·장애인·한부모가족 등 다양한 인구집단을 대상으로 하여 생활시설·이용시설 등을 통해 제공되는 서비스 및 각종 돌봄서비스
돌봄서비스/ 바우처	• 노인돌봄, 장애인활동지원, 장애아동재활치료, 장애아동언어발달지원, 산모·신생아도우미, 가사·간병도우미, 지역사회투자사업, 노인장기요양보험에 의한 요양서비스

출처: 남찬섭(2012), 서정민 외(2012) 재인용.

이와 같이 각 국가가 처해있는 사회문화적 · 정치경제적 환경뿐만 아니라 연구자의 연구 방향에 따라서 사회서비스의 개념이 다양하게 정의됨을 알 수 있다.

일반적인 관점에서 사회서비스의 개념을 종합하면, 사회서비스는 사회복지 서비스(welfare service), 대인사회서비스(personal social service), 사회적 보호(social care) 등 다양한 용어들과 혼용되고 있지만, 일반적으로 공공행정, 국방, 의료서비스, 교육서비스, 사회복지 서비스를 포함하는 개념이다. 대부분 국가는 노인, 장애인, 아동 등 사회적 취약계층을 대상으로 사회서비스를 제공하며, 사회서비스 내용은 기초적 의식, 주거보장, 보건의료, 교육, 돌봄, 고용 등을 포함하고 있다(강혜규 외, 2007).

가장 광의의 정의로, 서비스 산업의 하위 산업으로 사회서비스 산업의 범주를 설정하려고 하는 시도가 있다. OECD는 산업분류에서 3차 산업인 서비스 산업을 4개 하위 산업으로 구분하였다. 생산자, 유통, 사회, 개인서비스를 분류하고 사회서비스 범주에는 공공, 국방, 사회보장행정, 교육, 보건의료서비스/사회복지서비스 사업을 포함시켰다. 이와 같이 함으로써 국가 및 기업의 사회적 투자 논의에 대한 기반을 확보할 수 있다. 또한 산업분류 내에서 사회서비스를 설명함으로써 경제적 관점에서 산업 및 국가차원의 사회서비스 성과를 논의할 수 있는 개념적 틀을 제공할 수 있다. 특히, 사회적 기업의 사회서비스 성과를 설명할 수 있는 틀을 확보할 수 있다.

사회서비스를 서비스 산업의 하위 범주로 정의하고자 하는 방향은 사회서비스의 시장화 경향과 맞물려 있다. 기존 방식의 사회서비스는 정부주도 하에 어떤 경쟁도 없이 공급자 중심으로 설계, 생산, 전달되는 일방적인 과정을 거쳤다면, 사회서비스의 시장화는 수요자들의 요구에 의해서 서비스가 설계, 생산되어 스스로 선택하여 이용할 수 있는 시장경쟁체제를 의미한다. 이는 민간부문의 적극적인 참여를 통해서 많은 사회서비스 공급기관을 확보하고, 이들 간 경쟁을 통해서 서비스 품질뿐만 아니라, 서비스 가격을 인하하고 공급량 확대와 더불어 일자리를 확충할 수 있다(정무성 외, 2011). 우리나라 사회서비스의 시장화는 바우처 제도와 더불어 사회적 기업의 제도적 지원을 통해서 활발히 추진되고 있다.

(2) 노동통합

노동통합은 사회서비스의 광의의 개념에 포함될 수 있지만, 사회적 기업의 주요한 목적 유형이어서 여기서는 분리하여 검토하고자 한다. 김혜원(2007)은 "노동통합이란 용어의 의미는 사회로부터 배제되고 있는 취약한 실직자들을 노동 또는 일을 통해서 재통합한다는 의미를 내포하고 있다. 그러므로 노동통합형 사회적 기업은 취업 취약성을 가진 실직자를 다시 노동시장으로 재통합하는 사회적 기업"이라고 정의하였다(남미옥, 2014 재인용). 이를 다시 말하면, 노동통합은 사회적 취약계층에게 적절한 수준의 일자리 제공, 훈련 그리고 지원을 통해서 고용을 유지하면서 재화나 서비스의 생산 활동을 하는 것을 의미한다. 노동통합을 위한 취약계층은 사회적기업육성법에서 제시한 취약계층이 모두 해당된다고 할 수 있다. 취약계층은 장애인, 고용에 취약한 구직자, 장기간 직업을 구하지 못한 장기 실직자, 낮은 직무능력을 가진 청년 구직자나 여성 구직자 등 광범위하게 나타나고 있다.

사회적 기업의 노동통합 유형은 취약계층의 근로능력에 맞게 일자리와 연계되어 있다. 이들의 유형은 시장에 충분히 공급되지 못하는 복지, 환경, 문화 지역개발 등 시장성이 낮은 사회서비스 분야의 일자리 참여, 재활용, 청소, 집수리, 유료간병, 음식물, 도시락 등 시장성이 있거나 시장진입형 사회서비스 참여, 장애인 등의 고용을 통한 사회서비스가 아닌 일반적인 생산활동 참여 등으로 구분될 수 있다(정영순, 송연경, 2010).

유럽의 노동통합은 제3섹터 관련 기관과 관련된 특별 입법의 존재여부, 국가 정책, 지역적 편차 및 지방정부의 자치권과 맞물려 실행되고 있다. 유럽의 노동통합형 사회적 기업은 국가별 입법의 행태도 다르지만, 발전수준도 다르게 나타나고 있다. 어떤 나라는 장애인을 위한 노동통합형 사회적 기업을 통하여 오랫동안 매우 양호하게 사회적 기업이 운영되고 있다. 〈표 5-2〉는 유럽 주요 국가의 노동통합 사회적 기업 관련 내용이다.

노동통합을 추구하는 사회적 기업은 시장에서 만족할 만한 생산활동을 기대하기 어렵다. 그래서 상품 판매를 통한 수입보다 정부 보조금에 의존하는 경향

표 5-2   **유럽의 노동통합 사회적 기업 사례**

국가	사례
벨기에	• 남부의 현장훈련(OJT) 기업 및 노동통합 기업, 북부의 통합기업과 사회적 워크숍: 다양한 지역에서 지원하는 노동통합 기업은 시장지향성이 높으며 장기고용에 초점을 맞추고 있음
이탈리아	• B타입 사회적 협동조합(1991년 법적 프레임 워크): 위험한 상황에 놓인 개인의 노동통합 분야에서 활동하는 협동조합임
독일	• 임시 공적 지원을 받는 시장지향적 사회적 기업: 일자리 창출, 경제발전 촉진, 장기 실업자의 사회 및 직업통합을 목표로 기존 민간기업이나 새로운 기업에서 일자리를 창출함
룩셈부르크	• 환경, 농업, 건설, 쓰레기 재활용 등 다양한 분야의 노동 및 경제적 활동을 통해 구성원에게 통합을 제공하는 협회(혹은 노동조합): 대부분 국가에서 시도하는 프로그램임
스페인	• 장애인 혹은 기존 노동시장에서 배제된 개인을 위한 노동통합 기업: 취약계층에게 장기적으로 안정된 일자리를 제공하기보다 기존 노동시장에 궁극적으로 통합시키기 위해 설계된 일자리에 접근성을 높이는 것이 주요 추세임

출처: 황석중(2011) 자료 수정.

이 크다. 일반기업과 같이 재화나 서비스를 판매하는 사회적 기업도 일반시장에서 경제적 활동을 통해서 재정자립을 추구하는 경우도 있지만, 경쟁열위로 인하여 일반시장보다 사회적 기업 제품 구매우선 정책을 실시하고 있는 공공기관과의 계약에 의존하는 경우가 많다. 최근에는 영리기업형 사회적 기업은 노동통합 대상자인 취약계층을 대상으로 지속적인 훈련을 실시하고 있으며, 이를 바탕으로 생산성을 높이고 있다. 궁극적으로 시장경쟁력을 확보하고 영구적인 고용을 하고자 노력하고 있다.

(3) 지역사회통합

산업화와 도시화로 인하여 계층간, 집단간, 지역간 대립과 격차가 커지고 취약계층에 대한 사회적 배제문제가 대두됨에 따라서 지역사회통합에 대한 중요성이 증대되고 있다(이태진 외, 2010; 차미숙 외, 2011). 사회통합이 지속적인 국가발전에서 장애로 작용할 가능성이 대두됨에 따라 대통령 직속으로 2009년에 사회통합위원회를 설치하였다. 그렇지만 경제부문의 성과에 비하여 여전히 사회통합 및 지역 인프라 분야는 많이 취약한 것으로 나타나고 있다.

영국은 사회적 기업을 중심으로 지역사회통합을 위한 노력을 가장 활발히 진행하고 있는 국가 중 하나이다. 영국의 지역사회통합 개념은 크게 소속감, 다양성 인정, 균등한 기회, 긍정적인 관계 측면에서 정의하고 있다(차미숙, 윤윤정, 2012). 소속감은 공통의 비전과 커뮤니티에 대한 소속감 보유를 의미한다. 다양성 인정은 상이한 배경과 환경에 있는 사람들의 다양성이 인정되고 가치있게 여겨지는 것을 의미한다. 균등한 기회는 상이한 배경을 가진 사람들에게 균등하게 기회가 주어지는 것을 의미한다. 긍정적인 관계는 일터, 학교, 이웃에서 다양한 사람들로부터 강하고 긍정적인 관계를 형성하는 것을 의미하고 있다. 본 관점에서 '지역통합(Cohesive Community)은 공동의 비전과 커뮤니티에 대한 소속감을 보유해야 하고, 상이한 배경과 환경에 있는 사람들의 다양성을 인정해주고 이들에게도 균등한 기회를 주어야 하며, 일터나 학교, 이웃관계에서 긍정적인 관계를 형성하는 상태를 의미한다'고 정의하였다(차미숙, 윤윤정, 2012).

지역사회통합의 사회적 성과는 사회통합과 지역재생으로 세분화 할 수 있다. 현대는 개인간 무한경쟁을 당연시 하는 사회분위기가 형성되면서 취약계층의 빈곤한 생활이 심화되고, 산업화로 농촌 등 지역인구가 도시로 이동하였다. 그러면서 기존의 전통적인 생활양식, 이웃간 유대관계가 붕괴되면서 사회해체현상을 해결하기 위한 노력이 사회통합을 의미한다. 사회통합은 지역내 갈등을 야기하고 통합을 저해하는 요소를 최소화하고 신뢰, 참여, 협력에 근거한 사회적 자본을 강화하여 지역발전의 안정적 기반을 조성하는 것이라 할 수 있다(차미숙, 윤윤정, 2012).

지역재생은 산업구조의 변화 및 도시확장으로 쇠퇴하거나 상대적으로 낙후되고 있는 기존 도시에 경제적, 사회적 및 물리적 활동으로 새로운 기능을 도입하여 지역을 부흥시키는 것을 의미한다(최조순 외, 2011). 물리적 환경개선으로 도시주택의 체계적 정비, 자연과 인간이 공존하는 생태계 조성 등이 지역재생에 해당된다. 지역재생의 경제 및 사회적 활동은 자족적 경제기반 구축과 점진적이고 균형있게 도심을 재생시키는 것이다.

(4) 환경개선

환경분야는 공공의 가치창출과 밀접한 관련이 있다. 대기, 수질, 폐기물 및 유해물질을 수거, 재활용 및 처리하는 분야, 환경보건, 위생 및 자연환경 등을 모니터링하고 관리하는 분야는 전형적인 공공서비스 영역이며, 일반시민의 생활과 직결되는 부분으로 민간부문과의 협력이 필수적이다(황석중, 2011). 그렇지만 대다수 환경분야 활동은 기피 업종으로 취약계층이 많이 종사하고 있으며, 생계를 위한 수입과 직결되는 분야이다. 청소, 위생 및 폐기물 수집과 재활용 등의 분야는 사회적 기업의 주요한 활동영역으로 자리잡고 있으며, 영역이 다양화되고 있다.

환경개선의 사회적 성과는 크게 환경관리와 자원순환, 녹색서비스, 기후변화대응, 지역/공간/커뮤니티 활동으로 구분할 수 있다. 환경관리/자원순환의 성과는 청소, 수거, 위생 등 환경관리와 보건, 재이용, 재활용 등 환경복원, 녹색상품 생산 및 구매 등 녹색제품 분야로 구분할 수 있다. 녹색서비스는 환경교육 및 체험의 교육, 녹색기술개발의 연구개발, 환경컨설팅 및 진단의 컨설팅, 녹색제품의 유통, 물류의 녹색유통과 금융으로 구분할 수 있다. 기후변화 대응은 풍력, 태양광, 바이오에너지의 재생서비스 생산과 공급서비스, 단열, 절수 시공의 에너지 절약과 효율개선으로 구분할 수 있다. 마지막으로 지역/공간/커뮤니티는 자연환경의 감시, 보전의 자연생태보전, 보수 및 수리, 개조의 녹색건축, 유기농 재배, 가공 및 판매의 유기농과 친환경식품으로 구분할 수 있다(황석중, 2011).

예를 들어, 영국의 환경분야 사회적 기업은 협동조합 형태로 나타나고 있으며, 지역주민이 지분을 소유하는 형태를 띠고 있다. 또한 수익의 일부분을 지역사회에 재투자하여 기업과 지역사회가 동시에 성장하는 방향을 추구하고 있다.

② 사회적 기업의 경제적 성과

사회적 기업이 지속적으로 사회서비스를 제공하기 위해서는 경제적 성과 창출을 통해서 경제적 자립과 안정적인 경영기반을 확보하는 것이 중요하다. 사회적 기업의 경제적 성과는 일반적으로 영리기업과 마찬가지로 재무적 성과라고 할 수 있다. 재무적 성과는 재화와 서비스 판매의 영업활동을 통한 수입과 영업외수입으로 구분할 수 있다. 사회적 기업의 재무적 성과는 취약계층 또는 일반인을 대상으로 재화나 서비스의 판매를 통한 영업수입뿐만 아니라, 재화나 서비스의 구입을 위한 지불능력이 약한 취약계층에게 사회적 기업이 재화나 서비스를 제공하게끔 지원하는 정부 보조금, 자원봉사, 기부금 등이 영업외수입이다. 사회적 기업이 경제적 성과를 창출하는 방법은 사회적 기업의 목표나 유형에 따라서 다양한 형태로 나타나고 있다. 주요한 경제적 성과는 다음과 같다.

첫째, 재화의 판매이다. 이는 재무적 성과창출 방법의 가장 많은 유형이다. 생산활동을 통해서 제품을 판매하거나 타 지역이나 기업에서 제조된 제품의 재판매를 통해서 수익을 창출하는 방법이다. 예를 들어, 공정무역회사가 코코아콩을 저개발 국가에서 구매하여 이를 활용하여 초콜릿을 제조하여 판매하는 방법이다.

둘째, 서비스 판매이다. 전문화된 기술이나 서비스를 상업화하여 이를 필요로 하는 구매자들에게 판매하는 방법이다. 예를 들어, 학교나 기관에서 식당관련 서비스 활동을 하는 방법이나 학교나 개인들에게 돌봄 서비스를 제공하는 방법이다. 취약계층의 사회서비스 제공에 대한 비용지불은 정부에서 바우처 제공을 통해서 지불되는 방법이다.

셋째, 서비스 판매에 대한 수수료이다. 서비스 준비나 제공을 위해서 필요한 비용을 확보하기 위하여 취약계층에게 사회서비스를 제공하고 서비스 수혜자, 단체나 정부 등으로부터 받는 최소한의 수수료를 의미한다.

넷째, 영업활동과 무관한 정부/지방자치단체 보조금, 후원금 및 기부금 등이다. 정부로부터 받는 사업개발비, 시설운영비 등이 해당되며, 일자리 창출사업을 통한 인건비 지원금은 영업외수입으로 보조금에 해당된다. 모기관이 존재하는 경우 모기관의 법인 전입금도 본 항목에 해당되는 수입이라 볼 수 있다.

다섯째, 회비와 가입비이다. 뉴스레터 발간, 컨퍼런스 정보, 시장보고서 등과 같은 서비스에 대한 댓가로 기업이나 기관 등의 단체의 회원가입 시 받는 가입비나 정기적으로 받는 회비이다.

여섯째, 유형의 자산임대이다. 사무실, 건물, 토지, 설비 등과 같은 유형의 자산을 임대하여 발생하는 수입이다.

일곱째, 특허, 브랜드, 영업권, 명성 등의 무형자산으로부터 벌어들이는 수입이다. 예를 들어, 국제아동구호재단(International Children)의 경우 조직의 로고와 브랜드를 의류회사 등에 라이센싱을 해줌으로써 이에 대한 수입이 발생하고 있다.

여덟째, 투자수입이다. 투자활동을 통해서 벌어들이는 수입이다. 채권, 주식, 저축 등을 통해서 이자나 배당을 받는 것이다.

마지막으로 조직의 목표와 관련이 없는 사업활동을 통해서 벌어들이는 수입이다. 사회적 가치를 창출하기 위해서 조직의 목적과 연관없는 사업활동을 하는 것이다. 예를 들어 환경관련 조직이 박물관에서 가게나 소매점을 운영하는 등의 활동을 의미한다.

일반적으로 재화와 서비스의 판매와 관계된 항목들은 영업수입이며, 나머지는 영업외수입이다. 공공기관과 위탁계약을 통한 재화 및 용역의 제공을 통한 공공매출에 의한 수입과 바우처사업 수입은 영업수입으로 인정한다. 또한, 발주처가 경쟁공모를 통해서 사회서비스 제공기관을 선정하고 계약한 경우에도 지원금, 보조금이라는 용어를 사용하더라도 영업수입으로 인정한다(조달호 외, 2016). 경제적 성과의 주요 수입원을 영업수입과 영업외수입으로 〈표 5-3〉과 같이 정리할 수 있다.

영리기업형 사회적 기업은 재화나 서비스 판매를 통한 영업수입이 상당한 부분을 차지하지만, 비영리단체형 사회적 기업은 재화나 서비스 판매를 통한 영업수입보다 기부금, 보조금, 서비스 수수료, 회비, 유형 및 무형의 자산임대, 투자수익 등 영업외수입이 상당한 편이다. 사회적 기업이 다양한 경제적 성과창출이 있지만, 사회적 기업의 수입은 한계가 있으며, 많은 사회적 기업들은 정부 보조금

표 5-3 **경제적 성과의 수입 유형**

영업수입	영업외 수입
재화 및 서비스 판매를 통해 얻은 수입 (손익계산서상의 매출액) • 재화 판매 수입 • 서비스 판매 수입 • 서비스 판매 수수료	영업활동과 무관한 수입 • 정부 보조금, 후원금, 기부금 등 • 유형자산 임대 수입 • 무형자산 수입 • 투자수입

이나 기부금이 중요한 수입원이 되는 경우가 많다. 사회적 기업이 지속적으로 사회적 성과를 창출하기 위해서는 경제적 성과창출 방법을 다양화할 필요가 있다.

CHAPTER 06

사회적 기업의 성과 평가

1 사회적 기업의 성과 평가 개념

(1) 사회적 기업의 성과 평가 필요성

사회적 기업의 성과 평가 필요성은 두 가지로 요약될 수 있다. 첫째, 자원분배 측면이다. 취약계층의 사회서비스는 자체적인 수익에 의존하지만 정부지원 또는 기부금 등에서 도움을 받고 있다. 그러나 투자 재원은 제한적이므로 모든 사회서비스 활동을 하는 기업에 지원해 줄 수는 없다. 그러므로 유사한 사회적 목표를 가진 기업들이 존재한다면 성과가 높거나 성과창출 능력이 우수한 조직을 중심으로 지원하고 투자하는 것이 바람직하다. 사회적 기업의 성과 평가는 한정된 자원을 효과적으로 분배하기 위한 의사결정에 중요한 판단 근거를 제시할 수 있다.

둘째, 소통의 측면이다. 사회서비스를 제공하는 방법은 상당히 다양하고 복잡하다. 각기 다른 특성을 가지는 사회적 기업의 평가에 대해서 조직 구성원들이 모두 공감하고 이에 대한 사회적 영향력을 공유할 때, 조직 활동을 효율적으로 개선하고 관리할 수 있다. 또한 사회적 기업에는 다양한 이해당사자들이 존재한다. 사회서비스의 수요 대상자뿐만 아니라, 정부, 기부자 등 외부 이해관계자들에게 하나의 언어로 소통이 원활해지면, 효과적인 성과보고와 피드백을 통해서 지속적인 유대관계와 지원을 통해서 조직의 경쟁력을 높일 수 있을 것이다.

사회적 기업의 성과 평가에 대한 필요성이 제기되고 있지만, 현재까지 일반화되고 인정받는 방법은 전세계적으로 존재하지 않고 있다. 왜냐하면, 사회적 기업은 일반기업과 달리 이윤을 추구하는 영리기업의 특성과 취약계층을 중심으로 공공의 가치를 창출하는 사회적 특성을 모두 가지고 있다. 영리기업의 성과는 투입비용과 매출액에 따른 수익을 바탕으로 경제적 가치의 개념이지만, 사회적 기업의 성과는 영리기업이 추구하는 경제적 이윤과 더불어 사회적 문제를 해결하기 위하여 투입, 과정, 산출물이나 최종 결과물에서 발생하는 사회적 가치를 포함하고 있다. 그러므로 사회적 기업의 성과를 평가할 때 개별적으로 경제적 가치와 사회적 가치를 평가하거나 이들을 합한 혼합 가치를 평가하여야 한다.

사회적 기업의 성과를 평가하기 시작한지는 50년이 채 되지 않는다. 사회적 성과 평가는 정부주도의 사회서비스, 환경, 사회 정책의 수행과 그에 따른 영향에 대한 성과 평가를 시작으로 민간 비영리단체들이 지속적으로 참여하면서 평가방법을 발전시켜 왔다. 사회적 성과 평가는 1957년 도널드 캠벨의 주요 저서인 사회적 환경 실험의 타당성과 관계된 요인들이 출간되면서 처음으로 시작되었다고 볼 수 있다. 이 저서는 내적 및 외적 타당성, 실험적 설계와 같이 외부 사회과학 방법론에 있어서 중요한 개념과 구성요소를 소개하였다. 이후 미국 정부중심으로 사회적 성과 평가가 진행되었고, 1973년 처음으로 사회적 성과 평가의 가이드라인이 생겼으며, 사회적 성과 평가라는 용어가 처음으로 등장하였다(한국임팩트평가, 2013). 〈표 6-1〉은 사회적 성과 평가에 대한 시대적 흐름을 나타내고 있다.

표 6-1 사회적 성과 평가 관련 주요 흐름

연도	내용
1957년	사회적 성과 평가의 기반 마련 • 캠벨(Campbell)의 저서 '사회적 환경 실험의 타당성과 관계된 요인들'이 출간되면서 외부 사회과학 방법론의 중요 구성요소와 개념 소개

1964년	미국 정부의 평가 실험 시작 • 존슨 정부의 빈곤과의 전쟁 이니셔티브 일환으로 경제기회국 설립
1969년	환경 분야에서 새로운 평가기준 수립 • 환경에 대한 입법 효과 측정을 모든 연방정부기관에 요구
1986년	세계은행이 프로젝트 평가 절차에 사회적 성과 평가 항목을 포함
1973년	미국 사회학회의 위원회가 환경영향평가 보고서에 대한 사회학적 기여 연구 가이드라인을 개발 • 미국 내무부의 보고서 작성 중 '사회적 성과평가(Social Impact Assesment)'라는 용어가 처음으로 사용
1978년	사회적 성과 요소에 대한 평가 가이드라인이 미국 환경위원회에 의해 수립
1983년	미국 연방정부기관이 환경 및 사회적 영향 평가 절차를 공식화
1986년	세계은행이 프로젝트 평가 절차에 사회적 성과 평가 항목을 포함
1990년	REDF(Roberts Enterprise Development Foundation: 비영리조직 지원사업)의 노동 및 교육 프로그램 등 전략적 자선투자사업에 사회적 성과 평가 활용
1996년	REDF가 사회적투자수익률(SROI) 보고서 발간 • 지역경제개발 이니셔티브가 창출하는 사회적 가치를 화폐가치로 측정
2003년	후원자들 중심으로 사회적 가치 평가의 필요성 대두 • 골드만삭스, 록펠러재단이 SROI 관련 이슈들을 논의하기 위해 50개 이상의 대형재단조직을 한자리에 모아 사회적 성과 평가 향후 과제를 도출
2007년	국제개발 조직들의 평가 참여 시작 • UN과 세계은행 등 100여개 지역 및 국제개발 조직들이 임팩트 평가 네트워크 조직 구성
2009년	최적의 평가방법에 대한 논의의 지속적 수행

출처: 한국임팩트평가(2013) 자료 수정.

(2) 사회적 기업의 경제적 성과 평가

사회적 기업의 경제적 성과는 사회적 목표달성과 조직의 지속가능성을 위해서 필수 불가결한 요소이다. 사회적 기업의 경제적 성과는 정부 지원 및 보조금이 중단되더라도 조직이 계속적으로 유지되기 위해서 필요한 요소이다. 사회적 기업의 경제적 성과 평가에서 가장 일반적인 것은 투자수익률(Return On Investment, ROI)을 수익성 지표로 사용할 수 있다. 영리기업의 투자수익률은 총

자본 대비 당기순이익을 사용하지만, 사회적 기업의 경제적 성과는 총 자본 대비 영업이익을 적용한 수정 투자수익률이라고 할 수 있다. 사회적 기업의 손익에서 상당한 부분을 차지하는 영업외활동에 따른 수익과 손실, 지원금이 포함되는 당기순이익보다 영업이익을 평가하는 것이 사회적 기업의 지속적 관점에서 보다 효과적인 경제적 항목으로 판단되기 때문이다. 보조지표로 총자본 대비 당기순이익의 투자수익률, 총자본 대비 이익잉여금의 수정유보이익률, 총자본 대비 지원금 총액인 지원금 비율을 사용할 수 있다(조달호 외, 2016). 지원금 비율은 지원금에 대한 의존도를 의미한다. 자본금 대비 정부, 민간기업, 개인 등으로부터 받은 지원금 총액에 대한 비율로써 지원금 비율이 높으면 외부 재원에 대한 의존도가 높다는 것을 의미하기 때문에 지속 가능성이 떨어질 가능성이 높다.

사회적 기업의 경제적 성과를 평가하기 위한 지표는 영리기업의 사업보고서 상의 각종 기초 수치자료와 동일하다. 그렇지만, 사회적 기업은 사업보고서보다 별도의 결산보고서에 의존하는 경우가 많아서 경제적 성과를 측정할 수 있는 지표가 상당히 제한적이다.

사회적 목표 실현의 지속가능성을 평가하기 위해서 일반적인 수익성 외 안정성, 성장성, 활동성 지표를 반영하여 경제적 성과를 측정할 수 있다. 사회적 기업 인증 시에도 본 평가항목을 일부 적용하고 있다. 안정성은 부채와 정부 또는 기타 보조금을 활용하여 부채비율(부채/자기자본) 또는 보조금 의존율(보조금/총

표 6-2 경제적 성과 평가 방법과 수식

주지표	보조지표	
수정 투자수익률 $= \dfrac{\text{영업이익}}{\text{총 자본}}$	투자수이률 $= \dfrac{\text{당기순이익}}{\text{총 자본}}$	
	수정 유보이익률 $= \dfrac{\text{이익잉여금}}{\text{총 자본}}$	
	지원금비율 $= \dfrac{\text{지원금 총액}}{\text{총 자본}}$	

출처: 조달호 외(2016).

수익)을 평가할 수 있다. 성장성은 매출액, 총자산, 보조금 등을 이용하여 매출액 증가율, 총자산 증가율, 영업이익 증가율, 당기순이익 발생 등을 평가할 수 있다. 영리기업 평가에서 현금성 자산을 활용하여 평가하는 유동성과 자본 또는 자산 의 회전율을 이용하여 평가하는 활동성은 사회적 기업의 평가에서는 쉽지 않으 나 경제적 가치를 평가하는 방법 중 하나이다.

(3) 사회적 기업의 사회적 성과 평가

사회적 기업의 사회적 성과 평가는 사회적 기업에 대한 투자 또는 기부가 창 출한 사회적 가치를 측정하는 방법이다. 사회적 가치 평가는 경제적 평가와 달리 많은 어려움이 존재한다. 사회적 가치 평가를 위한 시도가 불과 수십 년에 지나 지 않아, 우선적으로 다양한 사회적 기업의 조직이 창출하는 다양한 사회서비스 활동의 사회적 성과를 계산하는 하나의 방법이 존재하지 않고 있다.

사회적 가치 평가에 대한 개념 자체가 일반인들에게 익숙하지 않을 뿐만 아 니라, 객관적인 기준이 마련되어 있지 않다. 아직까지 사회적 가치 평가에 대한 객관적인 기준이 존재하지 않는 이유는 몇 가지 있다.

첫째, 사회적 가치를 측정할 수 있는 표준화된 공동 척도가 마련되어 있지 않다. 사회적 기업은 사회서비스 활동을 통해 다양한 형태의 결과물을 창출한다. 이들이 창출하는 결과물이 다르기 때문에 하나의 프로그램이 다른 프로그램보 다 우수한지 비교분석하는 것이 상당히 어렵다. 예를 들어 교육 분야의 성과인 취약계층의 성적향상과 보건의료 분야의 성과가 취약계층의 질병감소 또는 건강 지수 향상이 서로 다르기 때문에 이들의 성과를 객관적으로 비교분석하는 것은 거의 불가능하다.

둘째, 성과 측정의 주요 요소에 대한 정량적인 자료가 부족하다. 성과 측정 은 투입요소인 비용과 산출요소인 사회적 영향력, 결과물, 산출물, 프로세스로 측정할 수 있다. 뒤에서 다룰 사회적 가치 평가방법은 어느 정도 구체화되어 있 지만, 각 항목에서 측정해야 할 자료의 수준이 정량적이지 못하며 질적인 자료를 바탕으로 추정하여야 하는 경우가 많다. 그렇게 되면, 아무리 계산방법이 구체적이라 할지라도 구성원의 합의가 쉽지 않아서 유용성이나 신뢰성에서 의문점이 많이 발생한다.

셋째, 사회적 성과에 영향을 미치는 요인들이 상호 의존적이어서 구분하기가 쉽지 않다. 하나의 투입요소에 의해서 창출된 성과가 다른 투입요소에 의해서 영향을 받으므로 인과관계를 바탕으로 한 성과 측정이 명확하지 않다. 예를 들어 보건의료 사회서비스를 통해서 취약계층의 질병감소 또는 건강지수를 향상시킬 수 있다. 한편으로는 취약계층의 교육 프로그램 제공을 통해서 의식수준 또는 생활수준 개선을 통해서 질병감소 또는 건강지수가 향상될 수 있기 때문에 하나의 인과관계로 사회적 성과를 평가하기 쉽지 않다.

넷째, 사회적 성과를 측정하기 위해서 오랜 시간이 소요되고 많은 자원이 필요하다. 사회적 기업들은 사회적 목표를 달성하기 위한 프로그램을 실행하기 위해서 최소한의 인력을 중심으로 운영되고 있다. 이들은 사회서비스 활동 외에 다른 활동을 하기에는 조직의 역량과 자원들이 부족하다. 그래서 사회적 기업에 의해서 평가방법이 발전한 것이 아니라, 비영리단체, 전문연구기관에서 평가방법이 발전되어 왔다. 그렇지만 이들은 사회적 성과를 추적하기에는 개별 사회적 기업의 특성과 서비스 활동에 대해서 전문성이 부족하다. 그래서 사회적 기업을 평가하는 것은 평가자 및 피평가자 모두에게 상당한 부담이 되고 있다.

② 사회적 기업의 성과 측정 방법

(1) 사회적 기업의 성과 측정 개념

사회적 기업의 성과 측정은 다양한 방법으로 가능하다. 사회적 기업의 성과를 영리기업과 같이 단순히 산출의 개념으로 측정할 경우 사회적 서비스를 제공하는 투입요소, 과정, 사회적 목표를 달성하는 결과 또는 사회적 영향력을 고려하지 않게 된다. 이러한 문제점들을 해결하기 위해서 영리기업과 달리 다양한 요소를 활용하여 사회적 성과를 평가해야 한다. 사회적 성과를 평가하기 위해서 사회적 영향력을 이루는 사회적 영향력 가치사슬 분석을 활용할 수 있다.

영향력 가치사슬의 핵심은 사회적 목표를 달성하기 위한 일련의 활동들이 투입요소, 활동, 산출물, 결과물이라는 하나의 프로세스로 다양화시키는 것이다. 산출물은 사회적 기업이 생산하는 직접적으로 평가 가능한 성과이다. 산출물은 사회적 기업이 창출한 산출물이 수혜자 또는 수혜집단에서 가치 증가 등의 궁극적인 변화를 의미한다. 예를 들어 취약계층에게 교육 서비스를 제공하는 경우 투입은 교육 서비스에 투입되는 비용이나 인원수 등을 의미한다. 활동은 교육 서비스를 제공하기 위한 프로그램을 의미하며, 프로그램 수 등으로 평가할 수 있다. 산출은 교육 서비스를 받은 취약계층의 수 등이다. 결과는 교육 서비스를 받은 취약계층의 성적향상 등으로 측정가능하다. 궁극적으로 사회적 영향력은 결과값에서 본 교육 서비스와 관계없이 증가된 성적요인을 제거함으로써 순 사회적 영향력을 평가할 수 있다.

사회적 성과를 평가할 때 사회적 영향력에 미치는 어떤 요인을 선택하느냐에 따라서 달라진다. 계량적으로 투입과 산출을 이용하여 사회적 성과를 평가하는 경우 투입요소, 즉 비용대비 성과에 대한 효율성을 평가할 수 있다. 본 방법은 실제적인 수혜자 또는 수혜집단의 가치변화를 의미하는 사회서비스의 효과 측면에서 사회적 영향력을 평가한 것이라고 볼 수 없다. 그렇지만, 일반적으로 사회서비스의 영향력을 측정할 수 있는 결과물은 측정이 어렵기 때문에 많은 경우 사회적 기업의 산출물이나 활동과정을 측정하여 사회적 기업의 성과를 평가하고 있다.

사회적 성과를 가치사슬을 바탕으로 다양한 범주를 이용하여 측정할 수 있다. 많은 경우 산출물을 이용하여 사회적 성과를 평가하고 있지만, 궁극적으로 사회적 성과를 평가했다고 할 수는 없다. 많은 기관들이 사회적 기업의 결과인 사회적 영향력을 평가하기 위한 시도를 하고 있다. 결과물인 가치 변화가 측정대상에 따라서 다양하게 측정될 수 있다. 사회적 서비스의 영향을 받는 대상은 크게 개인, 조직, 사회/공동체에 미치는 영향으로 나누어 분석할 수 있다. 개인의 측면에서 사회적 성과는 사회서비스를 받은 개인 삶의 질 개선 등을 평가할 수 있다. 조직차원은 사회서비스를 받은 조직이 보다 건강하고 효과적인 조직으로 발

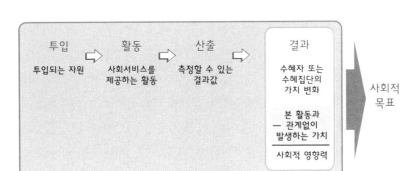

그림 6-1 **사회적 기업의 성과 평가 프로세스**

출처: Clark et al.,(2004) 자료 수정.

전 상황을 평가할 수 있다. 사회/공동체 차원은 사회 또는 공동체 집단의 환경개
선 또는 전체 가치 증진으로 평가할 수 있다. 사회적 기업의 사회적 목표에 따라
서 사회적 성과의 평가대상이 달라질 수 있다.

　사회적 성과를 평가할 때 중요한 요소 중 하나는 화폐화의 여부이다. 영리기
업의 성과는 기본적으로 화폐가치로 표현하고 있다. 그러나 사회서비스의 산출물
또는 결과물을 화폐가치로 표현할 수 있는 경우도 있지만, 화폐화가 불가능한 경
우도 많다. 예를 들어 취약계층의 소득증가 등은 화폐화가 가능하지만, 건강지수
향상, 성적 향상 등은 화폐화가 불가능하다. 화폐화가 가능한 경우, 효과성 또는
효율성에 있어서 어느 정도 평가결과에 대해서 이해당사자 간 상호합의가 가능하
지만, 화폐화가 불가능한 경우 합의가 불가능할 수 있다.

　이상에서와 같이 사회적 기업의 사회적 성과를 평가하기 위해서는 영향력
가치사슬에서 어떤 요소를 활용할 것인지, 어떤 집단을 대상으로 할 것인지, 화
폐화할 것인지 따라서 결과가 달라지므로 이를 확정하고 가장 효율적인 방법
을 사용하여야 한다. 다음 장에서 다양한 사회적 성과 측정 방법을 살펴보고자
한다.

(2) 비용편익 분석

비용편익 분석(Cost-Benefit Analysis)은 사회 전체를 관점으로 의사결정을 하는데 있어서 가능한 모든 이해당사자들(정부, 납세자, 프로그램 참여자 또는 전체 사회)의 사회적 비용과 사회적 편익을 화폐화하여 계산한 결과를 말한다. 비용편익 분석에서 산출물은 여러 형태로 측정할 수 있다. 첫째, 순편익은 편익과 비용의 차로 계산할 수 있다. 둘째, 비용편익 비율은 비용에 대한 편익의 비율로 계산할 수 있다. 셋째, 내부수익률은 프로그램에서 예상되는 성장률의 비율이다.

비용편익 분석은 기본적으로 다음의 전제조건을 가지고 있다. 첫째, 모든 사회적 기업의 활동들은 비용을 요구한다. 예를 들어, 노인들을 위해서 의사들이 정기적으로 가정을 방문하여 병을 사전에 진단하는 경우 의사 1명의 1달간, 1년간 인건비, 기타 교통비, 간단한 의약품 구매비용이 총 비용이 될 수 있다. 둘째, 사회적 기업의 투자활동은 사회적 가치인 편익을 창출한다. 예를 들어, 의사들의 정기방문검진으로 인하여 노인들이 1년간 병원방문횟수가 전년대비 감소할 경우, 감소된 방문횟수와 한 번 방문 시 드는 비용의 곱으로 편익을 계산할 수 있다. 셋째, 편익과 비용을 화폐화된 가치로 측정할 수 있다. 미래의 각기 다른 시점에서 발생하는 비용과 편익을 비교하기 위하여 일정한 할인율을 정하여 계산한다.

비용편익 분석은 사회적 기업의 사회서비스 활동이 창출하는 사회적 가치를 경제적 성과 분석과 유사하게 실시하는 것이며, 여러 가지 장점이 있다. 본 분석을 통해서 사회 전체의 입장에서 성과가 미흡한 사회적 기업의 사회서비스를 줄이거나 정부 보조금 또는 개인의 기부금의 부실한 사용을 사전에 예방할 수 있다. 또한 하나의 사회적 기업이 여러 개의 사회서비스 활동을 실행할 때 투자 우선순위를 선정하거나 투자계획을 보완하여 실행할 수 있다.

그렇지만 비용편익 분석은 여러 가지 어려움이 있다. 첫째, 비용과 편익은 다양한 측정단위로 평가되므로 이를 하나의 화폐단위로 환산하는데 어려움이 있다. 둘째, 비용편익 분석은 주로 사회서비스의 투자의사결정을 할 때 사용하므로, 미래에 발생할 것으로 예측되는 비용과 편익을 확실히 예측할 수 있는가의 문제이다. 영리기업의 미래 수익과 비용을 계산할 때도 많은 어려움이 있는 현실에서 사회서비스의 미래 비용과 편익을 정확히 예측하기는 어렵다. 셋째, 사회서비스 활동을 제공할 때 취약계층 등에 대한 별도의 가중치가 없이 단순히 비용편익으로 분석하는 것이 맞느냐라는 분배의 공정성에 대한 문제이다.

비용편익 분석을 위한 여러 어려움에도 불구하고, 본 방법은 사회 전체적인 순편익과 다양한 이해당사자들을 모두 고려하는 가장 종합적인 방법이기 때문에 사회서비스 활동의 사회적 가치를 평가할 때 많이 사용되고 있다. 미국에서 가장 큰 자선재단 중의 하나인 빌&멜린다 게이츠재단에서도 국제원조 및 질병퇴치를 위한 각종 프로그램을 평가할 때 본 방법을 많이 사용하고 있다.

일반적인 비용편익 분석의 절차는 다음과 같다(김일중, 2003).

첫째, 사회서비스를 위한 투자사업의 계획단계에서 가능한 여러 대안을 확정하는 것이다. 사회서비스의 제공 방법은 다양한 방법이 있다. 사회서비스의 비용 여건, 사전지식, 법적인 문제 등을 고려하여 다양한 사회서비스 대안의 수를 확정하여야 한다.

둘째, 비용과 편익의 경로를 분석하여야 한다. 비용과 편익을 화폐화하기 위해서 사회서비스 제공으로 인한 비용의 발생경로와 편익의 발생경로를 명확히 하여야 모든 비용과 편익을 파악할 수 있다.

셋째, 비용과 편익을 화폐의 단위로 파악한다. 비용과 편익을 가능한 한 계량화하여야 한다. 수년간에 걸쳐 비용과 편익이 발생하는 경우 미래에 발생하는 비용과 편익은 현재가치화하여야 한다. 현재가치화를 위한 적정 할인율 규정에 있어서 불확실성이 존재하기 때문에 이는 할인율의 일정한 범위 내에서 민감도 분석을 하여야 한다.

넷째, 여러 대안에 대한 평가를 완료한 후 최적의 대안을 중심으로 의사결정을 하고 외부의 의견을 수렴하는 과정을 거친다. 사회서비스에 들어가는 비용과 편익의 산출이 제대로 고려되었는지, 최적의 대안인지를 외부 의견수렴을 통해서 최종적으로 확정한다.

다섯째, 사회서비스 활동에 대해서 주기적으로 사후평가를 실시한다. 계획한 대로 비용과 편익이 실현되었는지를 분석하여 지속적으로 투자보완을 통해서 최상의 사회서비스가 이루어지도록 해야 한다.

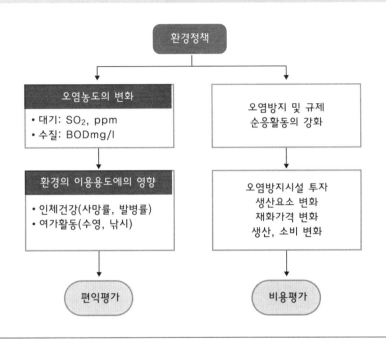

그림 6-2 환경개선 활동의 비용/편익 경로분석의 예

출처: 김일중(2003) 자료 수정.

〈그림 6-2〉는 환경정책에 따른 사회적 가치를 비용편익 분석으로 진행한 구체적이 예이다.

(3) 비용효과 분석

비용효과 분석(Cost-Effectiveness Analysis)은 사회서비스를 위한 비용뿐만 아니라 그 효과까지 측정하는 방법이다. 비용편익 분석은 투입과 산출이 모두 계량화가 되어야 하지만, 비용효과 분석은 투입과 산출을 모두 화폐가치로 계량화할 필요는 없다.

비용효과 분석은 비교기준을 어디에 두느냐에 따라 두 가지 방법이 있다. 첫째, 단위효과당 비용 분석방법이다. 동일한 사회서비스를 제공하는 대안들을 비교하여, 가장 낮은 비용으로 목적을 달성하는 대안을 판별하는 방법이다. 예를 들어 취약계층에게 교육 서비스를 제공할 경우, 서비스 제공기관, 교육방법 등을 비교하는 형태이다. 선택할 수 있는 대안들이 동일한 목적을 가지고 있으나, 투입되는 비용이 다른 경우 가장 효과적으로 사회서비스를 제공하는 방법을 선택하는 것이 가능하다.

둘째, 단위비용당 효과 분석방법은 일정한 비용을 제공하여 가장 높은 사회서비스를 창출하는 대안을 찾는 방법이다. 예를 들어 비슷한 비용이 들어가는 다양한 방법의 서비스 제공기관들을 교육 성취도를 이용하여 평가할 수 있다. 이때 가장 효과적인 교육 서비스 제공기관을 판별할 수 있다.

비용효과 분석을 종합해 보면, 여러 사회서비스 방법들의 투입비용이 동일한 경우 효과만 비교하거나, 동일한 효과를 초래하는 여러 사회서비스 방법들에 대한 비용만을 비교하는데 유용하게 사용될 수 있다. 일반적인 비용효과 분석의 예는 말라리아가 치료된 사람당 비용, 취약계층 돌봄 서비스 1명당 비용 등이다.

비용효과 분석의 장점은 하나의 영역에서 동일한 혜택을 일으키는데 필요한 상대적 비용을 평가하여 우선순위를 설정할 수 있다. 또한 화폐단위로 표현하기 어려운 사회적 가치를 화폐화할 필요가 없다. 반면, 일반적으로 사회서비스 효과는 여러 분야에서 공통되게 측정되지 않고 목표를 정하는 것이 상당히 어렵다. 또한 하나의 사회서비스 활동에 대한 비용효과 비율로만 사회적 가치의 복합적인 영향력을 전부 반영하기 어렵다. 비용효과 분석의 단점을 보완하기 위해서는 하나의 사회서비스 활동을 명확히 이해하고 분석하는 것이 필요하다.

(4) 사회적투자수익률

사회적투자수익률(Social Return On Investment, SROI)은 경제적 가치를 평가하는 방법인 투자수익률(Return on Investment)의 개념을 활용하여, 사회적 기업이 사회적 성과를 창출할 때 투입과 산출을 화폐가치로 환산하여 투입대비 산출물을 평가하는 사회적 성과의 투자수익률을 의미한다. 미국 비영리재단인 REDF(Robert Enterprise Development Foundation)이 1996년 최초로 제안하였다.

사회적투자수익률은 투자 대비 사회적 부가가치(사회적편익−사회적비용)를 의미하며, 비용편익분석과 재무적 방법이 동시에 사용된다.

　　사회적투자수익률의 분석방법은 정해진 절차와 원칙을 기반으로 사회적 기업이 목표하는 사회적 성과가 어떠한 활동을 통하여 창출되었는지 면밀히 분석하고 비용효과 분석을 적용하여 각 결과값의 순총합을 구함으로써 사회적 서비스 활동으로 인해 창출된 편익을 계산하는 것이다. 사회적투자수익률은 기업의 손익계산서와 같은 유사한 방식으로 표현된다. 예를 들어 "사회적 기업이 1억원을 투자했을 때 1천만원의 사회적 편익이 발생하였다"와 같이 조직이 발생시킨 사회적 평가값이 최종적으로 나타난다.

　　사회적투자수익률은 명확한 투입비용을 통해서 창출되는 효과의 가치가 직관적으로 표현되는 장점이 있다. 또한 사회적 기업의 투자는 총투자의 개념으로 모든 자금 제공의 원천을 포함하고 있다. 그렇지만 정확한 정보를 파악하기 위해서 성과창출과 관련된 모든 요소들인 사업자료, 사회적 영향력 자료, 질적 정보 등을 논리적으로 면밀하게 분석하기 위하여 많은 자원과 비용이 소요된다. 또한 우선적으로 유형의 직접적인 편익만 포함되는 경우도 많다. 피평가 조직의 특징에 따라 적용되는 평가지표와 영역이 달라지기 때문에 평가결과 값의 상호비교 및 활용성이 낮다.

　　사회적투자수익률은 다음과 같은 절차를 통해서 분석된다(임팩트스퀘어, 2013).

　　첫째, 분석을 수행하고자 하는 대상의 범위와 분석단계에서 참여하게 될 이해당사자의 범위를 설정하고 이들과의 접촉방법, 분석방법에 대한 명확한 설정이 필요하다.

　　둘째, 이해당사자들의 참여를 통해서 분석대상과 관련하여 투입과 산출의 관계를 보여주는 사회적 영향력 지도를 그리고 투입과 산출물의 가치를 평가한다.

　　셋째, 영향력 지도를 통해서 살펴본 결과물이 실제로 발생하였는지를 증명하기 위한 지표를 개발하고 결과물의 자료를 수집한다.

　　넷째, 수집된 자료 및 그에 기반하여 산정된 화폐화된 가치를 활용하여 사회적 기업이 수행한 활동의 영향력을 확정한다.

다섯째, 앞의 네 단계에서 측정된 모든 편익을 합하고 비용을 제하여 투자에 대한 결과를 비교하고 그 비율을 계산함으로써 사회적투자수익률을 계산한다.

여섯째, 다섯째 단계에서 산정된 사회적투자수익률의 분석결과를 이해당사자들에 공유하고 수정을 통해서 분석결과를 확정한다.

사회적투자수익률은 사회적 기업이 일정기간 동안 사회적 서비스 활동을 통해서 얼마만큼 사회적 성과를 창출하였는가를 정량적으로 계산하는 방법이다. 사회적 서비스 활동과정에서 어느 부문에서 사회적 서비스가 증가하거나 감소하였는지를 개별적으로 파악하는 것이 가능하기 때문에서 사회적 기업의 전략적인 의사결정을 내릴 수 있는 중요한 근거를 제시하고 있다.

(5) 균형성과표

사회적 기업의 성과측정을 위한 균형성과표(Balanced Score-Card Analysis, BSC) 모형은 영리기업이 일반적으로 추구하고 있는 균형성과표 관점별 분류를 유사하게 사용할 수 있다. 균형성과표 모형은 사회적 기업의 목표를 토대로 고객을 나타내는 이해당사자 관점, 학습조직 관점, 내부활동 관점, 다중수익 추구 관점을 구분하여 조직의 상태를 종합적이고 체계적으로 나타낼 수 있도록 고안된 전략적 성과측정 시스템이다.

케플란과 노턴(Kaplan and Norton, 1992)에 의해서 개발된 균형성과표는 매출이나 순이익과 같은 재무적 성과에만 치우쳤던 기존 성과 측정방식의 한계점을 보완하기 위하여 재무적 관점에다가 내부 프로세스, 고객, 성장의 관점을 추가하였다. 기업의 전략과 가치를 실현하기 위하여 제안된 평가방법이다. 그래서 기존의 성과 측정방법과 다음과 같은 차이점이 있다. 첫째, 기업의 성과를 특정한 재무적 측면에서만 국한하지 않고, 네 가지 관점별로 구분하여 종합적으로 평가하였다. 둘째, 재무적 및 비재무적 성과 측정치들 간에 선행지표와 후행지표로 연결되어 있으며, 비재무적 측정치가 재무적 성과를 유도하고 있다(김숙연, 김재준, 2013).

사회적 기업의 균형성과표에서 사회적 기업이 추구하는 미션은 핵심적인 위

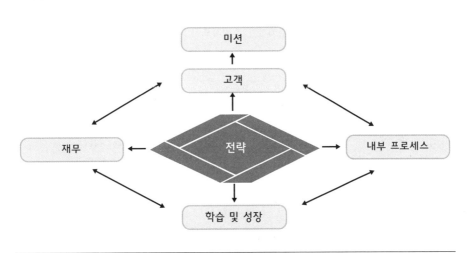

그림 6-3　사회적 기업의 균형성과표 분석모형

출처: 김숙연, 김재준(2013) 자료 수정.

치를 차지하여야 한다. 사회적 기업이 추구하는 미션을 바탕으로 고객에게 사회
서비스를 효과적으로 전달하는 것이 중요하다. 일반적인 영리기업과 달리 사회
적 기업은 고객을 보다 심도있게 관찰하여야 한다. 사회적 기업의 고객은 수혜
자일 뿐만 아니라, 후원자일 수도 있다. 그래서 사회적 기업의 미션과 더불어
고객은 균형성과표 가장 상단에 위치한다. 영리기업은 재무적 목표가 최상위
에 위치할 수 있지만, 사회적 기업은 재무적 목표를 달성하였다 하더라도 조직
미션인 사회서비스를 달성하는데 도움이 되는 하나의 수단일 뿐이므로, 최상
위의 목표가 될 수 없다. 사회적 기업의 균형성과표 분석모형은 〈그림 6-3〉
과 같다.

　　영리기업과 사회적 기업의 균형성과표 기본 항목은 유사하게 활용할 수 있
으나, 관점의 차이, 조직문화의 차이, 균형성과표 활용상의 차이로 비교분석할
수 있다.

　　사회적 기업은 사회적 기업가 정신과 정부지원을 통해서 운영되는 경우가
많아서 직원 수가 적고 조직구조가 열악하다. 그러므로 경영합리화, 시장확대 및

표 6-3 영리기업과 비영리조직의 균형성과표(BSC) 적용의 차이점

구분		영리기업	비영리조직
관점	고객관점	• 재원제공자, 수혜자가 소비자로서 같음 • 재무적 목표가 이루어지도록 하는 관점	• 재원제공자와 수혜자가 서로 다를 수 있음 • 인과관계의 최상위에 위치
	재무관점	• 최상위의 전략적 목표	• 일반적으로 제약조건
조직 문화	평가문화	• 지원들이 평가에 익숙하여 BSC 적용에 용이	• 직원들이 평가문화에 익숙하지 않아 BSC 적용에 어려움
	비전과 전략	• 비전과 전략이 구체적으로 수립되어 있음	• 도덕적인 문구로 구체성 부족
활용	중점사항	• 성과평가에 따른 보상과 연계	• 성과평가에 따른 예산과 연계

출처: 김숙연, 김재준(2013) 자료 수정.

재무적 성과를 추구하는 대기업 중심의 균형성과표는 적용하기 힘들며, 사회적 기업에 맞게 수정되거나 유연성 있게 적용되어야 한다. 사회적 기업의 균형성과표 모형은 사회적 기업이 추구하는 사회서비스를 비전으로 설정하고, 고객관점을 이해당사자 관점에서 분석하고 있다. 이해당사자는 소비자, 사용자, 종업원, 지역사회, 공급자 등 다양하게 포함되며, 서비스의 구매자와 소비자를 구별하여 설명하고 있다. 재무적 관점은 단순히 재무적 성과뿐만 아니라, 다중수익과 지속성 관점에서 분석하고자 하였다. 다중수익은 거래수입뿐만 아니라, 보조금을 포함한 거래외수익, 비용절감요소가 포함된다. 지속성은 재정적 또는 경제적 지속가능성 또는 의존도를 분석한다. 내부프로세스관점은 사회서비스를 제공하기 위한 내부 프로세스, 정부공유 및 내외부 의사소통, 유연한 조직구조 등이 포함된다. 자원관점은 인적자원, 물적자원, 무형자원, 학습문화, 교육훈련정도, 네트워크 등이 포함된다. 지금까지 사회적 기업의 성과측정의 도입 및 적용에 관하여 〈표 6-4〉와 같이 다양한 연구자들이 발전시켜 왔다.

표 6-4 사회적 기업 균형성과표(BSC) 성과 관점별 차이

소머즈 (Somers, 2005)	불 (Bull, 2007)	허정수 외 (2008)	라준영 (2008)	이용탁 (2008)	김숙연, 김재준 (2013)
비전수립	비전수립과 실행	비전수립과 실행	비전수립	비전수립	비전과 미션
이해관계자관점	이해관계자환경	이해관계자환경	이해관계자환경	이해관계자관점	고객이해자관점
재무적 지속가능성	다중수익추구	다중수익추구	지속가능성	재무적관점	공공성관점
					재무성과관점
내부프로세스 관점	내부활동	내부활동	프로세스관점	내부프로세스 관점	업무프로세스 관점
자원관점	학습조직	학습조직	자원관점	학습과성장관점	학습및성장관점

출처: 김숙연, 김재준(2013) 자료 수정.

(6) 글로벌영향력투자평가시스템

　　글로벌영향력투자평가시스템(Global Impact Investing Rating System, GIIRS)은 미국의 사회적 기업 지원기관인 B Lab에서 운영하는 기업의 사회적, 환경적 영향력을 평가하는 방법으로 점수 평가 또는 등급제 방식의 사회적 성과평가시스템이다. 글로벌영향력투자평가시스템은 기업의 사회적 성과를 평가할 때 총체적인 관점으로 접근하고 있다. 글로벌영향력투자평가시스템은 평가대상이 되는 조직이 궁극적으로 목표하고 있는 성과평과와 더불어 조직이 의도하지 않았지만, 이해당사자들이 조직 활동에서 얻게 되는 총체적인 성과까지도 모두 포함하여 포괄적으로 평가할 수 있는 모형으로 구성되어 있다.

　　글로벌영향력투자평가시스템은 크게 조직이 의도하고 있는 사회적 성과를 평가하는 '사회 및 환경 중심 비즈니스 모델'과 이외의 총체적 성과를 평가할 수 있는 '프랙틱스'로 구성되어 있다. 사회 및 환경 중심 비즈니스 모델에서 재화와 서비스의 판매와 같은 일반적인 산출물을 통해서 사회적 성과를 달성하는 경우 매출, 고객수, 판매량 등과 같은 최종 산출물 관련 자료를 이용하여 사회적 성과를 정량화하는 접근방법을 취하고 있다. 반면, 산출물에서 사회적 성과가 창출되는 것이 아니라 전체 사업과정에서 사회적 성과가 창출되는 경우 기준이 되는 모범사례를 제시하여 그에 부합하는 정도만큼 점수를 부여하는 방법으로 사회적 성과를 평가하고 있다(임팩트스퀘어, 2013).

사회적 기업이 사회적 목표를 제외한 총체적 성과를 평가하는 프랙틱스는 거버넌스, 고용, 지역사회, 환경 네 가지 분야로 구분하여 파악하고 있다. 프랙틱스는 산출물의 직접적인 영향력을 측정하는 것이 아니라, 사회적 기업의 조직이 사회에 대하여 어떻게 긍정적인 영향을 창출해 내고 있는가를 평가하는 것이다.

미국내 사회적 투자자 및 이해당사자들에게 매우 용이한 도구로 사용이 급증하고 있는 글로벌영향력투자평가시스템은 다음과 같은 장점을 가지고 있다. 첫째, 다른 성과방법에 비해서 객관적인 평가방식을 채택하고 있다. 사전에 합의된 평가지표들이 사용되므로 주관적인 평가가 개입될 여지가 줄어들고, 조직이 입력하는 성과 자료가 시스템에서 자동적으로 계산되어 계량화가 된다. 둘째, 사용방법이 쉽고 커뮤니케이션이 수월하다. 투자와 회계, 성과 평가 관련 다수의 전문가들이 수년에 걸쳐 개발하여서 적용과 결과의 해석이 매우 용이하게 개발되었기 때문이다. 그렇지만 이미 완성된 프레임워크에 맞추어 사회적 성과를 평가해야 하기 때문에 다양한 형태와 다양한 사회적 서비스를 목표로 가지는 사회적 기업의 사회적 성과에 대한 측정이 용이하지 않을 수 있다는 단점이 있다.

(7) 사회적 가치 지표

앞의 방법들은 서양의 국가를 중심으로 사회적 영향력을 평가하기 위하여 발전되었다. 최근, 한국사회적기업진흥원은 사회적 기업의 성과를 종합적으로 평가하기 위한 시도를 진행하고 있다(한국사회적기업진흥원, 2018). 한국사회적기업진흥원은 사회가치 측정을 사회적 기업이 조직의 활동을 통해 창출한 사회적 가치와 사회적 영향을 측정하는 과정으로 정의하였으며, 이를 위해서 사회적 가치 지표(Social Value Index, SVI)를 개발하였다.

사회적 가치 지표는 사회적 성과, 경제적 성과 및 혁신 성과로 구성되어 있다. 사회적 성과는 조직이 사회적 가치를 실현하기 위해서 각종 가제를 설정하고 실행하고 있는지 여부를 측정하는 것이다. 경제적 성과는 조직이 효율적으로 인적/물적 자원을 투입하여 나타난 사업활동의 경제적인 결과를 측정하는 것이다. 혁신 성과는 기업 활동에서 제품 및 서비스의 혁신성이 제대로 발현되고 있는지 여부를 측정하는 것이다. 본 지표를 측정하기 위해서 계량지표를 활용할 뿐만 아니라, 계량지표만으로 반영할 수 없는 사회적 기업의 특성을 비계량지표를 측정하여 사회적 기업의 특성을 반영하였다.

한국사회적기업진흥원의 사회가치 측정은 정부의 각종 지원사업 선정과정에서 개별 기업의 사회가치 수준을 종합적으로 파악할 수 있다. 본 방법은 평가자의 주관적 평가가 존재하는 단점이 있지만, 사회적 기업의 지속가능성을 평가하고 발전방향을 제시할 수 있을 것으로 기대된다.

표 6-5 사회적 가치 측정지표와 측정방법

관점	범주	측정지표	측정방법	판정기준
사회적 성과	조직미션	사회적 미션	사회적 가치 추구 여부	계량평가
			사회적 성과 관리체계 구축	계량평가
	사업활동	주사업활동의 사회적 가치	사업 활동의 사회적 가치 지향성	비계량평가
		사회적 경제 생태계 구축	사회적 경제조직과의 협력 수준	계량평가
			지역사회와의 협력 수준	계량평가
		사회목적 재투자	이윤의 사회적 환원 노력도	비계량평가
	조직운영	운영의 민주성	참여적 의사결정 비율	계량평가
		근로자 지향성	근로자 임금수준	계량평가
			근로자 역량강화 노력	계량평가
경제적 성과	재정성과	고용창출 및 재정성과	고용성과	계량평가
			매출성과	계량평가
			영업성과	계량평가
		노동성과	노동생산성	계량평가
혁신 성과	기업혁신	혁신성	기업 운영 및 제품의 혁신성	비계량평가

출처: 한국사회적기업진흥원(2018).

(8) 사회적 기업의 성과 측정 방법 종합

사회적 기업의 성과 측정은 다양한 방법으로 이루어지고 있음을 알 수 있다. 사회적 기업의 성과 측정 방법은 주로 사회적 영향력에 대한 평가 방법임을 알 수 있다. 균형성과표, 글로벌영향력평가시스템과 사회적 가치 지표는 사회적 영향력 평가와 더불어 사회적 기업의 활동과 산출물을 이용하여 비즈니스 프로세스에서 성과를 동시에 측정하였다. 화폐화 여부에서 비용편익 분석과 사회적 투자수익률 분석은 화폐화하여 평가하였지만, 나머지 방법들은 화폐화하지 않고 사회적 영향력 자체를 계량 및 비계량적인 방법으로 평가하였다. 측정대상은 모든 방법들이 개인, 조직, 사회/공동체에 적용 가능하지만, 많은 방법들이 사회/공동체를 대상으로 평가하고 있다. 특히, 사회적 가치 지표는 평가항목 중 노동생산성이라는 항목으로 1인당 매출액을 지표화하여 개인을 측정대상에 포함시켰다. 〈표 6-6〉은 주요 사회적 성과 측정방법을 측정 범위, 측정 대상, 화폐화 여부 등에 대한 것을 종합하여 나타내었다.

표 6-6 사회적 기업의 성과 측정방법 비교

측정방법	측정범위		측정대상			화폐화 여부	
	프로세스 (활동/산출)	영향력 (결과)	개인	조직	사회/ 공동체	화폐화	비화폐화
비용편익 분석		○	○	○	○	○	
비용효과 분석		○	○	○	○		○
사회적 투자수익률		○		○	○	○	
균형성과표	○	○		○	○		○
글로벌영향력투자평가시스템	○	○		○	○		○
사회적 가치지표	○	○	○	○	○		○

사회적 기업의 지속가능성

1 사회적 기업의 지속가능성 개념

사회적 기업의 궁극적인 성공은 지속적으로 존재해야 하는 것이다. 지속적으로 존재하기 위해서는 지속적인 성과를 창출하여야 한다. 사회적 기업의 지속적 성과 창출을 살펴보기에 앞서 지속성 또는 지속가능성에 대해서 살펴보고자 한다.

지속가능성이란 무엇인가? 지속가능의 개념은 1972년 UN 인간환경회의에서 환경적 제약을 고려하지 못한 경제개발은 낭비적이고 지속 불가능하다고 지적하면서 지속가능발전이라는 단어를 사용하였다(이영범 외, 2012). 지속가능성이란 현재와 미래 세대 간 형평성 관점에서 인간의 복지를 최대화하는 방향으로 발전하는 것으로 정의하며, 경제적 발전을 포기하는 것이 아니라, 경제, 환경, 사회 세 부문의 균형발전을 추구하는 것을 의미한다(Sikdar, 2003).

지속가능성은 1990년대 경제 및 경영의 영역으로 확대되기 시작하였다. 조직 측면에서 지속가능성은 조직의 목적과 활동이 지속될 뿐만 아니라, 더 나은 상태를 위하여 장기적으로 성장해 가는 것으로 보고 있다(Bebbington, Gray, 2001). 기업관점에서 지속가능성은 기업의 모든 경영활동 과정을 경제적 수익성,

환경적 건전성, 사회적 책임성을 기반으로 통합 추진하여 지속적인 성장을 추구하는 경영 패러다임을 의미한다(남상민, 2009; 오현택, 2010). 지속가능성을 정의할 때 경제적, 사회적, 환경적 지속가능성을 의미하며, 일반적으로 세 요소를 모두 포함한다. 경제적 지속가능성은 재무적 목표 달성에 둔다. 그러므로 기업은 주주의 이익을 극대화하는 활동을 해야 한다. 사회적 지속가능성은 사회 자본을 강화하는 것이다. 사회 자본은 협력, 규범, 가치, 신뢰, 인간관계 등에 기초하며, 사회적 결집 및 시민참여 등과 밀접한 개념으로 지역사회통합과 유지에 중요한 요소이다(Wallace, 2005).

경영 관점에서 지속가능경영이 도입되었지만, 사회적 기업의 지속가능성에 관한 연구는 많지 않다. 그러면, 사회적 기업의 지속가능성이란 무엇인가? 최조순(2012)은 사회적 기업의 지속가능성은 사회적 목적을 안정적이면서 지속적으로 달성하기 위하여 장기적으로 역량을 갖추는 것이라고 하였다. 그는 사회적 기업의 지속가능성을 사회적 가치 창출과 경제적 기반과의 관계에 따라서 크게 네 가지 영역으로 구분하였다.

첫째 유형(Min-Min)은 사회적 목적 실현도가 낮고 경제적 기반 형성도 낮은 형태이다. 현실적으로 사회적 기업으로 지속가능할 수 없는 형태이다. 둘째 유형(Min-Max)은 사회적 목적 실현에 보다 중점을 두는 형태로 경제적 기반 형성과 관련한 수익활동은 다소 소극적인 형태이다. 이러한 유형은 사회적 목적 실현과 관련하여서는 지속가능성이 높으나, 운영 차원에서 경제적 안정성을 확보하기 어렵다. 이는 기존의 비영리부문의 조직형태와 유사하다. 셋째 유형(Max-Min)은

표 7-1 사회적 목적 실현과 경제적 기반 형성과의 관계

경제적 기반 형성 (수익형성 측면)	사회적 목적 실현(공익적 측면)	
	Max-Min (제3유형)	Max-Max (제4유형)
	Min-Min (제1유형)	Min-Max (제2유형)

출처: 최조순(2012).

사회적 목적 실현에는 소극적이지만, 경제적 기반 형성에 더 중점을 두는 형태이다. 이러한 유형은 경제적 기반을 바탕으로 조직의 목적은 달성할 수 있으나, 사회적 목적 실현에 소극적일 가능성이 높다. 본 조직에 속하는 기업은 사회적 책임 활동과 유사해질 가능성이 있다. 마지막 유형(Max-Max)은 사회적 목적 실현과 경제적 기반 형성의 균형을 유지하는 형태로 상호의존적인 관계로 지속가능성이 높다.

본 연구에서 말하는 사회적 기업의 지속가능성은 사회적 가치 창출 등 사회적 목적에 사명감을 가지고 이러한 목표를 달성하기 위하여 경제적 활동을 활용하는 네 번째 유형의 관점이라 할 수 있다. 선진국에서도 사회적 기업의 지속가능성의 개념에 대한 접근이 많지 않다. 영국 통상산업부에서는 지속가능한 사회적 기업은 첫째, 보조금에 의존하지 않고 재정적으로 지속가능하여야 한다. 둘째, 재무적 수입은 100% 상거래 활동을 통해서 확보할 수 있어야 한다. 셋째, 경제적 목표와 사회적 목표를 동시에 달성해야 하는 것으로 보았다(Wallace, 2005). 본 내용의 이면에는 사회적 기업이 지속가능하기 위해서는 경제적 기반의 중요성을 강조하였다. 사회적 기업의 지속가능성은 경제적 자립 또는 지속적 경쟁우위를 창출할 수 있는 비즈니스 모델을 통한 수익활동을 통해서 사회적 목적을 달성하는 것으로 보고 있다.

② 사회적 기업의 지속가능성에 관한 선행 연구

사회적 기업의 지속가능성에 대한 연구는 사회적 기업의 성과 및 성공요인으로부터 출발하였다. 먼저, 사회적 기업의 성공요인에 대한 국외 연구를 살펴보고자 한다. 샤리르와 레너(Sharir and Lerner, 2006)는 사회적 벤처의 성과에 영향을 미치는 요인을 측정하였다. 목표의 성취정도, 서비스의 연속성과 지속성을 보장하는 자원과 능력, 자원과 능력의 보유 정도를 평가하였다. 본 연구자들은 사회적 벤처의 영리적 부문만 중요시하여 경제적 성과에 초점을 맞추었으며, 사회적 성과를 소홀히 하였다. 윌러와 프리맨(Wheeler and Freeman, 2003)은 개발도상

국가의 사회적 기업 50개를 분석하였다. 그들은 기업가정신과 지속적인 개발의욕, 경영능력과 기술적 역량, 파트너십, 재무자원과 거버넌스 등을 제시하였다. 포러 외 3명(Forrer et al., 2010)은 공공기관 민간의 파트너십이 공공 상품과 서비스를 제공하는데 어떻게 영향을 미치는 지를 분석하였다. 파트너십에서 공공의 책임성을 제고할 수 있는 방안을 제시하였다.

국내 연구에서 장영란 외(2012)는 사회적 기업의 구성원 특성과 기업특성이 사회적 기업의 경제적 성과, 사회적 성과 및 지속가능성에 미치는 영향을 분석하였다. 그들은 사회적 기업의 경제적 성과와 사회적 성과가 높을수록 사회적 기업의 지속가능성이 높아지는 것으로 주장하였다. 사회적 목적과 경제적 기반이 균형을 유지하는 형태(Max-Max)의 사회적 기업이 지속적으로 유지되고 있음을 지지하였다. 이영범 외(2012)는 심층 인터뷰를 통해 다음의 결론을 도출하였다. 사회적 기업의 마케팅 전략인 차별화된 상품과 서비스 개발, 조직 특성인 조직관리, 제품차별화 등 경영전략 측면이 지속발전에 영향을 미친다. 또한 리더의 역할, 기관과의 네트워크, 법제도적 인프라가 사회적 기업의 지속적 성과에 영향을 미침을 주장하였다. 이진민, 이상식(2017)은 사회적 기업의 성공요인이 사회적 기업의 성과와 지속가능성에 어떻게 영향을 미치는지를 분석하였다. 그들은 사회적 기업의 지속가능성을 위해서는 경제적 성과와 사회적 성과를 동시에 추구할 때 가능함을 주장하였다. 사회적 기업이 지속가능하기 위해서는 전략, 경영역량, 사회적 기업가정신이 핵심요인이라고 하였다.

지금까지 사회적 기업의 지속가능성에 대한 연구는 사회적 성과와 경제적 성과가 동시에 달성하고자 하는 상황이다. 이를 바탕으로 지속가능성에 영향을 미치는 요인을 정리해 보면 크게 네 가지로 요약될 수 있다.

첫째, 사회적 기업의 제도적 지원 장치이다. 사회적 기업들의 지속가능성을 높이기 위해서는 이들을 지원해 줄 수 있는 명확한 제도적 근거가 중요하다. 전반적으로 지속가능성을 유지하기 위해서 조직형태, 지배구조, 세제혜택 등 관련 규정을 과소평가하지 않고 지속적으로 보호해주어야 하는 논리이다. 우리나라는 제도적 지원 관점에서는 어느 나라보다 사회적 기업의 지속가능성이 높은 국가이다.

둘째, 사회적 기업의 경영자의 역할과 배경이 지속가능성에 영향을 미친다. 사회적 기업은 경제적 가치 추구와 더불어 사회적 목표의식이 중요하기 때문이다. 사회적 기업의 경영자들은 기업 경영능력뿐만 아니라, 사회적 목표를 달성할 수 있도록 사회적 사명의식을 가지고 있어야 한다.

셋째, 사회적 기업의 전략적 요인이 지속가능성에 영향을 미친다. 전략적 위치선정에 중요한 외부적 사업 환경뿐만 아니라, 내부적인 경영자원이 사회적 기업의 성공에 영향을 미쳤다. 또한 파트너십과 같은 전략적 제휴가 중요한 요소로 작용하였다. 산업 및 기업 차원에서 차별화된 경영전략의 수립은 지속가능성에 중요한 요소이다.

넷째, 사회적 기업의 운영 프로세스가 지속가능성에 영향을 미친다. 개별 사회적 기업의 운영방식 차이를 바탕으로 성공요인을 도출한 결과, 사회적 기업들의 직원을 대상으로 훈련과 교육, 조직내부 통제시스템의 변화 등이 지속가능성에 중요하였다.

사회적 기업의 성공요인은 국가적 차원, 기업 차원, 개인 차원에서 다양하게 분석하는 것이 가능하다. 국가적 차원의 지원과 개인 차원의 사회적 기업가정신에 대한 연구와 주장은 많이 진행되었다. 또한 개별 기업 차원의 성과차이를 설명하는 방법으로 전략적 요소와 운영적 요소를 이용하여 설명하였다. 그렇지만 이 둘을 별개의 요소로 취급하였다. 아무리 우수한 전략이라도 운영에서 실패하는 경우가 발생한다. 이 둘을 연결하고 상호의존성을 높이는 것이 비즈니스 모델이다. 2000년대 들어서 영리기업의 비즈니스 모델에 대한 연구는 활발하였지만, 사회적 기업의 비즈니스 모델에 대한 연구는 많지 않다.

사회적 기업의 비즈니스 모델은 기존의 일반적인 비즈니스 모델과 차별화되어야 한다. 지금까지 대다수 사회적 기업들은 지속가능성 유지에 실패하였다. 주로 사회적 가치 실현을 위해서 정부 보조금 및 기부금 등에 많이 의존하고 있다. 이들 기업들은 사회적 가치와 경제적 가치를 동시에 실현할 수 있는 비즈니스 모델을 가지고 있지 않다. 경쟁력이 있는 비즈니스 모델의 개발은 사회적 기업의 지속적인 성과를 창출하고 이들의 지속가능성을 높일 가능성이 많다. 다음 장부터 비즈니스 모델의 이론적 연구와 더불어 사회적 기업의 비즈니스 모델에 대해서 체계적으로 제시하고자 한다.

③ 우리나라 사회적 기업의 지속가능 현황

우리나라 사회적 기업의 현황 중 지속가능성을 확인하기 위해 생존 기업과 인증해제 기업을 파악하였다. 기존 자료는 한국사회적기업진흥원에 게시된 자료 중 2008년 12월에 등록되어 있는 사회적 기업 리스트를 기준으로 2017년 12월에 등록되어 있는 사회적 기업과 비교분석 하였다.

2008년 12월 기준으로 인증 사회적 기업은 총 218개이다. 실제 이 기간까지 인증받은 사회적 기업은 2007년 55개, 2008년 166개로 총 221개이다. 그렇지만, 원 자료가 부족하여 2008년 12월 기준 218개 사회적 기업을 대상으로 비교분석을 하였다.

2017년 12월 기준 인증 사회적 기업은 총 1,877개이다. 이 중 2007년~2008년에 기 인증된 사회적 기업은 모두 156개이며, 이는 지속인증, 사회적 기업 인증의 승계 및 법인전환을 모두 포함하였다. 한편 폐업, 인증요건의 충족미달 또는 보조금 부정수급으로 인한 인증취소 등으로 인증이 해제된 기업은 62개로 나타났다. 인증이 해제(취소 또는 소멸)된 사회적 기업이 모두 망했다고 판단할 수는 없으나, 우리나라에서 최소한 사회적 기업으로 지속하지 않고 있다고 판단할 수 있다.

〈표 7-2〉와 〈표 7-3〉은 사회적 목적 유형 또는 법인형태에 따라 인증해제(취소 또는 소멸)된 기업의 특징이 어떻게 나타나는지를 확인하기 위해 보다 세부적으로 분석한 표이다.

유형별로는 약 20~30% 정도의 사회적 기업이 인증해제 되었다. 유형 중 가장 많은 형태인 일자리 제공형의 사회적 기업이 26개가 인증해제되어 가장 높은 값으로 나타났다. 그렇지만, 감소비율 측면에서는 사회서비스 제공형이 약 37% 감소하여 지속가능성이 가장 낮게 나타났다.

표 7-2   유형별 인증해제 사회적 기업 현황

유형별 인증해제 사회적 기업	기본값 (2008)	인증해제 (2017. 12)	감소율
일자리 제공형	89	26	− 29.21%
사회서비스 제공형	30	11	− 36.67%
혼합형	64	17	− 26.56%
기타형	35	8	− 22.86%

　　법인형태별로는 약 10~40%의 기업의 인증이 해제되었으며, 그 중 민법상법인과 비영리 민간단체의 인증해제 비율이 높은 것으로 나타났다. 단, 인증해제된 17개의 민법상법인을 다시 목적유형이나 사업영역으로 나누어 인증해제되는 단체의 성격이나 패턴을 조사하고자 하였으나, 유의미한 특징은 발견되지 않았다. 비영리 민간단체도 위와 유사하며, 인증해제된 10개 기업 중 각 지역 기독교여자청년회(YWCA)가 운영하는 단체가 4개가 포함되어 있는 것 외에는 특정한 단체의 성격이나 패턴은 없었다.

표 7-3   법인형태별 인증해제 사회적 기업 현황

법인형태별 인증해제 사회적 기업	기본값 (2008)	인증해제 (2017. 12)	감소율
상법상회사	105	27	−25.71%
민법상법인	44	17	−38.64%
사회복지법인	28	5	−17.86%
비영리 민간단체	26	10	−38.46%
협동조합 및 기타	15	3	−20.00%

PART
03

사회적 기업의
비즈니스 모델 연구

본 파트에서는 사회적 기업의 비즈니스 모델을 살펴보고자 한다. 1950년대 후반 비즈니스 모델의 개념이 처음 등장하였지만, 글로벌 경쟁이 심화되면서 비즈니스 모델에 대한 연구가 활발히 진행되고 있다. 지속적인 성과창출을 위한 비즈니스 모델의 구성요소와 유형을 살펴본 후 사회적 기업의 비즈니스 모델 정의, 구성요소와 유형을 이론적으로 살펴보고자 한다.

비즈니스 모델의 개념

① 비즈니스 모델의 등장

비즈니스 모델은 1990년대 말 정보통신기술의 발달과 더불어 e-비즈니스 기업들이 출현하면서 활발하게 나타나기 시작하였다. 이러한 e-비즈니스 기업들은 과거 전통적 기업과 비교하여 가치를 창출하는 방법과 수익을 얻는 방식이 근본적으로 달랐다. 이를 설명하기 위하여 학계는 산업계와 더불어 비즈니스 모델이라는 용어를 본격적으로 사용하기 시작하였다(라준영, 2010).

그렇지만 비즈니스 모델에 대한 출현은 꽤 오랜 역사를 가지고 있다. 1957년 비즈니스 모델에 대한 개념이 학문적인 연구논문에 처음으로 등장하였다(Osterwalder et al., 2005). 1960년대 논문의 제목 및 초록 등에서 등장하기 시작한 후 여러 연구자들이 e-비즈니스뿐만 아니라 일반적인 비즈니스에서 적용할 수 있는 비즈니스 모델에 대한 연구를 활발히 진행하였다(Chesbrough, Rosenbloom, 2002). 〈그림 8-1〉은 지난 50년간 제목 또는 초록에서 비즈니스 모델의 출현 빈도를 나타내고 있다. 1965년부터 2015년까지 총 16,257건의 논문에서 비즈니스 모델이라는 단어가 사용되었으며, 이 중에서 3,513건이 동료심사가 진행되는 저널에 실렸다. 특히 지난 10년간 급격히 증가하였다(Wirtz, 2011).

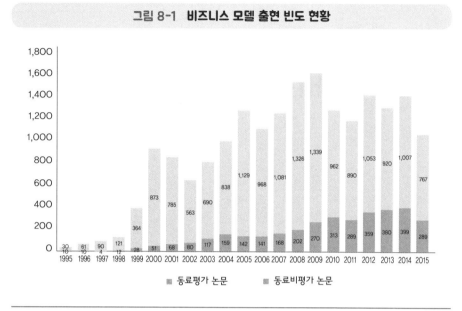

그림 8-1 비즈니스 모델 출현 빈도 현황

출처: 출처: Wirtz(2011).

가지아니와 벤트레스카(Ghaziani and Ventresca, 2005)는 비즈니스 모델이 사용된 논문에서 세부내용을 분석하였다. 〈표 8−1〉을 살펴보면, 가치창출, 비즈니스 모델에 대한 암묵적 개념, 수익 모델에 대한 사용이 급격히 증가하였으며, 초기에는 컴퓨터/시스템 모델링 관점에서 가장 많이 사용되었음을 알 수 있다.

비즈니스 모델의 정의는 무엇인가? 현재 합의된 정의는 존재하지 않지만, 서로 다른 의미인 '비즈니스'와 '모델'의 개별적인 정의가 합쳐진 형태라고 볼 수 있다(Osterwalder et al., 2005).

먼저 비즈니스 모델의 개념에 대한 한 연구의 흐름은 비즈니스, 즉 기업의 경영활동에 초점을 맞추어서 발전하였다. 국어사전은 외래어인 비즈니스를 '어떤 일을 일정한 목적과 계획을 가지고 짜임새 있게 지속적으로 경영하는 것 또는 그 일'로 정의하고 있다. 다시 표현하면 재화나 서비스를 고객이나 다른 사업체에 판매할 수 있도록 하는 조직체나 활동을 의미한다. IT의 급격한 발전과 4차 산업혁

표 8-1 비즈니스 모델 사용 논문의 내용 분석

용어	1975~1989	1990~1994	1995~2000	총합	비율
가치창출	1	7	81	89	17.6
암묵적 개념	4	25	55	84	16.6
수익모델	0	13	58	71	14.0
전자상거래	0	7	57	64	12.6
컴퓨터/시스템모델	28	19	13	60	11.8
고객관계관리	0	17	35	52	10.3
사업전략	0	11	14	15	4.9
다양성	3	12	5	20	3.9
경영계획	2	3	13	18	3.6
조직설계	0	5	9	14	2.8
세계화	0	9	1	10	2.0
연도별 합계	38	128	341	507	100
비율	8	25	67	100	–

출처: Ghaziani, Ventresca(2005).

명의 도래와 더불어 새로운 산업과 비즈니스가 다양한 형태로 발전하면서 비즈니스 모델도 다양한 형태로 나타나고 있다.

또 다른 연구 흐름은 모델, 즉 활동을 이해하기 쉽도록 개념화에 보다 초점을 맞추면서 발전하였다. 모델의 사전적 의미는 '작품을 만들기 전에 미리 만든 물건, 또는 작품의 대표적인 보기', '본보기가 되는 대상이나 모범'으로 정의하고 있다. 모델에 초점을 맞추는 연구자들은 복잡하고 다양한 비즈니스들의 구성요소와 이들의 관계를 파악하려고 하였다. 이들은 특정한 산업, 기업, 사업의 다양한 활동들을 특징적으로 개념화하여 단어나 문장으로 정의하면서 비즈니스 모델을 가장 잘 이해할 수 있게 하였다. 이상의 두 흐름을 한 마디로 요약하면 비즈니스 모델은 기업의 경영활동을 총체적이면서 간략하게 개념화한 것으로 정의할 수 있다.

그림 8-2 **비즈니스 모델 개념 연구의 발전과정**

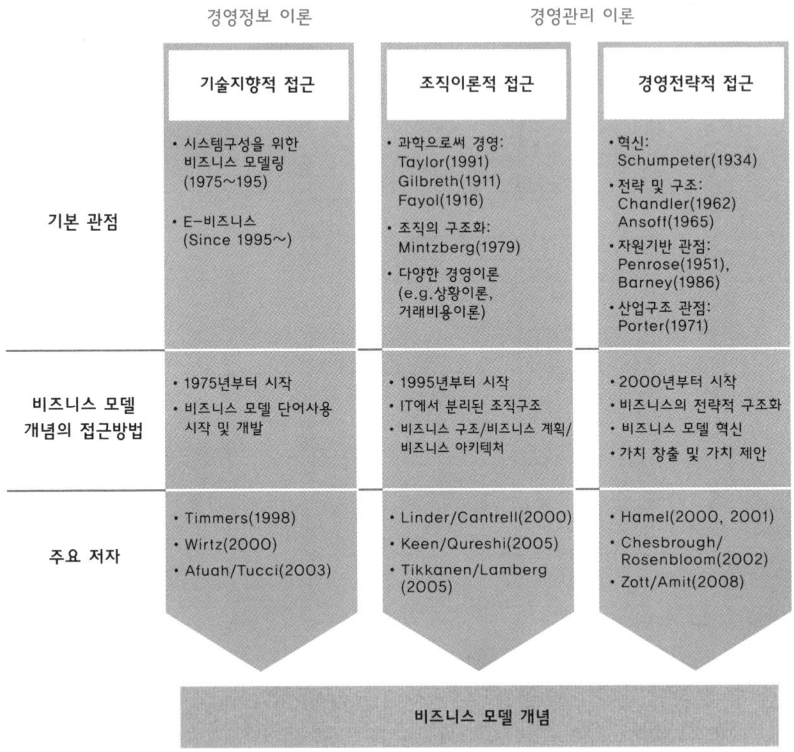

	경영정보 이론	경영관리 이론	
	기술지향적 접근	**조직이론적 접근**	**경영전략적 접근**
기본 관점	• 시스템구성을 위한 비즈니스 모델링 (1975~195) • E-비즈니스 (Since 1995~)	• 과학으로써 경영: Taylor(1991) Gilbreth(1911) Fayol(1916) • 조직의 구조화: Mintzberg(1979) • 다양한 경영이론 (e.g.상황이론, 거래비용이론)	• 혁신: Schumpeter(1934) • 전략 및 구조: Chandler(1962) Ansoff(1965) • 자원기반 관점: Penrose(1951), Barney(1986) • 산업구조 관점: Porter(1971)
비즈니스 모델 개념의 접근방법	• 1975년부터 시작 • 비즈니스 모델 단어사용 시작 및 개발	• 1995년부터 시작 • IT에서 분리된 조직구조 • 비즈니스 구조/비즈니스 계획/ 비즈니스 아키텍처	• 2000년부터 시작 • 비즈니스의 전략적 구조화 • 비즈니스 모델 혁신 • 가치 창출 및 가치 제안
주요 저자	• Timmers(1998) • Wirtz(2000) • Afuah/Tucci(2003)	• Linder/Cantrell(2000) • Keen/Qureshi(2005) • Tikkanen/Lamberg (2005)	• Hamel(2000, 2001) • Chesbrough/ Rosenbloom(2002) • Zott/Amit(2008)

비즈니스 모델 개념

출처: Wirtz(2011) 자료 수정.

비즈니스 모델의 개념에 관한 연구를 종합해 구분해 보면, 크게 세 가지 분야로 발전하였다. 첫째, 기술지향적 접근으로 기술 또는 제품 중심으로 비즈니스 모델을 설명하였으며, e-비즈니스에 확대되기 시작하였다. 둘째, 조직이론적 접근으로 기업 구조를 중심으로 추상화 및 개념화로 비즈니스 모델을 설명하기 시작하였다. 셋째, 경영전략적 접근은 집합적 형태로 기업가적 활동에 통합적인 묘사로 비즈니스 모델을 설명하기 시작하였다. 〈그림 8-2〉는 연구 유형별 기본 관점, 비즈니스 모델 개념의 접근방법과 주요 저자를 용하여 나타낸 것이다.

구체적으로 주요 저자별 비즈니스 모델의 개념 정의를 살펴보고자 한다.

1997년까지는 비즈니스 모델에 대한 개념이 정립되지 않았으며, 비즈니스 모델에 대한 구체적인 정의는 티머스(Timmers, 1998)의 연구에서 처음으로 나타나기 시작하였다. 그는 비즈니스에 참여하는 다양한 사업 참여자와 그들의 역할을 포함한 제품과 서비스 그리고 정보의 흐름을 위한 구조라고 정의하였다. 그리고 사업 참여자들이 누릴 수 있는 잠재적 이익에 대한 설명, 사업의 주체가 얻을 수 있는 수익의 원천에 대한 설명이라고 하였다. 그는 가치사슬을 구성하는 요소를 설명하며, 이의 분해와 재결합, 참여자들 간 상호작용 패턴 그리고 정보의 흐름이 수익을 발생시키는 중요한 요소임을 인식하였다. 이를 바탕으로 전통적인 비즈니스 개념으로 설명할 수 없는 새로운 e-비즈니스가 출현하고 있다는 점에 관심을 가졌다.

라파(Rappa, 2001)는 비즈니스 모델을 기업이 스스로 유지될 수 있도록 매출을 발생시키는 사업의 운영방식으로 정의하였다. 그는 오프라인 기업이 온라인 기업으로 확장하는 유형, 온라인 자체에서 신설된 기업 등 인터넷에서 관찰될 수 있는 수익의 원천에 따라서 9가지 본원적 모델과 41가지 세부 모델을 제시하였다. 이때, 수익적인 측면만이 부각되면서 나머지 가치창출에 영향을 미치는 요소들은 배제되었다(이성현, 박도준, 2012). 본 정의는 개별적 기업의 조직이론적 접근에서 운영측면을 강조하였다. 티머스(Timmers)와 라파(Rappa) 모두 기술지향적 접근으로 비즈니스 모델을 정의하였지만, 경영이론적 관점에서 기업 단위의 조직이론적 접근을 따른다고 할 수 있다.

조트와 아미트(Zott and Amit, 2007)는 비즈니스 모델이란 비즈니스 기회를 활용하여 가치를 창출하기 위한 거래의 내용(contents), 구조(structure), 지배(governance)를 묘사하는 것으로 정의하였다. 거래 내용은 교환되는 재화나 서비스, 정보 또는 이러한 거래에 필요한 자원과 능력을 의미한다. 거래 구조는 거래에 관여하는 주체들과 이들 상호간의 연결방식, 거래가 일어나는 순서 등을 포함한다. 거래 지배는 거래에 참여하는 주체들이 정보, 상품, 자원의 흐름을 조정하는 방식을 의미한다. 그들은 비즈니스 모델에 대한 정의뿐만 아니라, 설계 요소, 테마 등 전반적인 비즈니스 모델의 설계 요소를 연구하였다. 설계 테마로 고유성, 잠금효과(Lock-in effect), 보완성, 효율성을 고려하여야 함을 제시하였다.

린더와 캔트렐(Linder and Cantrell, 2000)은 비즈니스 모델을 가치창출을 위한 조직의 핵심 로직으로 정의하면서, 가격모델, 수익모델, 경로모델, 상거래 프로세스 모델, 인터넷 기반 상거래 관계, 조직형태, 가치제안으로 묘사하였다. 오스터왈더와 피그니어(Osterwalder and Pigneur, 2010)는 하나의 조직이 어떻게 가치를 제안하고, 어떻게 가치를 창출하고 전달하는지를 논리적으로 설명하는 것으로 정의하였다. 본 연구들은 모두 조직이론적 접근을 따랐다.

모리스 외 2명(Morris et al., 2005)은 특정 시장에서 지속적인 경쟁우위를 창출하기 위해서 기업 전략, 아키텍처 그리고 상호의존적 의사결정 관련 변수들이 어떻게 연계되는지에 대한 간결한 설명이라고 했다. 6개의 기본적 구성요소에는 가치제안, 고객, 내부 프로세스/역량, 외부적 포지셔닝, 수익모델, 인적/투자자 요인이 있다.

마그레타(Magretta, 2002)는 비즈니스 모델은 고객에게 상품과 서비스를 제공하여 수익을 창출하는 방식에 대한 설명이다. '우수한 비즈니스 모델이 되기 위해서는 누가 우리의 고객인가?', '그 고객에게 어떤 가치를 어떤 방식으로 제공할 것인가?', '그 제공의 대가로 어느 정도의 수익을 어떤 방식으로 거둘 것인가?'에 대한 설명에 답할 수 있어야 한다.

티스(Teece, 2010)는 비즈니스 모델은 고객을 위한 가치제안과 제안된 가치를 전달하기 위한 수익과 비용구조를 나타내는 로직, 데이터, 관련 증거들을 설명하는 것이다. 본 연구자들은 비즈니스 모델을 경영전략적 접근으로 정의하였다. 〈표 8-2〉는 주요 연구에서 나타난 비즈니스 모델에 대한 정의를 요약하여 나타낸 것이다.

본 저자는 지금까지 비즈니스 모델의 특징들을 종합하여 비즈니스 모델을 다음과 같이 정의하고자 한다.

"비즈니스 모델이란 지속적인 경쟁우위를 달성하기 위한 가치제안, 가치창출 및 가치전달 활동과 상호의존 관계를 나타내는 체계도이다."

표 8-2 주요 연구별 비즈니스 모델의 정의

선행연구	정의
벤카트라만 & 헨더슨 (Venkatraman & Henderson, 1998)	• 세 가지 요소인 고객 상호작용, 자산 구성 그리고 지식 활용에 따라서 전략을 설계하는 조율된 계획
티머스 (Timmers, 1998)	• 다양한 비즈니스 행위자와 역할을 포함하여 제품, 서비스와 정보흐름의 구성 • 다양한 비즈니스 행위자의 잠재적 이익에 관한 설명 • 수익원에 관한 설명
마하데반 (Mahadevan, 2000)	• 비즈니스에서 중요한 세 가지 요소의 독특한 혼합체: 비즈니스 파트너와 구매자의 가치사슬, 수입원, 물류
아미트 & 조트 (Amit and Zott, 2001); 조트 & 아미트 (Zott & Amit, 2010)	• 비즈니스 기회 개발을 통해 가치를 창출하도록 설계된 거래 내용, 구조 및 거버넌스: 거래가 기업활동을 연결한다는 측면에서 기업의 범위를 확장하는 상호의존적인 활동 시스템으로 발전함
체스브로 & 로젠블룸 (Chesbrough & Rosenbloom, 2002)	• 기술 잠재력과 함께 경제적 가치 실현을 연결하는 휴리스틱 논리구조
두보손-토르베이 외 2명 (Dubosson-Torbay et al., 2002)	• 지속가능한 수익원을 창출하기 위해 파트너, 마케팅, 가치 전달 및 고객 세분화를 통한 관계 자본을 만드는 기업의 아키텍처
마그레타 (Magretta, 2002)	• 기업이 운영되는 방법을 설명하는 이야기: 좋은 비즈니스 모델의 고객은 누구인가? 고객가치는 무엇인가? 기업은 이익을 창출하는가? 최적의 비용으로 고객에게 가치를 전달할 수 있는 경제적 로직은 무엇인가?에 대한 답변이 가능해야 함
아푸아 & 투시 (Afuah & Tucci, 2001)	• 경쟁자보다 고객에게 더 나은 가치를 제공하고 수익을 창출하기 위해서 자원을 사용하는 방법
모리스 외 2명 (Morris et al., 2005)	• 시장 내에서 지속적 경쟁우위를 창출하기 위하여 전략, 구조 및 경제 영역에서 의사결정 변수의 집합이 어떻게 상호 연관 되었는지를 나타내는 간결한 설명
샤퍼 외 2명 (Shafer et al., 2005)	• 가치네트워크에서 가치를 창출하고 획득하기 위한 기업의 핵심 논리와 전략적 선택을 나타낸 것

브루소 & 페널드 (Brousseau & Penard, 2006)	• 다양한 비용과 수익 흐름을 배분하고 거래를 구성하는 패턴
존슨 외 2명 (Johnson et al ., 2008)	• 서로 뒤얽힌 4개의 요소로 구성되어 있으며, 이를 종합하여 가치를 창출하고 전달하는 것: 고객가치제안, 수익공식, 핵심자원, 핵심프로세스
드밀 & 르꼬끄 (Demil & Lecocq, 2010)	• 고객에게 가치를 제안하기 위해 고안된 기업 활동의 여러 영역간 조율
오스터왈더 & 피그니어 (Osterwalder & Pigneur, 2010)	• 어떻게 조직이 가치를 창출하고 가치를 전달하고 가치를 획득하는지를 보여주는 이론적 해석
티스 (Teece, 2010)	• 고객을 위한 가치제안과 가치를 제공해주는 기업의 수익, 비용의 실행 가능한 구조를 뒷받침해주는 논리 데이터 및 기타 정보를 보여주는 것
카사드쉬-마사넬 & 리카트 (Casadesus-Masanell & Ricart. 2011)	• 기업이 구현하는 전략의 반영으로 선택과 결과로 구성

2 비즈니스 모델의 분석 수준

비즈니스 모델은 가치 제안, 가치 창출 및 가치 전달과 관련한 활동을 묘사한 것으로 정의할 수 있지만, 이들의 개념화는 몇 가지 수준으로 구분될 수 있다. 예를 들어 비즈니스 모델이 적용되는 범위에서 산업, 기업, 사업, 제품 수준으로 개념을 구분할 수 있다. 이들의 수준 분류에 따라서 전반적인 산업 또는 기업의 구조를 설명할 수 있다(Wirtz, 2011).

산업 수준의 비즈니스 모델은 산업의 수익성에 영향을 미치는 외부적 요인을 포함하여 산업의 가치사슬을 분석하는 것이다. 산업의 경쟁 요인으로 산업내 기업간 경쟁, 공급자 및 구매자 협상력, 신규 진입자 및 대체재 위험 등을 분석한다. 본 비즈니스 모델의 분석 수준은 개별 기업의 가치창출을 설명하는 것이 아니라, 산업단위로 외부 환경뿐만 아니라, 산업내 존재하는 기업들의 제품 및 서비스 등을 분석하여 가치제안, 가치창출, 가치전달을 설명하는 것이다.

기업 수준의 분석은 비즈니스 모델에서 어느 정도의 개념화를 통해서 기업을 설명할 수 있다. 기업수준의 영향 요인들과 의사결정 요인들이 주로 고려 대상이다. 자원과 능력, 활동, 기업의 전략적 포지셔닝 등이 분석 대상이다. 또한 핵심역량 및 생산시스템의 배치도 중요한 요소이며, 성과에 유의미한 영향을 미친다. 소규모 기업 또는 단일 제품군 중심의 회사는 기업 수준 분석과 사업(business unit) 수준 분석이 동일하다. 그렇지만 다각화된 기업의 경우 사업(business unit) 간 서로 다른 비즈니스 모델을 가진다. 이와 같은 경우는 사업간 고객의 인지, 가치제안, 가치창출 등이 다르므로 사업 수준으로 비즈니스 모델을 분석할 필요가 있다.

제품 수준의 분석은 비즈니스 모델의 개념화에서 가장 낮은 단계이다. 개별 상품과 서비스를 창출하기 위한 다양한 활동들을 통합적으로 나타낸 것이다. 제품 수준의 분석은 기술지향적 접근 방법에서 주로 나타났다.

이상에서 비즈니스 모델의 분석 수준을 산업, 기업, 사업, 제품 수준으로 구분하였지만, 이들이 명확히 구분되지 않는 경우가 많다. 실제 많은 연구자들은 비즈니스 모델을 정의하면서 이들의 적용 수준을 구분하지 않았다. 기술지향적 접근으로 비즈니스 모델을 개념화하는 경우에는 제품 또는 사업 수준에서 비즈니스 모델 수준을 많이 정의하였다. 조직이론적 접근으로 비즈니스 모델을 개념화하는 경우 산업 수준보다 기업 수준의 운영 관점에서 비즈니스 모델 수준을 정의하였다. 반면, 경영전략적 접근으로의 연구자들은 주로 산업 수준으로 비즈니스 모델을 많이 정의하였다. 전반적으로 많은 연구자들은 기업 수준으로 비즈니스 모델을 개념화하였다.

오스터왈더 외 3명(Osterwalder et al., 2005)은 비즈니스 모델의 개념화에 대한 연구를 분석한 결과 연구자들이 지칭하는 대상이 동일하지 않으며, 그 결과가 다양함을 확인하였다. 이들의 연구에서 비즈니스 모델의 범주(분석 수준)를 크게 세 가지로 구분하였다. 첫 번째는 가장 상위의 비즈니스 모델 지배화 단계로 모든 실제의 비즈니스를 설명할 수 있도록 추상적이며, 포괄적인 개념의 분석 수준이다. 본 분석 수준은 비즈니스 모델의 정의와 그 구성요소가 나타난다. 해당 비즈니스 모델로 어떤 일을 수행할지를 설명하는 추상적인 개념으로써 비즈니스 모

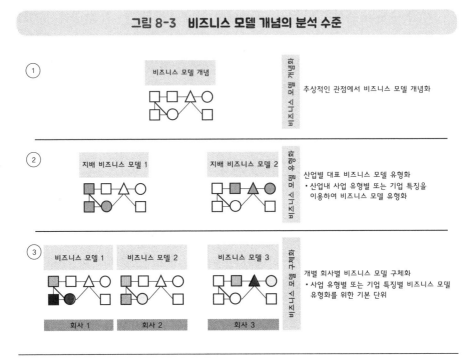

그림 8-3 비즈니스 모델 개념의 분석 수준

출처: Osterwalder et al.,(2005) 자료 수정.

델이 존재한다.

다음으로 비즈니스 모델들의 공통된 특성끼리 묶는 비즈니스 모델 군집화 단계이다. 각 비즈니스 모델에서 공통된 특징들을 찾아내어 여러 비즈니스 모델을 유형화 하는 단계이다. 사업 수준뿐만 아니라, 산업 수준으로 확장하여 적용할 수 있다.

마지막으로 비즈니스 모델 사례화는 구체적으로 존재하는 서로 다른 기업의 비즈니스 모델을 개념화하는 단계이다. 실제적으로 비즈니스 모델이라는 개념으로 기업의 비즈니스를 어떻게 설명하는가에 따라 개념화 측면에서 매우 큰 차이가 발생한다.

이상의 연구에서 비즈니스 모델의 분석 수준은 다양하게 나타나고 있음을 알 수 있다. 크게 보면, 산업 수준과 기업 수준의 비즈니스 모델로 정리될 수 있다. 한 기업이 하나의 핵심 제품을 중심으로 사업을 전개하고 있다. 그래서 제품, 사업 및 기업의 비즈니스 모델 분석이 일치할 가능성이 높다. 반면, 다각화된 기업의 비즈니스 모델은 서로 특이하며, 서로 다른 가치창출을 하고 있다. 하나의 비즈니스 모델로 개념화하는 것이 큰 의미가 없을 가능성이 높다. 여기서 본 저자는 산업과 기업의 중간 수준에서 비즈니스 모델 유형화 단계인 지배 비즈니스 모델을 추가하고자 한다. 실제 현상으로 하나의 산업에서 몇 가지의 경쟁력 있는 비즈니스 모델이 나타나고 있음을 여러 연구자들이 제시하였다. 본 연구는 개별 사회적 기업의 비즈니스 모델을 분석한 후 경쟁력이 있는 지배 비즈니스 모델을 도출하여 사회적 기업을 설립 또는 운영하는 경영자에게 시사점을 제공할 수 있을 것이다.

③ 전략 측면에서 비즈니스 모델

비즈니스 모델은 정의에서처럼 비즈니스 프로세스 및 전략과 상당한 상관관계가 있음을 알 수 있다. 또한 다양한 견해가 존재하고 있다(Burkhart et al., 2011; Seddon et al., 2004). 리처드슨(Richardson, 2008)은 비즈니스 모델은 전략을 실행으로 연결하는 활동과 관련된 논리 흐름도로 기능한다고 정의하였다. 반면, 마그레타(Magretta, 2002)는 비즈니스 모델은 단지 사업이 어떻게 구성되어 있는지를 나타내는 일종의 시스템이며, 경쟁에서 실질적으로 성과를 창출하는 것은 전략이라고 하였다. 비즈니스 모델과 전략을 서로 다른 개념으로 정의하였다. 오스터왈더 외 3명(Osterwalder et al., 2005)은 비즈니스 모델을 전략과 비즈니스 프로세스 모델을 연결시켜주는 개념으로 정의하였다. 많은 연구자들은 비즈니스 모델과 비즈니스 프로세스는 어느 정도 구분하여 사용하고 있지만, 전략과 비즈니스 모델의 구분에서는 서로간 합의가 이루어지지 않고 있다.

〈그림 8-4〉는 전략과 비즈니스 모델의 다양한 관계를 개념적으로 나타낸 것이다. 크게 세 가지 형태로 나타나고 있다. 첫 번째는 전략과 비즈니스 모델을 동일시하여 사용되고 있는 것이다. 전략과 비즈니스 모델은 동전의 양면과 같이

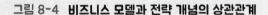

그림 8-4 **비즈니스 모델과 전략 개념의 상관관계**

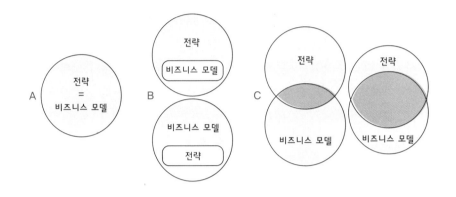

출처: Seddon et al.(2004).

동일한 것이며, 비즈니스 모델이 새로운 가치를 창출하지는 않는다는 관점이다.
두 번째는 비즈니스 모델을 전략의 한 부분 또는 전략을 비즈니스 모델의 한 부
분으로 이해되는 것이다. 〈그림 8-4〉의 B처럼 비즈니스 모델을 전략의 핵심적
인 개념 또는 기능으로 간추려 낸 것이다. 반면, 비즈니스 모델을 전략, 비즈니스
프로세스 모델 등을 포함하는 상위의 개념으로 이해하는 것이다. 세 번째는 전략
과 비즈니스 모델이 서로 다른 개념이지만, 서로간 어느 정도 연결되어 있는 것으
로 이해하는 것이다. 전략은 외부 경쟁의 관점이지만, 비즈니스 모델은 기업 내
부 관점에서 소유권자 또는 고객의 가치를 창출하는 재무적 관점에 집중되어
있다.

이와 같이 전략과 비즈니스 모델이 혼재되어 사용되거나 동일시 취급되는
이유는 비즈니스 환경변화에 기인한다고 볼 수 있다(Al-Debei, Avison, 2010).
〈그림 8-5〉처럼 과거 전통적인 비즈니스 환경에서는 외부 환경이 안정적이고,
불확실성이 낮다. 또한 경쟁의 강도가 낮고 지식을 주로 활용하는 측면에서는 전
략을 바탕으로 사업을 수행하는 방법이 제한적이며, 명확하여 전략과 비즈니스
프로세스 사이에는 갭이 존재하지 않았다. 이런 경우 비즈니스 모델과 전략이 동

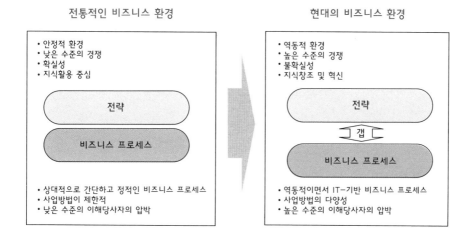

그림 8-5 비즈니스 환경 변화

전통적인 비즈니스 환경

- 안정적 환경
- 낮은 수준의 경쟁
- 확실성
- 지식활용 중심

전략

비즈니스 프로세스

- 상대적으로 간단하고 정적인 비즈니스 프로세스
- 사업방법이 제한적
- 낮은 수준의 이해당사자의 압박

현대의 비즈니스 환경

- 역동적 환경
- 높은 수준의 경쟁
- 불확실성
- 지식창조 및 혁신

전략

갭

비즈니스 프로세스

- 역동적이면서 IT-기반 비즈니스 프로세스
- 사업방법의 다양성
- 높은 수준의 이해당사자의 압박

출처: Al-Debei, Avison(2010) 자료 수정.

일시 될 수밖에 없거나, 전략의 하위 또는 전략과 비즈니스 프로세스를 묶는 상위의 개념으로 취급할 수 있다. 그렇지만 1990년대 후반 e-비즈니스를 중심으로 불확실성이 높으며, 동적인 외부 환경에서 경쟁의 강도가 높다. 이런 경우 새로운 지식의 창출과 혁신이 중요하게 된다. 전략을 바탕으로 사업을 실행하기 위한 다양한 비즈니스 프로세스가 존재하게 된다. 이런 경우 전략과 비즈니스 프로세스의 갭을 메우기 위한 중요한 수단이 비즈니스 모델이 될 수 있다. 현재 외부 환경은 과거보다 역동성이 높으며, 불확실성이 증가하므로, 비즈니스 모델의 중요성이 보다 증가하고 있다.

현재 전략과 비즈니스 모델은 매우 밀접한 관계가 있는 것으로 취급되고 있다. 특히, 불확실성이 높은 산업에서는 전략과 더불어 비즈니스 모델의 중요성이 증가하고 있다. 전략이란 지속가능한 경쟁우위를 확보하기 위하여 기업의 미션과 목표를 정하는 일이라고 한다면, 비즈니스 프로세스 모델은 이러한 전략을 실행하는 과정이라고 할 수 있다. 비즈니스 모델은 전략의 수립과 실행을 연결시켜주는 일종의 설계도로, 다소 추상적이고 개념적인 전략을 구체적인 실행계획으로

그림 8-6   전략, 비즈니스 모델 및 비즈니스 프로세스의 관계

연결시켜주는 역할을 하게 된다(이동현, 2003).

비즈니스 모델은 전략과 비즈니스 프로세스를 연결시켜 주는 요소로서 기업의 경쟁우위를 유지하는데 필수적으로 중요하다. 그렇지만 기업의 비즈니스 모델이 우수하여도 비즈니스 프로세스 모델이 제대로 실행되지 않는 기업은 성공하지 못할 수 있다. 또한 기업의 비즈니스 모델의 타당성이 낮으면, 이 기업은 비즈니스 프로세스 모델이 제대로 실행할 가능성이 낮으므로 결코 성공할 수 없다.

〈그림 8-6〉은 전략, 비즈니스 모델, 비즈니스 프로세스와의 관계를 나타낸 것이다. 전략은 기업의 계획단계로 미션, 비전, 전략적 목표를 나타낸다. 비즈니스 모델은 기업의 가치를 창출하고 전달하는 로직으로 전략의 아키텍처를 의미하다. 비즈니스 프로세스 모델은 조직, 워크플로우 등 실행단계를 의미한다. 본 연구에서 비즈니스 모델은 전략과 비즈니스 프로세스의 중간단계로 정의하고자 하며, 상호간에 유기적으로 연결되었을 경우에만 지속적인 경쟁우위를 보장하는 것이다.

④ 비즈니스 모델 개념의 발전 과정

비즈니스 모델은 다양하게 정의되고 있음을 알 수 있다. 이들의 개념은 기술지향적 접근, 조직이론적 접근, 경영전략적 접근으로 발전하고 있다. 또한 이들 개념의 분석 수준은 제품, 사업, 기업, 산업 수쥰 등 다양하게 나타나고 있다. 전략, 비즈니스 모델, 비즈니스 프로세스와의 관계에서도 변화하고 있다. 이를 종합적으로 나타내면 〈그림 8-7〉과 같이 나타낼 수 있다. 초창기 비즈니스 모델의 개념은 기술지향적 접근 및 제품 관점에서 접근하였다. 조직이론적 접근은 비즈니스 프로세스와 유사하게 기업 수준에 대한 주장이 많았다. 반면, 경영전략적으로 접근하는 연구자들은 산업 수준에서 비즈니스 모델을 접근하였다. 상당히 넓은 범위에서 비즈니스 모델이 연구되었다. 그렇지만, 지금은 기술적인 진화와 더불어 비즈니스 모델의 개념과 중요성에 대한 합의가 많이 이루어지고 있다. 여기서는

그림 8-7 비즈니스 모델 개념의 발전과정

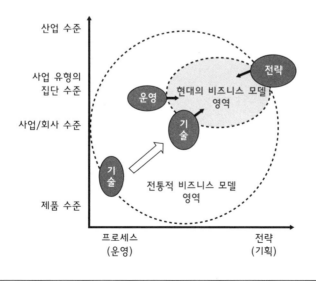

출처: Wirtz(2011) 자료 수정.

전략과 비즈니스 프로세스, 기업과 산업의 중간 단계에서 지배 비즈니스 모델의
관점에서 위치시키고자 한다.

비즈니스 모델의 구성요소와 유형

1 비즈니스 모델의 구성요소

비즈니스 모델은 고객에게 가치를 제안하고 이를 창출하고 전달하기 위한 경영활동의 개념도를 말한다. 초기 비즈니스 모델에 대한 연구는 비즈니스 모델의 개념을 정의하는 연구와 새롭게 부상하는 비즈니스 모델의 유형을 구분하는 데 초점을 맞추었다. 그러나 비즈니스 모델의 유형 구분에 대한 논의는 새로운 비즈니스에 대한 이해도를 높이는 데 기여하였으나, 지속적인 경쟁우위를 창출하는 메커니즘을 이해하거나 새로운 비즈니스 모델을 설계하는 데에는 기여할 수 없었다(라준영, 2010). 그래서 비즈니스 모델에 대한 연구는 비즈니스 모델의 구성요소에 대한 연구로 활발히 발전하였다. 비즈니스 모델의 구성요소는 비즈니스 모델을 설계하는데 있어서 기업의 사업 체계를 이해하고 설명하는데 기본적이면서 핵심이 되는 비즈니스 도구이다.

비즈니스 모델의 정의와 마찬가지로 비즈니스 모델의 구성요소 또한 매우 다양한 연구들이 있고 아직까지 단일한 개념으로 수렴이 이루어지지 않고 있다. 많은 연구자들은 비즈니스 모델의 정의와 더불어 비즈니스 모델의 구성요소에 대한 다양한 주장을 전개하고 있다. 그래서 몇 가지 대표적인 선행연구들을 살펴보면서 이들이 공통적으로 제시한 핵심적인 구성요소를 파악할 필요가 있다.

슬라이워츠키와 모리슨(Slywotzky and morrision, 1997)은 비즈니스 설계라는 용어를 사용하였다. 비즈니스 설계는 기업이 비즈니스를 행하는 방식으로 설명하고 있으며, 기본적으로 비즈니스 모델의 개념과 같다고 볼 수 있다. 그들은 신규 비즈니스 발굴 시 비즈니스 설계의 네 가지 측면을 구분하였고, 이를 고객 선택, 가치 창출, 차별 및 전략적 통제, 범위로 정의하였다. 목표 고객을 결정하고 기업이 어떤 활동을 수행할지 범위를 정하여야 한다. 이를 바탕으로 가치 창출을 통한 수익을 만들어야 하며, 만들어낸 수익을 지속적으로 유지하는 것이 비즈니스 설계의 구성요소이다. 과거에는 제품 중심의 경영방식이 수익과 직결되었으나, 글로벌화 및 정보통신기술의 발달로 고객중심의 경영으로 전환의 필요성을 주장하였다.

티머스(Timmers, 1998)는 비즈니스 모델의 개념을 정의하면서 구성요소를 포함하고 있다 . 구성요소는 비즈니스에 참여하는 다양한 사업 참여자와 그들의 역할, 제품과 서비스 그리고 정보의 흐름, 사업 참여자들이 누릴 수 있는 잠재적 이익, 사업의 주체가 얻을 수 있는 수익의 원천이다. 그는 전통적인 비즈니스 개념으로 설명할 수 없는 새로운 e-비즈니스가 출현하고 있다는 점에 관심을 가졌으며, 정보의 흐름이 수익을 발생시키는 중요한 요소임을 인식하였다.

레이포트와 자워스키(Rayport and Jaworski, 2000)는 크게 가치제안, 시장 제공물, 자원 시스템, 재무 모델 등 네 가지 구성요소를 제안하였다. 가치제안의 세부적인 내용은 목표 세분시장의 선택, 고객을 위한 핵심 가치의 선택, 경쟁사 대비 차별적으로 가치를 전달할 수 있는 능력을 제시하였다. 시장 제공물은 고객에게 제공되는 제품과 서비스의 범주와 고객 의사결정 프로세스 및 고객에서 의사결정 프로세스 상에 제공물을 위치시키는 과정을 의미한다. 자원시스템은 제안된 가치를 목표고객에게 전달하는 내부 시스템을 의미하며, 자원시스템의 구체화, 평가지표, 파트너십의 역할이 중요하다. 재무모델은 어떻게 성장을 추구할지 수익모델, 주주가치모델, 성장모델 등이 포함된다.

아푸아와 투시(Afuah and Tucci, 2001)는 비즈니스 모델의 구성요소로 8가지를 제시하였다. 그들은 고객가치, 범위, 가격전략, 수익원천, 연계 활동, 실행, 비즈니스 수행 능력, 지속가능성을 제시하였다. 고객가치는 경쟁사보다 저비용 또는 차별화된 무엇인가를 제공하는 것을 의미한다. 범위는 기업 활동의 범위가 아니라, 어떤 고객에게 제안된 가치가 전달되는지와 고객에게 전달되는 제품과 서비스의 범위를 의미한다. 그 외에 연계 활동, 실행 및 비즈니스 수행 능력은 기업의 내부 자원과 능력 및 활동에 관한 내용으로 다른 기업보다 우월하고 모방이 힘든 차별화된 제품을 창출하는 것과 관련된 요소이다.

라우돈과 트라베(Laudon and Traver, 2001)는 비즈니스 모델을 시장에서 이익을 내기 위한 일련의 활동을 정의하면서 조직이론적 접근과 경영전략적 접근을 바탕으로 자원기반 이론과 전략적 포지셔닝 이론의 주요 변수들을 구성요소를 포함하였다. 구성요소는 가치제안, 수익모델, 시장기회, 경쟁환경, 경쟁우위, 시장전략, 조직개발, 경영팀 등 8개이다.

호르데인과 아커만스(Gordijn and Akkermans, 2003)는 비즈니스 모델로 참여자, 가치대상, 가치접점, 가치인터페이스, 가치교환, 가치제공, 세분시장 등 가치를 중심으로 7개 요소를 구성하였다. 이들의 구성요소를 중심으로 다양한 비즈니스 모델을 나타내고 있다.

리처드슨(Richardson, 2008)은 비즈니스 모델은 전략의 실행이며, 전략의 실행은 가치의 제안, 창출, 회수 과정을 통해서 이루어짐을 주장하였다. 그는 비즈니스 모델의 구성요소를 가치제안, 가치창출 및 전달, 가치 확보의 세 가지 요소를 제안하였다. 가치제안은 기업이 어떤 고객에게 가치를 제안하며, 시장에 어떻

그림 9-1 가치중심 비즈니스 모델 프레임워크

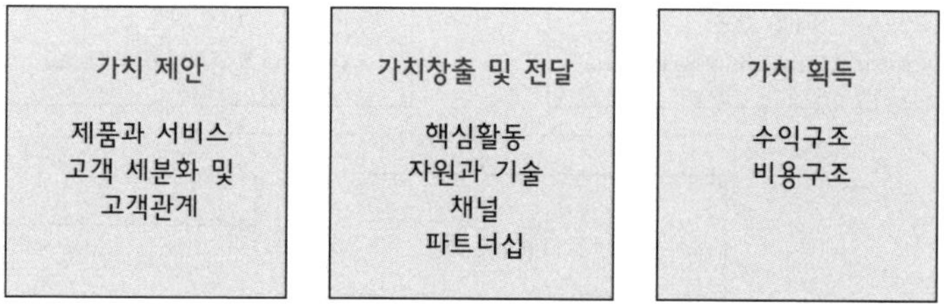

가치 제안	가치창출 및 전달	가치 획득
제품과 서비스 고객 세분화 및 고객관계	핵심활동 자원과 기술 채널 파트너십	수익구조 비용구조

출처: Richardson(2008) 자료 수정.

게 전략적으로 포지셔닝 하는가이다. 가치창출 및 전달은 기업이 가지고 있는 자원과 역량을 바탕으로 어떻게 가치를 창출하고 고객에게 전달하는 가를 의미한다. 그리고 가치네트워크에서 공급자, 파트너, 고객과의 연결에서 어떻게 위치할 것인가이다. 마지막으로 가치 확보는 수익의 원천은 무엇이며, 어떻게 가치를 획득할 것인가에 대한 것이다.

드밀과 르꼬끄(Demil and Lecocq, 2010)는 기업이 가지는 자원과 역량, 조직 그리고 가치 제안의 세 가지 영역에서 조합과 선택을 통한 의사결정이 성장기회를 찾고 수익 향상에 기여함을 주장하였다. 조직은 내부 조직과 파트너십을 통한 외부 조직을 포함하고 있다.

오스터왈더와 피그니어(Osterwalder and Pigneur, 2010)는 오랫동안 비즈니스 모델을 연구하면서 비즈니스 모델 캔버스와 이의 구성요소를 구체적으로 제안하였다. 비즈니스 모델 캔버스는 제품, 고객 인터페이스, 인프라관리, 재무적 측면 등 4개의 축으로 구분하고 세부적으로 9개의 구성요소로 되어 있다. 제품에는

그림 9-2 프레임워크: 비즈니스 모델 구성요소와 관계

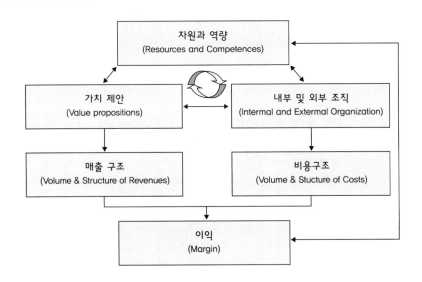

출처: Demil, Lecocq(2010) 자료 수정.

가치제안이 있다. 고객 인터페이스는 목표고객, 유통채널, 고객관계가 있으며, 인프라 관리는 가취구성, 핵심역량, 파트너십으로 구성된다. 재무적 측면은 수익모델과 비용구조로 구성된다.

워츠 외 3명(Wirtz et al., 2016)은 기존 선행 연구들을 바탕으로 통합적인 비즈니스 모델의 구성요소를 제시하였다. 그들은 크게 가치창출 요소와 더불어 전략적 요소, 고객 및 시장 요소 세 가지를 제안하였다. 전략적 요소에는 전략 모

표 9-1 비즈니스 모델 계층 구조와 9개 구성요소

구분	구성요소	내용	설명
제품 (Product)	가치제안 (Value Proposition)	제공하는 제품 (서비스)	새로움, 기능, 디자인, 브랜드, 편의성과 같이 제품 또는 서비스가 제공하는 핵심 가치
고객 인터페이스 (Customer Interface)	타깃고객 (Target Customer)	가치를 제공하려는 대상 고객	제품과 서비스를 판매할 대상 고객이 명확히 정의
	유통채널 (Distribution Channel)	고객과 접촉할 다양한 수단	제품과 서비스에 대한 유통채널의 다양성/용이성
	고객관계 (Relationship)	기업과 대상 고객과의 연결 관계	고객에 대한 지속적인 관리 및 유지 노력
인프라관리 (Infrastructure Management)	가치구성 (Value Configuration)	기업활동과 자원의 배분	생산, 품질관리, 문제해결과 같은 기업의 핵심적인 활동
	핵심역량 (Core Competency)	비즈니스 모델실행의 핵심 경쟁력	기술, 인적자원, 지적자산 등의 핵심자원
	파트너 (Partner Network)	필요한 타 기업과의 협력 네트워크	기업과 관계된 원재료 공급자, 경쟁기업, 비경쟁기업 등과의 전략적 제휴관계
재무적측면 (Financial Aspects)	비용구조 (Cost Structure)	소요되는 총 비용 흐름	제품 또는 서비스의 개발과 생산에 드는 비용을 최소화 할 수 있는 제품
	수익모델 (Revenue Model)	수익 활동을 통한 수익 창출 방법	소유권 판매, 사용료 수입, 지적재산권 로열티, 중개서비스와 같이 매출이 발생하는 구조

출처: Osterwalder, Pigneur(2010).

그림 9-3 비즈니스 모델 통합적 구성요소

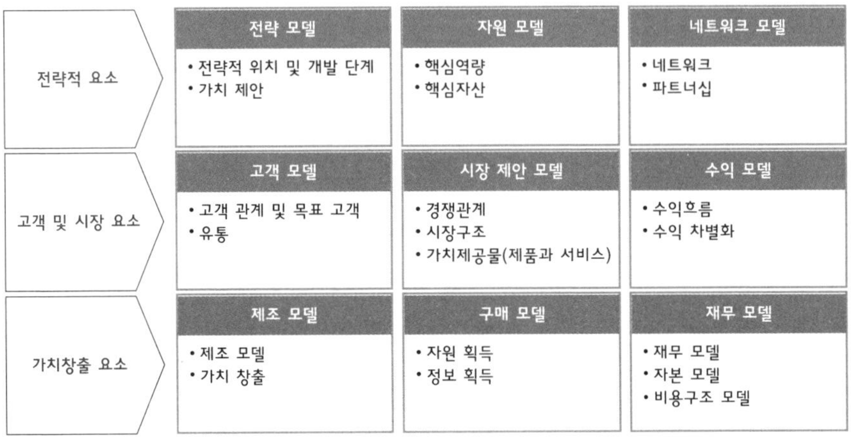

전략적 요소	**전략 모델** • 전략적 위치 및 개발 단계 • 가치 제안	**자원 모델** • 핵심역량 • 핵심자산	**네트워크 모델** • 네트워크 • 파트너십
고객 및 시장 요소	**고객 모델** • 고객 관계 및 목표 고객 • 유통	**시장 제안 모델** • 경쟁관계 • 시장구조 • 가치제공물(제품과 서비스)	**수익 모델** • 수익흐름 • 수익 차별화
가치창출 요소	**제조 모델** • 제조 모델 • 가치 창출	**구매 모델** • 자원 획득 • 정보 획득	**재무 모델** • 재무 모델 • 자본 모델 • 비용구조 모델

출처: Wirtz et al.,(2016) 자료 수정.

델, 자원 모델, 네트워크 모델이 포함된다. 고객 및 시장 요소는 고객 모델, 시장 제안 모델, 수익 모델로 구성된다. 가치창출 요소는 제조모델, 구매 모델, 재무모델로 구성된다. 통합 비즈니스 모델은 총 9개의 세부 요소로 구성되었다. 본 연구자들은 기존 연구자들이 제시한 구성요소들을 통합적으로 나타낸 것임을 알 수 있다. 특히 전략적 요소는 하나의 별도 구성요소로 구분되어 고객 및 시장 요소와 가치창출 요소를 연결하는 역할을 하고 있다. 전략적 요소의 전략 모델은 타 연구자들의 전략적 포지셔닝 및 가치제안의 내용이며, 자원 모델과 네트워크 모델은 주로 가치창출 요소로 언급한 자원과 능력 또는 외부 파트너십을 포함시켰다.

기존의 선행연구들을 살펴보면, 크게 두 가지 관점에서 비즈니스 모델을 구성요소를 제시하였다. 첫 번째 연구집단은 기업의 경영 활동에 초점을 맞추어서 구성요소를 제안하였다. 두 번째는 기업의 경영 활동보다 기업 존재의 본질인 가치에 초점을 맞추어서 구성요소를 제안하였다. 기존 선행 연구들을 가치 중심의 구성요소로 구분하면 정리하면 〈표 9-2〉와 같다. 가치 중심의 주요 구성요소는 가치제안, 가치창출, 가치전달, 가치획득으로 구분될 수 있다. 일부 연구자들은

연구자	비즈니스 모델 구성요소			
	가치제안	가치창출	가치전달	가치획득
슬라이워츠키 & 모리슨 (Slywotzky & Morrison, 1997)	차별 및 전략적 통제	가치창출, 범위	고객선택	
티머스 (Timmers, 1998)	제품과 서비스	사업 참여자와 역할	정보의 흐름	잠재적 이익, 수익의 원천
레이포트 & 자워스키 (Rayport & Jaworski, 2000)	가치제안, 시장제공물	자원 시스템		재무모델
아푸아 & 투시 (Afuah & Tucci, 2001)	고객가치	연계활동, 실행, 능력	범위	가격전략, 수익원천, 지속가능성
라우돈 & 트라베 (Laudon & Traver, 2001)	가치제안, 시장기회, 경쟁환경, 경쟁우위	경영팀, 조직개발	시장전략	수익모델
호르데인 & 아커만스 (Gordijin & Akkermans, 2003)	가치대상, 가치제공	참여자, 가치인터페이스, 가치접점	가치교환, 세분시장	
리처드슨 (Richardson, 2008)	가치제안	가치창출		가치확보
드밀 & 르꼬끄 (Demil & Lecocq, 2010)	가치제안	자원과 역량, 조직		
오스터왈더 & 피그니어 (Osterwalder & Pigneur, 2010)	제품	인프라관리	고객 인터페이스	재무적 측면
워츠 외 3명 (Wirtz et al., 2016)	전략모델	자원모델, 네트워크 모델, 제조모델, 구매모델	고객모델, 시장제공모델	수익모델, 재무모델

표 9-2 주요 연구자별 비즈니스 모델 구성요소

가치창출과 가치전달을 같이 묶는 경우도 있지만 구분하는 것이 바람직할 것으로 판단된다.

〈표 9-2〉와 같이 비즈니스 모델의 구성요소는 가치라는 용어와 경영 활동에 대한 용어를 혼용하여서 비즈니스 모델의 구성요소를 제안한 경우가 있다. 일부 연구자들은 가치 또는 상위의 전략적인 용어를 사용하여서 구성요소를 구분하였다. 다른 연구자들은 경영의 활동요소를 중심으로 구성요소를 제안하였음을 알 수 있다. 비즈니스의 구성요소를 가치 중심 활동으로 구분하면, 선행 연구자들이 제안한 구성요소들이 모두 포함될 수 있는 장점이 있다. 또한, 기업의 본원적 활동과 더불어 사회적 기업과 같은 다양한 차원의 비즈니스 활동들을 포함할 수 있다. 또한 각 경영활동과 관련된 요소들은 가치 구성요소의 세부 항목으로 분류할 수 있다.

② 비즈니스 모델의 유형

비즈니스 모델의 정의가 다양하게 이루어지고 있는 것처럼, 비즈니스 모델의 유형 분류도 다양하게 나타나고 있다. 앞에서 설명한 것처럼 비즈니스 모델 정의의 분류수준이 산업수준에서 제품수준으로 다양하게 적용되고 있다. 그러므로 비즈니스 모델은 기업 또는 산업의 운영 또는 성과 시스템을 반영하고 있다. 비즈니스 모델을 산업 수준에서 정의하면 산업에는 하나의 비즈니스 모델이 존재함으로 유형화가 의미 없다. 또한 개별 비즈니스 모델은 하나의 개별 기업이 가지는 특징으로 기업수준에서 정의하면 너무나 많은 비즈니스 모델이 존재한다. 이런 경우에는 유형화가 불가능하다. 비즈니스 모델의 연구가 발전하면서 비즈니스 모델은 산업 내 개별 기업들이 가지는 비즈니스 모델을 특징화하여 유형화가 가능하다. 또한 전략과 사업 운영의 연결고리로서 중요한 역할을 차지하고 있다. 경쟁우위가 있는 기업들의 비즈니스 모델을 유형화함으로써 성공한 기업들의 비즈니스 모델의 벤치마킹이 가능하다.

초기 비즈니스 모델의 유형 분류는 비즈니스 모델의 구성요소를 바탕으로 시작되었다. 티머스(Timmers, 1998)는 1990년대 후반 급격히 출현하는 e-비즈니스를 효과적으로 설명하기 위하여 비즈니스 모델의 유형화를 체계적으로 진행하였다. 그는 가치사슬을 이루는 요소들을 중심으로 정보 통합의 관점에서 결합과 상호작용의 패턴을 분석한 후 기능상의 통합정도와 혁신의 정도라는 두 가지 기준을 활용하여 11개 모델을 제시하였다.

　위 분류 및 그림을 살펴보면, 상점형, 조달형, 몰형 등의 모델은 혁신과 기능통합의 정도가 낮은 편에 속한다. 반면, 가치사슬 통합형, 제3자 마켓플레이스형, 협력 체제 플랫폼형 등의 모델은 혁신과 기능통합의 수준이 높은 비즈니스 모델이다. 나머지 모델들은 혁신의 정도는 중간정도이고 기능통합의 낮은 모델들이라고 볼 수 있다.

　밤버리(Bambury, 1998)는 전자상거래에서 볼 수 있는 비즈니스 모델을 두 가지 유형으로 구분하였다. 첫 번째는 오프라인에서 실제로 존재하는 비즈니스 모델을 온라인으로 그대로 적용시킨 모델(Transplanted real-world business model)이다. 이는 과거 존재했던 비즈니스 모델이 인터넷의 발전과 더불어 이 분야로 전

그림 9-4　티머스의 인터넷 비즈니스 유형

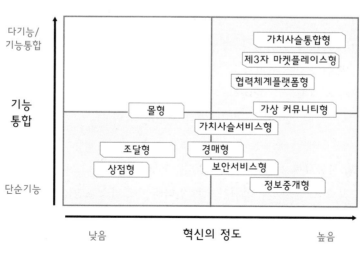

출처: Timmers(1998).

파된 경우이다. 두 번째는 인터넷의 등장으로 이전에서 존재하지 않은 새로운 비즈니스 모델이 등장한 경우인데, 인터넷 고유의 비즈니스 모델(Native internet business model)이다. 각 유형별 세부적인 비즈니스 모델을 구분하였다. 오프라인 비즈니스의 파생 세부 모델로 메일주문 모델, 광고기반 모델, 가입 모델, 무료사용 모델, 직접마케팅 모델, 부동산 모델, 인센티브제공 모델, B2B 모델, 복합 모델 9개를 제시하였다. 이들 모델들은 기존의 오프라인 비즈니스 모델을 온라인 비즈니스화한 것으로 인터넷을 이용하여 여러 비즈니스 모델을 조합하여 하나의 모델로 복합적으로 적용하고 있다.

인터넷 고유 비즈니스의 세부 모델은 인터넷을 이용하여 무료로 정보를 제공하는 도서관 모델, 인터넷을 이용하여 무상으로 소프트웨어를 제공하는 무료 소프트웨어 모델, 개인 또는 조직간서로 정보를 교환하는 정보교환 모델, 전자책, 음악파일 등 온라인을 통해 디지털 제품을 유통하는 디지털제품/유통 모델, 시스코 등과 같이 기업들이 인터넷에 접근하는 도와주는 접근제공 모델, 이메일 등 웹사이트 호스팅 등 기타 인터넷 서비스 모델 6개를 제시하였다. 이들은 순수하게 인터넷을 활용하여 발전한 비즈니스 모델이다.

주트라 외 2명(Jutla et al., 1999)은 제품이 공급자로부터 최종 소비자까지 유통 과정, 개인의 주문빈도, 인터넷을 통한 데이터베이스 접근 횟수 등을 고려하여 증개형(Cybermediary) 모델, 제조형(Manufacturer) 모델, 경매형(Auction) 모델 세 가지 유형으로 분류하였다. 중개형은 공급자와 소비자 사이에서 중개인 역할을 하는 모델이다. 제조업자형은 기업의 제조 과정을 통해서 완제품에 새로운 가치를 추가하는 모델이다. 경매형은 공급자와 소비자를 연결하는 역할을 하는 모델이다. 라파(Rappa, 2001)도 인터넷에서 존재하는 비즈니스 모델을 수익 원천에 따라서 9가지 모델인 중개형, 광고형, 정보중개형, 상인형, 제조형, 제휴형, 공동체형, 가입형, 사용료형 등으로 구분하였다. 라파(Rappa)의 비즈니스 모델은 주트라 외 2명(Jutla et al., 1999)과 마찬가지로 인터넷 비즈니스 모델을 유형화하였지만, 보다 폭넓게 구체적으로 정의하였다.

2000년대 초반까지는 초기 인터넷 등장한 사업과 e-비즈니스에 대한 다양한 사업들을 이해하는데 많은 도움을 주었다. 그렇지만 이들 유형들은 이론

표 9-3 티머스 비즈니스 모델의 유형 분류

유형	설명
상점형 (e-shop)	• 인터넷을 이용하여 고객들에게 제품이나 서비스를 판매하는 모델로 B2C 사업이 주로 해당됨
조달형 (e-procurement)	• 인터넷을 이용하여 공급업체로부터 제품이나 서비스를 구입하는 모델로 B2B 사업이 주로 해당됨
경매형 (e-auction)	• 인터넷을 이용하여 제품이나 서비스를 경매하는 모델을 의미함
몰형 (e-mall)	• 인터넷 상점의 집합체를 의미하며, 특정 산업의 마켓 플레이스를 의미함
제3자 마켓플레이스형 (Third-party Marketplace)	• 인터넷 시장을 의미하는 모델로 인터넷을 통해 생산자와 구매자 간의 거래가 이루어지는 것을 의미함
가상 커뮤니티형 (Virtual Communities)	• 인터넷을 이용하여 구성원이 공통의 관심사를 공유하는 모델임
가치사슬 통합형 (Value Chain Integrator)	• 가치 사슬상의 몇 단계를 통합시킴으로써 새로운 가치를 창출하는 모델임
가치사슬 서비스형 (Value Chain Service, Provider)	• 물류나 전자 결재처럼 가치사슬의 일부를 지원하는 모델임
협력 체제 플랫폼형 (Collaboration Platforms)	• 디자인, 엔지니어링 등 기능을 중심으로 기업간 협력할 수 있는 도구와 환경을 제공하는 모델을 의미함
정보중개형 (Information Brokers)	• 정보 검색이나 제공과 관련된 정보 서비스를 제공하는 모델임
보안서비스형 (Trust Service)	• 인증 등 인터넷에서 일어나는 거래에서 신뢰를 확보해주는 보안 관련 서비스를 수행하는 모델임

출처: Timmers(1998).

적인 근거가 약하며 서로간 중복되기도 하고 포괄적이지 못하였다. 이후 온라인과 오프라인을 모두 포함할 수 있는 비즈니스 모델의 유형화가 시도되었다. 린더와 캔트렐(Linder and Cantrell, 2000)은 핵심적이면서 이익창출 활동과 가격과 가치 중에서 상대적 위치의 두 가지 관점에서 비즈니스 모델을 분류하였다. 크게 8

가지인 가격(Price), 편의성(Convenience), 상용화플러스(Commodity−Plus), 경험(Experience), 유통(Channel), 중개(Intermediary), 신뢰(Trust), 혁신(Innovation) 모델로 구분하였다.

와일 외 4명(Weill et al., 2005)은 오프라인까지 포함한 비즈니스 모델을 폭넓게 유형화하였다. 그들은 기업이 창출한 가치를 어떻게 전유할 것인가와 어떤 자산이 연관되어 있는지에 대한 2축을 이용하여 16가지 유형을 제시하였다. 기업이 창출한 가지를 어떻게 판매되고 전유되는가에 따라서 세 가지로 구분하였다. 첫 번째 해당 자산의 소유권을 매매하는 것으로 제조업자와 같은 창출자, 도소매상과 같은 유통업자로 구분할 수 있다. 두 번째는 해당 자산의 사용권을 한시적으로 판매하는 것으로 임대업자와 같은 주인이다. 세 번째는 자산의 권리에 대한 수요자와 공급자를 찾아 연결해주는 중개자이다. 기업이 가치를 창출하기 위해서 연관된 자산은 물적, 재무적, 무형적, 인적 자산 네 가지로 구분하였다. 이를 바탕으로 분류한 비즈니스 모델은 〈표 9−4〉와 같다.

조트와 아미트(Zott and Amit, 2007)는 내용, 구조, 거래의 거버넌스를 바탕으로 두 가지 유형인 고유성 중심, 효율성 중심 비즈니스 모델을 제시하였다. 그들은 고유성 및 효율성간 상호작용 비즈니스 모델을 추가하여 세 가지 모델 유형과 성과와의 관계를 실증적으로 분석하였지만, 비즈니스 모델의 유형화를 체계화하지는 못하였다

표 9-4 16가지 비즈니스 모델의 세부 유형

기본 비즈니스 모델 원형	어떤 타입의 자산이 관련되어 있는가?			
	금융	유형자산	무형자산	사람
창출자	기업가	제조업자	발명가	인적자원 창출가
유통업자	금융 거래자	도매업자/소매업자	IP 거래자	인적자원 분배자
임대업자	금융 지주	유형자산주	무형자산주	계약자
중개자	금융 브로커	유형자산 브로커	IP 브로커	HR 브로커

출처: Weill et al.,(2005).

  이상에서와 같이 여러 연구자들이 비즈니스 모델의 유형화를 통해서 지속적인 성과와 경쟁우위 창출을 연결하고자 하는 연구를 진행하였다. e-비즈니스를 중심으로 많은 연구가 진행되었음에도 불구하고 아직까지 전통적인 산업, 사회적 기업의 비즈니스 모델에 대한 연구는 많지 않으며 체계적이지 못하다. 따라서 이에 대한 연구가 더욱 필요하다.

사회적 기업의 비즈니스 모델

1 사회적 기업의 비즈니스 모델 개념

사회적 기업은 경제적 가치와 사회적 가치를 동시에 추구하는 기업이다. 사회적 기업도 영리기업과 마찬가지로 고객에게 가치를 제안하고 창출한 후 이를 고객에게 전달하는 경제적 조직이다. 사회적 기업이 지속적인 성과를 창출하기 위해서는 영리기업처럼 어떻게 운영할 것인지에 대한 비즈니스 모델이 필요하다. 사회적 기업은 영리기업이 추구하는 경제적 가치의 비즈니스 모델 특성뿐만 아니라, 비영리단체가 추구하는 사회적 가치의 비즈니스 모델의 특성을 모두 내포하는 혁신적인 비즈니스 모델이 필요하다.

지금까지 e-비즈니스를 중심으로 영리기업의 비즈니스 모델에 대한 정의, 구성요소, 유형 분류 등에 대한 연구는 상당히 진행되었음을 알 수 있다. 사회적 기업에 대한 관심은 급격히 증가하였지만, 사회적 기업의 비즈니스 모델에. 대한 연구는 여전히 부족하다. 일부 연구자들은 영리기업의 비즈니스 모델 분석틀을 사회적 기업에 적용할 수 있음을 주장하거나 적용하였다(Osterwalder, Pigneur, 2010; Rahmani, 2014).

최근 사회적 기업의 비즈니스 모델에 대한 연구의 필요성이 제기되면서 국내외 연구자들을 중심으로 사회적 기업의 비즈니스 모델의 정의, 구성요소, 유형 분류에 대한 연구가 증가하기 시작하였다. 대부분의 연구들은 사회적 기업의 비즈니스 모델의 유형화와 구성요소를 살펴보았다(Wilson, Post, 2013; Michelini, Fiorentino, 2012). 그렇지만, 이들은 사회적 기업의 비즈니스 모델을 구체적으로 정의하지 않고 기존 영리기업 중심의 비즈니스 모델 정의를 암묵적으로 사용하였다.

리(Lee, 2015)는 최초로 사회적 기업의 비즈니스 모델을 정의하였다고 할 수 있다. 그가 정의한 사회적 기업의 비즈니스 모델은 다음과 같다.

"사회적 기업의 비즈니스 모델이란 사회적 사명 중심 가치 창출을 지원하고 경쟁 우위를 유지하기 위한 전략을 수립하기 위해 논리적으로 일관된 활동을 개발하기 위한 의사결정 체계이다"

이상의 정의는 기존 사회적 기업과 비즈니스 모델에 대한 연구들이 서로 충돌되지 않고, 이들을 통합하는 내용을 포함하고 쉽게 이해될 수 있음을 알 수 있다. 즉, 사회적 기업의 비즈니스 모델은 결국은 사회적 기업과 비즈니스 모델이 합해진 경우를 의미한다. 본 정의는 사회적 기업의 주 목적이 사회적 가치 창출이며, 수단으로 경제적 활동을 사용한다는 개념에 기인하고 있다. 그렇지만 많은 경우 사회적 기업의 실질적인 활동은 사회적 가치와 경제적 가치를 동시에 추구하고 있다. 그래서 본 저자는 사회적 기업의 비즈니스 모델에 대한 정의를 다음과 같이 정의하고자 한다.

"사회적 기업의 비즈니스 모델이란 사회적 사명과 경제적 목표를 지속적으로 달성하기 위하여 가치제안, 가치창출 및 가치전달 활동과 이들의 연결 관계를 나타내는 체계도이다."

2 사회적 기업의 비즈니스 모델 구성요소

사회적 기업도 일반적인 영리기업과 마찬가지로 가치관련 활동이 주요한 구성요소이다. 대다수 연구들은 기존 비즈니스 모델의 구성요소를 사회적 기업에 맞게 변형하여 새로운 비즈니스 모델 구성요소을 제시한 후 이를 사례 기업에 적용하여 정교화하는 방식으로 진행하였다(Austin et al., 2006; Michelini, Fiorentino, 2012; 라준영, 2010).

오스틴 외 2명(Austin et al., 2006)은 기업가정신을 중심으로 영리기업 모델과 사회적 기업 모델의 유사점과 차이점을 사람(People), 상황(Context), 거래(Deal) 및 기회(Opportunity) 네 가지 구성요소를 이용하여 설명하고자 하였다. 영리기업 모델에서 사람은 경영에 참여하거나 능력을 가지고 있는 인적자원을 의미한다. 상황은 기업의 성공과 실패에 영향을 미치지만, 기업가가 통제할 수 없는 요소를 의미한다. 거래는 누가 물건을 만들고 전달하고 수익이 발생하는지에 대한 사업 상의 과정을 의미한다. 기회는 미래의 수익을 위해서 희소한 자원의 투자를 필요로 하는 활동을 의미한다.

영리기업과 사회적 기업의 비즈니스 모델 구성요소가 많이 유사하지만 사명, 시장실패, 자원의 이동성 및 성과측정에 있어서 근본적인 차이가 있다. 그래서 사회적 기업의 비즈니스 모델을 수정하여 제시하였다. 사회적 기업의 비즈니스 모델에서 거래는 사회적 가치 제안(Social value proposition)과 유사하다. 사회적 가치 제안은 사회적 기업의 핵심으로 가장 가운데 위치하게 된다. 그렇지만, 사람과 자본은 영리기업과 차이가 나며 중요한 요소이다. 인적 자원의 경우 영리기업처럼 시장논리에 맞게 높은 임금을 주거나 금전적인 보상을 해주면서 채용할 수 없다. 또한, 사회적 미션을 실현하기 위해서 자본을 영업수익을 통해서 모두 조달할 수 없으며, 정부지원, 기부금 등을 통해서 안정적으로 조달하는 것이 중요하다.

사회적 기업의 비즈니스 모델에서 상황은 개별적인 구성요소라기 보다는 규제, 세금, 인구통계학적, 정치적 요인 등 사회적 기업의 모든 요소에 영향을 미치는 요인이라고 볼 수 있다. 기회는 사회적 기업 모델에서도 중요하다. 단순히 수익

그림 10-1 일반기업 PCDO 프레임워크

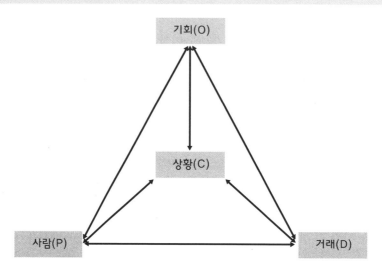

출처: Austin et al.(2006).

그림 10-2 사회적 기업 프레임워크

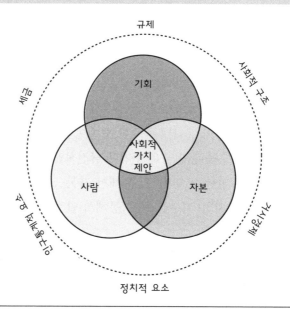

출처: Austin et al.(2006).

창출을 위한 기회가 아니라 시장실패로 인하여 사회서비스가 제대로 이루어지지 않는 문제를 해결하기 위한 기회를 찾는 것이기 때문이다.

이상으로부터 기존 영리기업과 사회적 기업의 비즈니스 모델의 차이는 〈그림 10-1〉과 〈그림 10-2〉와 같이 나타낼 수 있다.

오스터왈더와 피그니어(Osterwalder and Pigneur, 2010)는 비즈니스 모델 캔버스를 정의하면서 일반 기업을 대상으로 비즈니스 모델의 구성요소를 구체적으로 제시하였다. 본 분석방법 및 구성요소를 사회적 기업에 쉽게 적용할 수 있음을 주장하였다. 모든 조직들은 '비즈니스'라는 단어를 사용하지 않더라도 비즈니스 모델이 있다. 가치를 창출하고 전달하는 조직이라면 지속적으로 존재하기 위하여 비용을 충당할 수 있는 수익을 창출하여야 한다. 사회적 기업의 비즈니스 캔버스 모델의 구성요소는 앞에서 언급한 비즈니스 캔버스 모델의 9가지 구성요소와 기본적으로 동일하다. 단지, 영리기업과 사회적 기업이 극대화하는 가치나 집중하

그림 10-3 사회적 기업을 위해 수정된 비즈니스 캔버스 모델

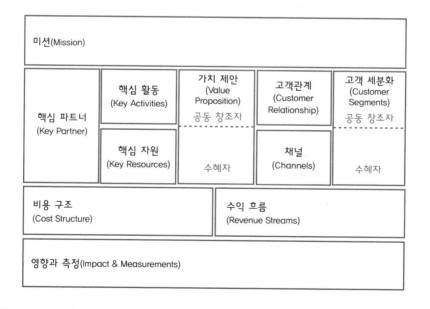

출처: Rahmani((2016) 자료 수정.

는 분야만 다를 뿐이다. 사회적 기업은 사회적 및 환경적 임팩트 등 비재무적 미션을 가장 중요시 한다. 반면, 영리기업은 수익을 극대화하는 것을 중요시한다는 차이가 있다.

비즈니스 모델 캔버스를 사회적 기업에 적용하기 위해서는 사회적 영향력을 극대화해야 하는데 이를 하기 위해서 가장 먼저 가치제안에서 출발하여야 한다. 다음으로 고객 구분이 이루어져야 한다. 또한, 가치창출자인 고객, 기부자, 자원봉사자, 전문가 집단과 수혜자를 구분하기 위하여 각 항목을 나누어 사회적 기업 비즈니스 모델 캔버스를 제시하기 시작하였다. 라마니(Rahmani, 2016)는 오스터왈더(Osterwarlder)의 비즈니스 모델을 수정하여 사회적 기업의 비즈니스 모델을 적용하였다. 먼저 9개 구성항목에서 미션, 영향 측정 2개를 추가하였다. 또한, 가치제안과 고객에 공동창조자(Co-creator)와 수혜자(Beneficiary)를 세부요소에 추가하였다.

〈표 10-1〉은 여러 기관 또는 연구자들의 비즈니스 모델 캔버스를 이용한 비즈니스 모델의 구성요소를 나타낸 것이다. 연구자들에 따라서 구성요소를 일부 변경하거나 새로운 구성요소를 추가한 형태이며, 주요 요소는 동일하다고 볼 수 있다. 이와 같이 많은 연구자들이 비즈니스 모델 캔버스의 구성요소를 이용하여 사회적 기업 비즈니스 모델을 분석하고자 하였다.

이 중에서 스미스(Smith, 2012)는 사회적 기업을 위해서 2개의 캔버스를 제시하였다. 하나는 수혜자를 위한 것이며, 다른 하나는 기부자를 위한 것이다. 기부자를 위한 캔버스는 오스터왈더(Osterwalder)와 유사하지만, 스미스(Smith)의 경우 기부자에만 초점을 맞추었다. 수혜자를 위한 캔버스는 수익구조 대신에 영향력 측정으로 대체하였다. 본 비즈니스 모델 캔버스 제안은 기부자와 수혜자를 가진 사회적 기업의 논리적 접근을 잘 설명하고 있지만, 하나의 비즈니스 모델에 나타내기가 어려우며, 이해에 혼란이 있을 수 있다. 그렇지만 본 연구들은 사회적 기업은 경제적 가치 측면과 사회적 가치 측면에서 비즈니스 모델의 구성요소가 구분될 수 있음을 다각도로 제시하였다.

표 10-1　사회적 기업을 위해 적용한 비즈니스 모델 캔버스의 비교

비즈니스 캔버스 모델	고객 세분화	가치 제안	채널	고객 관계	수익의 흐름	핵심 자원	핵심 활동	핵심 파트너	비용 구조	추가 블록
오스터왈더 (Osterwalder, 2010) Third-party Funded model	✓	✓	✓	✓	✓	✓	✓	✓	✓	
오스터왈더 (Osterwalder, 2010) 3BL Business model	✓	✓	✓	✓	✓	✓	✓	✓	✓	사회&환경비용, 사회&환경 이익 문제, 영향 및 측정
고그린 포틀랜드 (Gogreen Portland)	✓	✓	✓	✓	✓	✓	✓	✓	✓	
사회적 혁신 랩 (Social Innovation Lab)	수혜자/ 고객	사회적& 고객가치 제안: 영향측정	✓	관계	가치 환류	✓	✓	파트너 + 핵심 주주	✓	흑자
스미스 (Smith, 2012)	수혜자/ 제공자	미션이 제공하는 제공자 중심의 가치제안	✓	✓	영향 분석, 수익의 흐름	✓	✓	✓	✓	
그라베스 (Graves, 2011)	공동 창조자	✓	✓	관계	가치 흐름 환류	✓	✓	✓	가치의 흐름	
요먼& 모스코비츠 (Yeoman and Moskovitz, 2013)	✓	특별한 가치제안	✓	불공평한 이점	재정적 지속 가능성	핵심 매트릭스	해결 방법	문제: 대안	✓	목적: 사회적/ 환경적 혜택

출처: Rahmani((2016) 자료 수정.

표 10-2 사회적 및 포용적 비즈니스 모델 구성요소

영역	구성요소	설명
제안	가치제안	조직이 제공하는 제품과 서비스 번들의 전체 보기
에코시스템	지배모델	이해관계자 간 관계 및 조직의 목표를 관리하는 일련의 프로세스 또는 법률
	가치사슬	특정 산업에서 활동하는 조직의 일련의 활동
	역량	조직의 기술, 지식 또는 능력의 특정 범위
시장	세분시장	조직이 가치를 제공하고자 하는 고객집단
	유통	조직이 고객에게 제품과 서비스를 전달하기 위한 다양한 방법
경제적 특성	수익관리	조직이 돈을 벌어서 관리하는 방식

출처: Michelini and Fiorentino(2012) 자료 수정.

미첼리니와 피오렌티노(Michelini and Fiorentino, 2012)는 사회적 가치를 창출하기 위한 새로운 비즈니스 모델로 사회적 비즈니스 모델과 포용적 비즈니스 모델(Inclusive Business Model)을 제시하면서 크게 네 가지 주 영역과 8개 세부 구성요소를 제시하였다. 포용적 비즈니스 모델은 사회적 약자들을 기업 활동의 주체로 끌어들여 지속가능한 삶의 기회를 주는 모델을 의미한다. 각 비즈니스 모델별 공통점이 있으며, 네 가지 주 영역은 제안(Offer), 에코시스템(Eco-system), 시장(Market), 경제적 특성(Economic Features)이다. 세부적으로 가치제안, 지배모델, 가치사슬, 역량, 파트너 네트워크, 세분시장, 유통, 수익관리이다. 〈표 10-2〉는 이에 대한 구체적인 설명을 나타낸 것이다.

리(Lee, 2015)는 사회적 기업 비즈니스 모델의 정의를 제시함과 동시에 6개 구성요소를 제시하였다. 6개 구성요소는 가치제안(Value Proposition), 법률적 지배구조(Legal and Governance Structure), 시장범위(Market Scope), 네트워크 활동(Networked Activities), 자원(Resources), 지속성(Sustainability)이다. 사회적 기업을 지속시키기 위하여 이들 구성요소들 간 상호작용이 사회적 및 경제적 가치를 창출한다. 6개 구성요소는 다시 2수준인 기본수준(Foundation Level)과 성과수준

그림 10-4 비영리 비즈니스 모델 캔버스

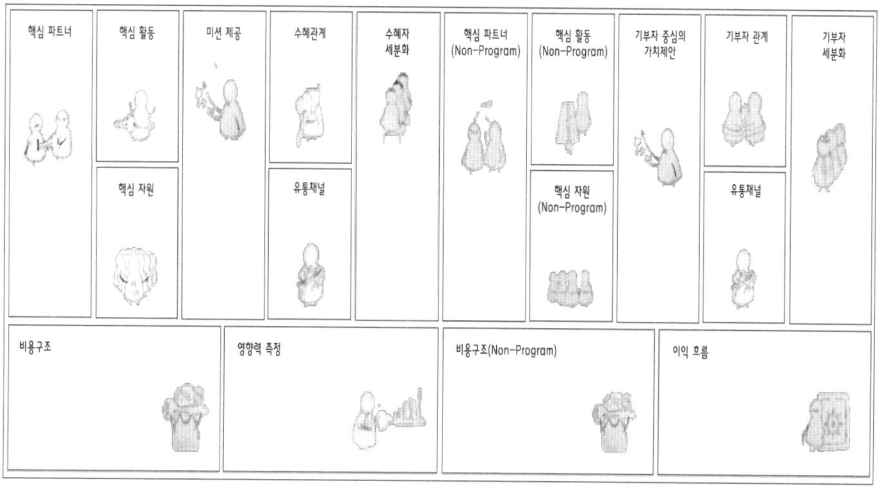

출처: Smith(2012) 자료 수정.

(Performance Level)으로 구분된다. 기본수준은 의사결정에 필수적이며, 경제적 및 사회적 가치 창출, 준비, 전달과 관련된다. 여기에 해당되는 구성요소는 가치제안, 법률적 지배구조, 시장범위, 네트워크 활동이다. 성과수준은 사회적 및 경제적 가치를 획득하는 부분으로 지속적인 경쟁우위 창출과 관련된다. 자원과 지속성이 여기에 해당된다. 〈그림 10-5〉는 이를 나타낸 것이다.

라준영(2010)은 국내 연구자 중에서 사회적 기업의 비즈니스 모델을 체계적으로 제시한 연구자이다. 그는 영리기업의 비즈니스 모델을 수정하여 사회적 기업의 비즈니스 모델 구성요소를 제시하였다. 리처드슨(Richardson, 2008)의 비즈니스 모델 구성요소인 가치제안, 가치창출, 가치확보의 관점에서 사회적 기업의 비즈니스 모델 구성요소를 제시하였다. 비즈니스 모델의 구성요소로 가치제안의 세부 구성요소로 목표고객, 가치제공물, 전략적 포지셔닝을 제시하고, 경제적 가치와 사회적 가치를 구분하였다. 가치창출의 세부 구성요소는 자원과 핵심역량, 내부가치사슬, 외부가치네트워크를 제시하였다. 경제적 가치창출과 사회적 가치

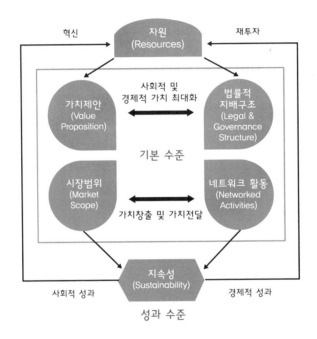

그림 10-5 **사회적 기업 비즈니스 모델 6개 구성요소 및 2수준의 관계**

출처: Lee(2015).

창출 프로세스를 동시에 적용할 수 있도록 하였다. 가치확보는 수익모형과 성장원리를 세부 구성요소로 제시하였다. 성장원리는 사회적 경영 극대화와 사회문제의 근본적인 해결을 추구해야 한다는 점에서 세부 구성요소로 포함되었다.

주상호와 이광순(2016)은 국내 사회적 기업을 중심으로 사회적 기업의 비즈니스 모델 사례를 분석하였다. 이와 같이, 2010년대 이후 여러 연구자들이 사회적 기업의 비즈니스 모델의 구성요소를 분석하기 시작하였다. 영리기업의 비즈니스 모델의 구성요소처럼 어느 정도 합의된 구성요소가 존재하지 않지만, 몇 가지 특징을 다음과 같이 정리할 있다.

첫째, 이들 연구는 기존 영리기업의 비즈니스 모델 구성요소를 기본으로 출발하였다. 많은 경우에서 영리기업의 비즈니스 모델 구성요소가 어느 정도 적용

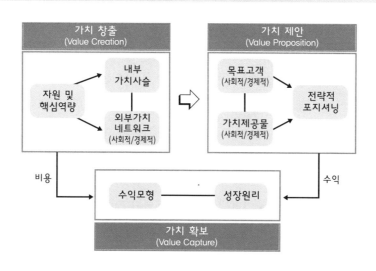

그림 10-6 **사회적 기업 비즈니스 모델 분석틀**

출처: 라준영(2010).

될 수 있음을 알 수 있다.

둘째, 기존의 비즈니스 모델이 경제적 가치만을 중심으로 구성요소를 도출하였다. 반면, 사회적 기업의 비즈니스 모델은 사회적 가치와 경제적 가치를 모두 추구하는 관점에서 비즈니스 모델의 구성요소를 분석하였다.

셋째, 비즈니스 모델의 구성요소별 경제적 가치 추구와 사회적 가치 추구 항목을 분리하여 구성요소를 정의하였다. 일부 구성요소는 경제적 가치와 사회적 가치 추구 활동이 동일할 수 있지만, 많은 경우는 다르게 나타나고 있다.

3 사회적 기업의 비즈니스 모델 유형

사회적 기업의 비즈니스 모델 유형 분류에 대한 연구는 영리기업에 비해서 많지 않다. 영리기업의 비즈니스 모델의 유형은 다양한 산업 및 제품에 따라서 다양하였다. 그렇지만, 산업 및 제품에 따른 사회적 기업의 비즈니스 모델 정의와 유형 분류에 대한 연구는 많지 않다. 앞에서 살펴본 바와 같이 사회적 기업은 사회적 가치와 경제적 가치를 동시에 창출하기 위하여 사회적 프로그램과 시장 메커니즘이 결합한 형태이며, 사회적 기업의 유형은 법적인 조직, 사회적 성과에 따라서 상당히 다양하다. 사회적 기업의 사회적 가치를 추구하는 목표는 동일하지만, 사회적 가치의 종류, 자금조달 방법이 다르므로 다양한 비즈니스 모델이 존재할 수 있다.

알터(Alter, 2007)는 사회적 기업의 비즈니스 모델을 유형화한 최초 연구자라고 할 수 있다(Alter, 2007; 정무성 외, 2011). 그는 운영 측면에서 사회적 기업의 경제적 및 사회적 목표, 사명, 시장의 역동성, 고객의 니즈, 능력, 법적인 환경을 고려하여 사회적 기업의 비즈니스 모델을 분류하였다. 그가 제시한 9가지 운영모델은 기업가지원, 시장중개, 고용, 서비스 이용료, 저소득층 시장, 협동조합, 시장연계, 서비스 보조금, 조직지원 모델이다.

기업가지원 모델은 개인 자영업자나 소규모 기업을 대상으로 사업지원이나 재정적 서비스를 판매하는 형태의 운영모델이다. 기업가지원 모델을 채택하는 사회적 기업이 제품이나 서비스를 일반 시장에 직접 파는 것이 아니라, 이들은 특정 집단에게 기업가적 활동을 지원하는 역할을 수행한다.

시장중개 모델은 개인이나 기업 등이 시장에 쉽게 접근할 수 있도록 서비스를 제공하는 것이다. 특정집단이 만든 상품을 구매하고 그 상품을 시장에 팔아 판매수익을 남기는 것으로 취약계층의 재정자립에 기여할 수 있다. 이는 주로 농업, 임업 등의 협동조합 형태에서 많이 나타나는 모델이다.

고용 모델은 노숙인, 장애인, 비행청소년 등과 같이 고용이 어려운 취약계층에서 고용기회와 직업훈련을 제공하는 것이다. 본 모델은 특정집단에게 고용기회를 단순히 제공할 수 있지만, 교육훈련, 심리상담과 같은 사회서비스를 제공하는 것도 포함할 수 있다.

서비스 이용료 모델은 사회서비스를 상품화하고, 개인, 기업, 지역사회 등 이용료 지불자 집단에게 직접적으로 서비스를 판매하는 것이다. 본 모델은 사회서비스 제공형 비영리 조직에서 일반적으로 사용되고 있는 운영 모델이다.

저소득층 시장 모델은 서비스 이용료 모델의 또 다른 한 형태로, 특정한 취약계층에게 특정 제품이나 서비스를 파는 것이다. 본 모델은 특정집단의 건강, 교육, 삶의 질이나 기회를 증진시키는 제품이나 서비스를 제공한다.

협동조합 모델은 시장정보, 기술지원, 집단판매, 대량구매, 조합원 생산품이나 서비스를 위한 외부시장 접근성 지원 등 조합 서비스를 받는 조합원들에게 직접적인 이익을 주는 모델이다.

시장연계 모델은 자영업자, 소상공인, 중소기업, 협동조합과 같은 특정집단과 외부시장과의 거래관계를 촉진시켜주는 역할을 하는 것이다. 본 모델은 소비자에게 상품을 연결하는 중개자 역할을 의미하며, 서비스에 대한 요금이 주 수익이다.

서비스 보조금 모델은 외부시장에 상품과 서비스를 팔고 이 때 발생한 수익을 취약계층에게 사회서비스를 제공하기 위해서 투자하는 것이다.

마지막으로 조직지원 모델은 비즈니스 활동과 사회서비스 프로그램이 외부에 있으며, 완전히 분리되어 있다. 사회적 기업 활동의 수익은 사회서비스 프로그램을 위한 펀딩이나 운영비를 제공하는 역할을 한다. 비영리단체에 의해서 소유되는 영리적인 비즈니스 활동으로 조직이 구성된다. 서비스 보조금 모델과 유사하다.

알터(Alter, 2007)는 사회적 기업에 비즈니스 모델의 개념을 최초로 도입하였지만, 영리기업에서 말하는 비즈니스 모델과 차이가 있다.그가 제시한 비즈니스 모델은 다양한 형태의 사회적 기업의 운영 형태를 모형화한 것이라고 할 수 있다. 운영모델은 영리기업의 지속적인 성과창출을 위한 방법 또는 성과 차이를 설명하기 비즈니스 모델과는 엄밀한 의미에서 다르다.

오스터왈더와 피그니어(Osterwalder and Pigneur, 2010)는 비즈니스 모델의 구성요소와 더불어 사회적 기업의 비즈니스 모델을 유형화하였다. 그가 제시한 비즈니스 모델 유형은 제3자 펀딩(Third-party funded) 모델과 트리플 바텀라인(Triple-bottom line) 모델이다. 제3자 펀딩 모델은 교육, 요양 등 제품과 서비스 수혜자가 비용을 지불하지 않고, 제3자가 비용을 대신 지불히는 구조이다. 대표적으로 기부나 정부 보조금 등이 제3자 지불방식에 해당한다. 기부자 등은 사회적 미션을 수행하는 조직에게 비용을 지불하며, 비용지불에 대한 댓가로 직접적인 경제적 혜택을 바라는 경우는 거의 없다. 트리플 바텀라인 모델은 트리플 바텀라인 정의에서 출발하였다. 트리플 바텀라인이란 기업이 경제적으로 생존 가능하고, 건전한 환경과 사회적 책임이 있도록 조화로운 노력을 하는 상황이다. 트리플 바텀라인 모델은 트리플 바텀라인 관련 가치사슬 활동을 포함하기 위하여 2가지 구성요소를 추가하였다. 기존 9개 구성요소에 사회/환경적 비용과 사회/환경적 혜택을 포함하였다. 본 모델은 부정적인 사회 및 환경적 요인을 최소화하고 긍정적인 사회 및 환경적 혜택을 극대화하면서 지속적인 유지가 가능하다.

미첼리니와 피오렌티노(Michelini and Fiorentino, 2012) 사회적 기업의 비즈니스 모델을 사회적(Social) 비즈니스 모델과 포용적(Inclusive) 비즈니스 모델로 구분하였다. 사회적 비즈니스 모델은 수익과 이익을 창출하는 방법이 일반적인 기업의 형태와 동일한 형태이며, 저소득층에서 싼 가격으로 재화와 서비스를 공급하는 것이다. 그렇지만, 경제적 관점에서 지배구조를 장기적으로 유지하는데 어려움이 있다. 반면, 포용적 비즈니스 모델은 바텀라인 이론에 기반하여 주로 고용을 바탕으로 취약계층이 수익을 창출하게끔 지원하는 것으로 트리플바텀라인 모델과 유사하다. 우리나라 사회적 기업에서는 일자리 창출형 사회적 기업과 유사하다.

여러 연구자들의 사회적 기업 비즈니스 모델의 유형 분류에 대한 연구를 살펴보면 몇 가지 특징이 있다.

첫째, 사회적 기업의 비즈니스 모델 유형 분류는 아직 영리기업의 비즈니스 유형 분류에 비해서 연구가 많이 진행되지 않았다.

둘째, 비즈니스 모델의 유형 분류 목적은 현재 운영되고 있는 사회적 기업의 운영 형태를 설명하기 위한 것이다. 지속적인 성과창출을 위한 비즈니스 모델의 유형에 대한 연구는 많지 않다.

셋째, 다양한 사회적 기업의 성과 차이를 설명할 수 있는 비즈니스 모델 유형화에 대한 연구가 거의 전무한 실정이다. 사회적 목적 유형별 사회적 기업의 비즈니스 모델을 유형화할 필요가 있다.

표 10-3 사회적 및 포용적 비즈니스 모델의 편익과 위험

구분		특징
사회적 비즈니스 모델	편익	• 신규시장에 접근 • 생산 및 유통의 지역 네트워크에 대한 접근 • 지방단체 및 정부와의 긍정적 관계 • 새로운 기술 획득 • CSR 개발
	위험	• 공공재의 사유화 • 경제적 관점에서 지배구조의 장기적 유지의 어려움
포용적 비즈니스 모델	편익	• 이익 증대 • 신규 시장으로의 진입 • 원자재 및 품질관리의 유효성 • 저렴한 생산비용 • 지방단체 및 정부와의 긍정적 관계 • CSR 개발
	위험	• 이행비용 • 공급사슬 관리의 어려움 • 수익성이 없는 시장과 사회적 불안정성

출처: Michelini, Fiorentino(2012) 자료 수정.

사회적 기업의 비즈니스 모델 사례 분석

본 파트에서는 우리나라 19개 사회적 기업의 실제 사례를 이용하여 비즈니스 모델을 분석해 보고자 한다. 먼저, 우리나라에서 대표적인 사회적 기업의 비즈니스 모델을 법적 및 사회적 목적 유형에 따라서 분석함으로써 사회적 기업가가 벤치마킹할수 있는 지속가능한 비즈니스 모델을 제시할 수 있을 것으로 기대된다.

사례 분석 개요

1 분석 대상

본 사례 분석은 다양한 형태로 나타나는 우리나라 사회적 기업의 비즈니스 모델을 분석한 후 유형화함으로써 지속적으로 경쟁우위를 창출할 수 있는 비즈니스 모델을 제시하고자 한다. 이를 통해서 사회적 기업을 설립하고자 하는 예비 사회적 기업가나 설립 후 사회적 기업을 운영하고 있는 경영자들에게 시사점을 제공할 수 있다. 구체적으로 사회적 기업을 법인유형별 혹은 사회적 목적 유형별로 분류한 후 공통된 비즈니스 모델이나 유사한 특징을 갖는지 알아보는 것이다. 본 분석은 2017년 12월 기준 1,877개의 사회적 기업을 법인·사회적 목적 유형으로 세분화하여 각각의 유형에 해당하는 대표 사회적 기업을 선정하여 조사하기로 하였다. 이에 따라 세분화된 목록과 유형별 건수는 〈표 11-1〉과 같다.[1]

---

1 법인·사회적 목적 유형별 세분화한 건수는 저자가 자체 분석한 것으로 타기관 또는 연구자와 다를 수 있다.

표 11-1 사회적 기업 법인 · 사회적 목적 유형별 세분화 결과

	일자리 제공형	사회서비스 제공형	혼합형	지역사회 공헌형	기타형	계
상법상법인	818	65	93	31	106	1,113
민법상법인	141	22	44	9	43	259
사회복지법인	74	2	3	0	0	79
비영리 민간단체	32	9	21	2	29	93
협동조합 및 기타	221	19	16	48	29	333
계	1,286	117	177	90	207	1,877

세분화된 사회적 기업 목록 중 조건에 맞는 자료가 없는 사회복지법인의 지역사회 공헌형과 유형화가 어려울 것으로 예상되는 기타형을 제외하고, 실제 조사할 사례기업 선정을 위해 다음과 같은 요건을 설정하였다.

한국사회적기업진흥원에 경영공시자료를 게시한 기업, 자체 운영하는 공식

표 11-2 사회적 기업의 법인 · 사회적 목적 유형별 분석 대상

	일자리 제공형	사회서비스 제공형	혼합형	지역사회 공헌형
상법상법인	㈜포스코휴먼스	㈜행복더하기	㈜동부케어	㈜대가야 체험캠프
민법상법인	(사)장애인권익 문제연구소 리드릭	(재)행복한 학교재단	(재)다솜이재단	(사)백제문화원
비영리 민간단체	뉴시니어라이프	유시스 커뮤니케이션	오가니제이션 요리	농촌살림연구소
사회복지법인	사회복지법인 평화의 마을	사회복지법인 빛과소금복지재단	사회복지법인 노인낙원 효도사업단	–
협동조합 및 기타	원주노인소비자 생활협동조합	사회적 협동조합 홀더맘 심리언어발달센터	시흥희망의료복지 사회적협동조합	샌드르 영농조합법인

홈페이지가 존재하여 경영활동 내용 및 정보를 확인하기 용이하며 업데이트가 지속적으로 이루어지는 기업, 설립된 지 최소 5년 이상 지난 기업으로 계속적으로 사업활동을 하고 있는 기업, 기타 뉴스기사 등으로 보도되어 2차 자료를 접하기 용이한 기업을 중심으로 사례대상을 선정하였다.

앞의 요건에 따라 선정된 기업은 총 19개로 〈표 11-2〉와 같이 나타났다.

② 분석 방법

분석 방법은 각 개별기업의 경영공시자료, 사업보고서, 뉴스기사 등 2차 자료를 토대로 사회적 기업의 비즈니스 모델을 분석하였다. 본 연구를 위한 비즈니스 모델의 구성요소를 다음과 같이 구체화하였다.

첫째, 비즈니스 모델의 구성요소에서 여러 연구자들이 제시한 것처럼 기업 수준의 활동보다 가치 관점에서 구성요소를 도출하였다. 가치 관점에서 크게 가치제안, 가치창출, 가치전달, 가치협력 4가지로 구분하고자 한다. 영리기업의 비즈니스 모델은 파트너를 통한 가치협력을 가치창출에 포함시켜서 분석하지만, 본 연구에서는 이를 구분하여 진행하였다. 사회적 기업은 영리기업과 달리 외부협력을 상당히 중요시 여기고 있으며, 대다수 사회적 기업은 파트너십을 구축하고 있기 때문이다.

둘째, 가치 관점별 세부 구성요소는 비즈니스 모델 캔버스의 구성요소를 참조하여 수정하였다. 가치제안의 세부 구성요소로는 가치제공물로 구성될 수 있다. 가치제공물은 궁극적으로 제공하고자 하는 가치를 포함하는 재화나 서비스를 의미한다. 가치창출의 세부 구성요소는 자원과 능력, 활동이다. 사회적 기업은 사회적 가치와 경제적 가치를 창출하기 위해서 기업이 가진 자원과 능력을 바탕으로 가치제공물을 생산하기 위한 경영활동을 하게 된다. 가치전달의 구성요소는 고객이다. 타 연구에서는 고객관계와 유통 등을 포함하고 있지만, 본 요소들은 고객과 밀접한 관련이 있으며, 사회적 기업에서 치별회된 분석이 쉽지 않기 때문에 고객에 포함시켜서 단순화하여 분석하고자 한다. 가치협력의 세부 구성요소는 외부기관, 지방자치단체, 기업 등과 파트너십을 의미한다. 기존 연구에서는 파트너십을 가치창출에 포함시켰지만, 사회적 기업의 파트너십은 가치창출, 가치제안, 가치전달에 모두 연관되어 있으며, 상당히 중요하다. 기존 비즈니스 모델에서 분석한 가치획득은 수익모델과 비용구조로 구분될 수 있다. 우리나라 사회적 기업은 모두 인증 사회적 기업으로, 법적으로 경제적 활동을 통해서 수익을 창출하고 정부보조금 및 기부금 등을 받는 형태이다. 비용구조는 경제적 활동 및 사회적 가치창출 활동을 하는데 소요되는 인건비 등이다. 가치획득은 가치창출, 가치제안, 가치전달을 통해서 얻게 되는 이익이나 비용으로 분석 및 차별화가 쉽지 않아서 제외하였다. 본 사례분석에서 사용되는 사회적 기업의 비즈니스 모델 세부 구성요소를 정리하면 가치제공물, 자원과 능력, 활동, 고객, 파트너십 5개이다.

셋째, 사회적 기업 비즈니스 모델의 세부 구성요소별 하위 요인은 경제적 가치, 사회적 가치 또는 경제적·사회적 가치 동시 추구 활동 항목으로 구분하였다. 일부 연구자들은 사회적 가치창출과 경제적 가치창출의 비즈니스 모델을 완전히 분리하였다. 또한, 일부 연구자들은 비즈니스 모델의 일부 구성요소만 분리하였다. 본 연구에서는 비즈니스 모델을 통합하여 세부 구성요소별 하위 요인으로 경제적·사회적 가치, 경제적 가치, 사회적 가치 요인으로 구분하였다. 기업에 따라서 경제적 가치·사회적 가치 요인을 통합하여 운영하는 조직이 있는 반면, 분리하여 운영하는 조직이 있을 수 있기 때문이다.

넷째, 비즈니스 모델 세부 구성요소별로 분석한 경제적·사회적 가치 동시 추구, 경제적 가치, 사회적 가치 요인을 강한 연결성 또는 보통 연결성으로 연결하여 전체 흐름을 한 눈에 파악하게끔 분석하였다. 일부 기업은 사회적 가치와 경제적 가치의 하부 요인이 서로 분리된 형태로 강한 연결성이 존재한다. 반면, 일부 기업은 경제적·사회적 가치 동시 추구 활동에 강한 연결성이 존재하지만, 사회적 가치 활동과 경제적 가치 활동에 보통 연결성이 존재하는 등 다양한 형태로 나타나고 있다.

〈표 11-3〉은 비즈니스 모델의 가치구분을 바탕으로 세부 구성요소별 사회적 가치와 경제적 가치를 분석할 때 사용한 주요 질문 내용이다.

표 11-3 비즈니스 모델 구성요소 및 주요 질문 내용

가치구분	구성요소	사회적 가치	경제적 가치
가치제안	가치제공물	• 사회적 혜택을 위해서 제공되는 제품이나 서비스는 무엇인가? • 사회적 혜택을 위해서 제공되는 제품이나 서비스의 가치는 무엇인가?	• 경제적 가치를 창출하기 위해서 고객에게 전달되는 제품과 서비스는 무엇인가? • 고객에게 전달되는 제품이나 서비스의 가치는 무엇인가?
가치창출	자원과 능력	• 사회적 가치를 위한 자원과 능력은 무엇인가? • 사회적 가치를 위해서 차별화된 자원과 능력은 무엇인가?	• 경제적 가치를 위한 자원과 능력은 무엇인가? • 경제적 가치를 위해서 차별화된 자원과 능력은 무엇인가?
	활동	• 사회적 가치를 위해서 수행하는 내부적인 활동은 무엇인가?	• 경제적 가치를 위해서 수행하는 내부적인 활동은 무엇인가?
가치전달	고객	• 누가 사회적으로 혜택을 받는가? • 사회적 혜택을 누리는 취약계층에게 접근하는 방법은 무엇인가?	• 금전적으로 지불할 능력이 있는 우리의 고객은 누구인가? • 고객과의 관계는 어떠한가?
가치협력	파트너십	• 사회적 가치를 창출하기 위해서 누구랑 협력하는가?	• 경제적 가치를 창출하기 위해서 협력하는 파트너는 있는가?

사회적 기업 유형별
비즈니스 모델 분석

1 상법상법인의 비즈니스 모델 분석

(1) (주)포스코휴먼스

1) 기업현황

포스코휴먼스는 국내 1호 자회사형 장애인 표준사업장으로 장애인에게 양질의 일자리를 제공하기 위해 2007년 12월 1일 설립된 사회적 기업이다. 기업 전체 근로자의 50% 내외가 취약계층이며 특히 지체, 지적, 시각, 청각 등 여러 유형의 장애인 200여명을 고용하고 있다. 또한 지속적으로 장애인의 고용을 창출하고 고용한 장애직원이 불편함 없이 회사 생활을 잘 할 수 있도록 다양한 지원 사업을 진행하고 있는 것이 특징이다.

본 회사는 자립형 사회적 기업인 (구)포스에코하우징과 장애인 표준 사업장, (구)포스워드가 합병한 회사로, 포스코가 보유하고 있는 철강관련 기술과 경영 노하우를 전수받아 사업을 수행하고 있다. 사업부문은 스틸하우스 및 철골조 건축시공, 태양광구조체를 전문으로 하는 스틸앤건축사업 부문과 포스코의 인

그림 12-1 (주)포스코휴먼스의 스틸하우스 단지 모습

출처: 포스코휴먼스.

사·노무·후생·총무 등 사무업무 지원, 세탁서비스, IT지원 등의 서비스를 담당하는 위드플러스 부문으로 이루어져 있다. 이는 본 회사의 안정적인 주 수입원으로서, 서비스 부문은 2016년 기준 매출액 약 180억 원을 달성하였고 제조 및 건설 부문은 약 150억 원으로 총 약 340억 원을 기록하였다.

　포스코휴먼스는 수익의 대부분을 다시 사회로 환원하고 있다. 사회공헌활동을 보다 체계적이고 폭넓게 실현하는 것은 물론, 취약계층 고용의 사회적 기업과 장애인 표준사업장이라는 정부 정책을 실천하고 전문성 강화를 위한 연구개발에도 지속적인 투자를 하고 있다.

2) 비즈니스 모델 구성요소 분석

① 자원과 능력

포스코휴먼스는 경제적·사회적 가치 요인에서 동일한 자원과 능력을 기반으로 한다. 본 회사는 취약계층의 고용을 통해서 경제적 가치를 실현하고 있다. 위드플러스 부문과 스틸앤건축사업 부문으로 나뉘는 본 회사는 포항, 광양, 서울에 각각의 서비스 그룹을 두고 근로자를 배치하고 있다. 20개가 넘는 특허, 대기업으로 전수받은 경영노하우와 장애인 등 취약계층을 포함한 근로자가 이들의 자원과 능력이다.

② 활동

본 회사의 활동은 크게 경제적 활동과 사회적 활동으로 나누어 살펴볼 수 있다. 먼저 포스코 계열사와의 적극적인 연계를 통하여 사무 및 IT 지원 서비스, 세탁, 스틸하우스 건축, 태양광전용하지구조물 제작 등의 주요 경제적 가치 활동을 진행하고 있다.

또한 본 회사는 일자리 제공형 사회적 기업이지만, 다양한 사회적 가치 추구 활동을 하고 있다. 대학 및 유관기관과 긴밀한 협력을 통한 행복주택사업을 진행하고 낙후지역의 주거를 개선하고 있으며 이와 더불어 프로보노 사회서비스, 재능기부, 지역사회 공헌활동, 어린이집 건립 사업 등 다양한 사회적 활동을 펼치고 있다. 이 밖에도 본 회사의 해당 직원과 회사의 고유 인프라를 활용한 재능기부를 바탕으로 지역 장애인 생활시설의 이불세탁, 저소득층의 집수리 봉사활동, 동호회와 연계한 소외계층 대상 무료공연 등을 통해 취약계층의 삶의 질 향상에 기여하고 있다.

③ 가치제공물

포스코휴먼스가 제공하는 가치제공물은 경제적 가치제공물과 사회적 가치제공물로 구분하여 분석할 수 있다.

먼저, 경제적 가치제공물로는 크게 두 가지로 구분할 수 있다. 첫째는 전문적인 사무 및 기술 지원 서비스이며, 둘째는 건설 및 구조물 설치 등이다. 구체적으로 살펴보면 본 회사는 포스코 및 계열사 직원을 대상으로 인사·노무·후생·총무 등 사무 부문에 대해 전문 서비스 및 세탁 서비스를 제공하고 있으며, 회사 내외 직원 및 업체 고객들을 대상으로 정보통신 관련 각종 자문과 사용법 등의 서비스를 제공하고 있다. 또한 포스코와 연계를 통해 뛰어난 기술력을 바탕으로 스틸하우스 등 종합 건설과 태양광 전용하지구조물 설치를 수행하고 있다.

반면 본 회사의 대표적인 사회적 가치제공물로는 취약계층과 지역민을 대상으로 한 일자리 제공을 들 수 있다. 본 회사는 사무 및 IT 기술 지원 서비스 부문과 건축 및 도소매업 부문 등 전반적인 사업영역에서 취약계층을 고용하고 있다. 고용방법은 건설 사업과 서비스 부문에서 취약계층과 지역주민을 우선적으로 채용하는 방식을 활용하고 있다. 이외에도 사회공헌활동으로 재능기부와 봉사활동 매칭 및 1% 나눔사업을 추진하고 있으며 지방자치단체와 주관하여 소외계층을 위한 주거개선 사업(행복주택, 사랑의 집짓기 등)도 꾸준히 진행 중에 있다.

④ 고객

본 회사의 서비스를 제공받는 대상은 기업, 지역주민, 장애인 및 고령자와 같은 사회적 취약계층 등으로 다양하다. 그 중 포스코 계열사 및 자사의 서비스 지원이 필요한 기업은 경제적 가치 측면에서 본 회사의 주 고객층에 해당한다.

반면 본 회사의 고용대상이 되는 장애인 및 고령자, 저소득자 등의 취약계층과 본 회사에서 제공하는 다양한 봉사활동의 혜택을 받는 불특정 취약계층 및 지역주민은 본 회사의 사회적 가치 측면에서의 고객에 해당한다.

⑤ 파트너

포스코휴먼스가 협력하는 파트너는 경제적 가치와 사회적 가치에 따라 달라지는 양상을 보인다.

포스코 계열사는 본 회사의 경제적 가치 창출을 위한 대표적인 파트너이다. 본 회사는 포스코 계열 또는 관계 기업인 철강, 건설, ICT, 에너지 등과 함께 사업을 연계하며 이들의 노하우와 역량을 바탕으로 사업을 진행하고 있다.

한편 본 회사는 대학 및 유관 기업들과의 업무협약을 통하여 사회적 가치 창출을 도모하고 있다. 주요 사업으로는 재능기부, 무료공연, 무료급식, 학습보조와 같은 사회공헌활동이 있으며 전국경제인연합회, 포항시 등 지방자치단체와 함께 주관하여 사회공헌사업도 적극 추진하고 있다.

3) 비즈니스 모델의 경쟁력 평가

포스코휴먼스는 일자리 제공형 사회적 기업으로 상법상법인 형태이다. 본 회사는 포스코 계열 자회사 등을 대상으로 사무지원 및 세탁, 통신교환업무를 하는 위드플러스 부문과 강건재, 스틸하우스 제작 및 시공을 하는 스틸앤건축사업 부문으로 두 가지의 수익사업을 하고 있다. 동시에 해당 사업의 일자리에서 전체 근로자의 50% 이상을 장애인 등 취약계층에서 고용하고 있거나 고용하기 위해서 노력하고 있는 기업이다.

〈그림 12-2〉는 포스코휴먼스의 비즈니스 모델을 종합적으로 정리하였다. 본 회사는 일반 기업을 대상으로 재화와 서비스를 판매하는 경제적 가치 추구

그림 12-2 (주)포스코휴먼스의 비즈니스 모델

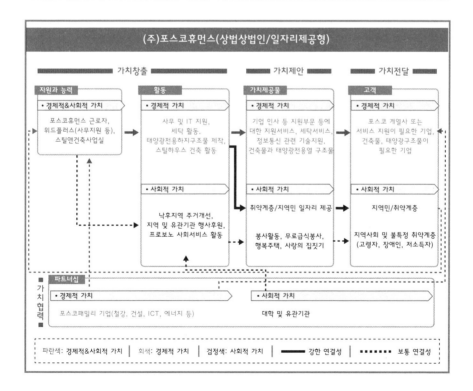

활동과 취약계층에게 일자리를 제공하는 사회적 가치를 추구하는 활동이 주 하위요소로 구성되어 있음을 알 수 있다.

본 비즈니스 모델에서 포스코휴먼스가 경쟁력을 가지는 부분은 가치제공물과 파트너십 두 가지 측면에서 살펴볼 수 있다. 첫째, 본 회사는 일자리 제공형 모델이고 사회적 가치제공물에서 높은 경쟁력을 가진다. 장애인과 취약계층을 사무지원 및 세탁부문뿐만 아니라 건축 및 설계사업 부문에 우선 채용하고 있으며 근로자가 많이 필요한 사업영역에 취약계층을 적극 고용하고 있기 때문이다. 이는 포스코 계열사와 연계하여 사전안전교육과 역량교육, 안전한 근무환경을 조성하고 있다는 점과 더불어 높은 모방 불가능성과 상대적 우수성을 보이고 있다. 이에 따라 본 회사는 2016년에 한국장애인고용공단으로부터 장애인우수사업자 중 하나로 선정되었다.

둘째, 본 회사는 파트너십에 경쟁력이 있다. 파트너십으로 연계되고 있는 포스코 계열사와 기타 대학 및 유관기관은 해당 사업 영역을 수행하기에 높은 전략적 중요도를 보이고 있다. 일반적인 영리기업이 지속적이면서 안정적인 수익을 추구할 수 있는 대기업을 고객으로 갖는 것은 일반적으로 쉽지 않다. 또한, 포스코 계열사와 연계해 교육 및 건설 사업을 진행하고 있으며 지방자치단체와 사회공헌 활동을 주최한다는 점에서 상대적 우수성을 높게 평가할 수 있다.

(2) (주)행복더하기

1) 기업현황

파주시 금능동에 위치한 행복더하기는 파주시 인정 자활기업으로 지역주민의 자립 기반을 확립하기 위해 종합 돌봄서비스를 제공하는 사회서비스형 사회적 기업이다. 파주시는 취약계층 및 고령자 인구가 많으며, 노인이나 장애인이 있는 가구가 많아서 여성근로자들이 정상적으로 근무하기 어려움이 있다. 행복더하기는 여성근로자들의 안정적 고용을 보장하고자 돌봄서비스를 제공하기 위하여 설립되었다. 본 회사는 2012년 파주시인정자활기업으로 설립하였으며, 2015년 사회적 기업으로 인정받았다. 취약계층의 근로 능력 향상을 위하여 다양한 취업

전문교육을 제공할 뿐만 아니라, 노인과 장애인 등 취약계층에 대한 종합 돌봄서비스를 제공함으로써 일자리를 확충하고 지역주민이 삶의 질을 높이는 것이 목적이다.

본 회사의 주 사업으로는 취약계층의 근로능력향상을 위한 다양한 취업전문교육과 노인, 장애우 등 취약계층에게 제공하는 노인돌봄 종합서비스, 병원간병서비스, 장애인 맞춤형운동서비스 등의 종합 돌봄서비스가 있다. 또한 사회환원사업으로 지역의 소외된 계층을 위해 무료 돌봄, 무료 목욕쿠폰 등의 무상 프로그램을 진행하며 이·미용 봉사 등의 폭넓은 봉사활동을 전개하고 있다.

2016년 기준, 행복더하기의 총 매출액은 약 18억 원으로 대부분 장애인활동 지원서비스를 통해 큰 수익을 내고 있으며, 장기요양수입을 통해서도 3억 원의 매출을 기록하였다. 2017년에는 25억 원의 매출을 올렸으며, 재활·운동·돌봄 프로그램, 전문요양사 교육 프로그램과 위탁운영을 통해 수익을 창출한다(고양파주시민연합뉴스, 2017). 또한 본 회사는 영업수익 이외에 국가로부터 전문인력, 사회보험료, 기타비용에 대한 정부지원금을 받아 운영되고 있다.

2) 비즈니스 모델 구성요소 분석

① 자원과 능력

행복더하기는 2015년 공시기준으로 일반인 근로자 61명, 취약계층 근로자 68명으로 총 129명이 근무하고 있다. 취약계층의 유형은 저소득자 19명, 고령자 48명, 그 밖의 취약계층이 1명이다. 본 회사는 취약계층뿐만 아니라, 전문요양보호사의 고용을 통해서 보건 및 간병가사의 사회서비스를 제공하고 있다.

② 활동

행복더하기의 활동은 노인과 장애인 등 취약계층을 대상으로 간병, 돌봄 및 가사지원 등 다양한 사회서비스를 제공하기 때문에 경제적·사회적 가치를 동시에 충족시키고 있다.

먼저, 본 회사는 노인을 대상으로 홀로 활동하기 어려운 그들의 일상적인 행동이나 가사를 지원하는 등의 장기요양 서비스와 정서적 어려움을 갖고 있는 노인들을 위한 노인맞춤형 정서지원 서비스를 제공하는 활동을 하고 있

그림 12-3   (주)행복더하기의 원예치료 및 미술치료

출처: 행복더하기.

다. 또한 등급 외 노인을 대상으로 한 노인돌봄 종합서비스를 제공하는 활동도 함께 운영하고 있다. 이때 각 프로그램마다 대상자와 본인부담금은 상이하며, 지불 능력이 없는 일부 대상에 한해서는 기업 측면에서 일정 급여를 제공하기도 한다.

반면 장애인을 대상으로 한 서비스 활동으로는 언어치료, 미술치료, 인지치료 등 장애인 발달 재활과 맞춤형 운동, 체육교실 등 다양한 재활·운동·돌봄 프로그램이 있다. 그밖에 가사·간병 방문관리사 지원 및 간병서비스 활동을 하고 있다. 일부 서비스 활동은 기초수급자에 한해서 무료로 제공되고 있다.

③ 가치제공물

본 회사의 가치제공물은 경제적 가치와 사회적 가치를 동시에 갖춘 경제적·사회적 가치제공물과 사회적 가치만을 제공하는 사회적 가치제공물로 구분할 수 있다.

먼저 경제적·사회적 가치를 동시에 제공하는 가치제공물로는 노인 및 장애인 등 취약계층을 대상으로 제공하는 종합적인 돌봄서비스 및 간병서비스 등의 휴먼케어와 노인들의 삶의 질 증진을 돕는 노인맞춤형 정서지원, 체육교실 운영이 있다.

사회적 가치제공물로는 본 회사가 고령자, 장애인 등의 취약계층에게 제공하는 무료 돌봄서비스, 무료 목욕쿠폰, 무료 차량목욕서비스, 이·미용 등이 있다. 무료 돌봄서비스는 취약계층 중 제도권의 서비스를 제공받지 못하거나 긴급 돌봄이 필요한 대상자에게 무료로 돌봄서비스를 제공하는 것이고, 무료 목욕쿠폰제공서비스는 취약계층 중 거동이 가능한 대상자에게 목욕쿠폰을 제공하는 것이다. 그 외에도 무료 차량목욕서비스는 취약계층 중 거동이 불편한 대상자의 가정을 방문하여 목욕차량 또는 가정에서 목욕서비스를 제공한다. 일부 대상자에게는 일정 부분 본인부담금이 있는 경우가 있다.

④ 고객

행복더하기의 경제적 및 사회적 가치를 동시에 창출하기 위한 주요 고객은 장기적으로 유상의 돌봄이 필요한 노인과 장애인 등의 취약계층이다. 장기요양이 필요한 노인(1~5등급)이나 기타 노인 돌봄이 필요한 고령자는 노인요양·돌봄의 목표 고객이며 청각, 언어, 지적, 자폐성, 뇌병변 등의 장애를 앓고 있는 장애인들은 장애인 종합서비스의 목표 고객이다.

반면 본 회사의 사회적 가치 창출 고객은 동일한 사회서비스를 유상으로 공급받기에는 경제적으로 어려워 무상으로 공급받는 기초수급자격을 가진 노인, 장애인, 한부모가정 등의 취약계층이라 할 수 있다.

⑤ 파트너

행복더하기는 사회서비스를 제공하기 위해 주 지역네트워크인 파주시 문산종합사회복지관, 파주시정신건강증진센터, 파주시일자리지원센터, 파주지역자활센터 등과 협력하여 경제적 및 사회적 가치 창출을 모색하고 있다. 그 밖에도 함께하는우리, 메디인병원, (유)온케어경기 등 총 10개 이상의 파트너와 업무협약을 맺고 있다. 본 회사는 지역사회와의 연계를 강화하고 다양한 파트너십 구축을 위해서 지속적으로 노력하고 있다.

3) 비즈니스 모델의 경쟁력 평가

행복더하기의 주요 사업은 노인돌봄사업과 장애인 종합서비스이며, 노인/장애인 등 사회적 취약계층을 대상으로 활동을 하므로 서비스의 유료 및 무료 여부에 관계없이 경제적 · 사회적 가치를 만족시킨다.

〈그림 12-4〉는 행복더하기의 비즈니스 모델을 종합적으로 정리하였다. 본 회사는 사회서비스 제공을 통해서 사회적 · 경제적 가치를 동시에 추구하는 활동과 사회서비스를 통해서 사회적 가치를 추구하는 활동이 주 하위요소로 구성되어 있음을 알 수 있다.

본 비즈니스 모델에서 행복더하기가 경쟁력을 가지는 부분은 가치제공물과

그림 12-4 (주)행복더하기의 비즈니스 모델

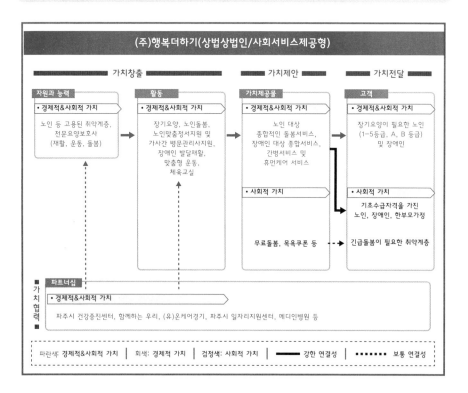

파트너십 두 가지 측면에서 살펴볼 수 있다. 첫째, 본 회사는 사회서비스 제공형 모델로 경제적·사회적 가치를 동시에 창출하는 가치제공물이 높은 경쟁력을 가진다. 본 회사가 제공하는 사회서비스는 기본적으로 일반 이용자와 특정 취약계층(무료 이용자)에게 동일하며, 사회서비스 제공의 필요성이 지속적으로 증대되고 있다. 무료돌봄은 노인종합 돌봄서비스 과정에 포함되는 것이므로 전체적인 가치제공물은 같다고 볼 수 있다. 동일한 가치제공물을 공급하면서 사회적 가치와 경제적 가치를 동시에 추구할 수 있다는 특징이 있다.

둘째, 본 회사의 경쟁력은 파트너십이라 할 수 있다. 사회서비스를 효율적으로 제공하기 위해 적절한 파트너십을 가지고 있는 것이 강점이다. 여러 파트너와 업무협약을 맺고 있는데, 파주시인정 자활기업인 만큼 파주시와 연계한 일자리, 건강관련 파트너십을 맺고 있다. 또한, 프로그램 운영에 도움이 되는 단체들과의 협약으로 효율적으로 가치를 제공하고 있다.

(3) (주)동부케어

1) 기업현황

동부케어는 출산율 저하로 인한 핵가족화와 고령 사회로의 진입이 급속도로 진행됨에 따라, 이러한 시대적 변화에 부응하기 위해 설립된 혼합형 사회적 기업이다. 본 회사는 출산에서 장례까지 마을단위 종합 돌봄서비스 실현을 통해 신생아, 산모, 어린이, 장애인, 치매·중풍 고령자에 이르기까지 고객 맞춤형 종합 사회복지 서비스를 제공하는 동시에 취약계층의 일자리 창출은 물론 지역사회 발전에 기여하는 것을 목적으로 한다.

2008년부터 노인 장기요양서비스 기관을 화성, 평택, 용인, 오산지역에 설치하여 운영해 왔고, 2015년에는 경기도 일자리 우수기업 및 경기도 여성고용 우수기업에 선정되었다. 2016년에는 SK 사회성과 인센티브 어워드를 수상하였다. 2020년까지 복지서비스 업계 1위, 프랜차이즈 1,000개 확보를 목표로 하고 있다.

동부케어는 2016년 기준으로 약 40.7억 원의 매출액, 1.1억 원의 영업이익을 달성하였다. 본 회사의 주요 수익 창출은 장기요양보험료와 교육프로그램 수강료

부문을 통해 이루어지고 있다. 그리고 소셜 프랜차이즈 사업, 지역투자 서비스 사업, 일자리 사업을 통해서도 매출을 올리고 있다. 또한 소액의 기업 후원금과 일부 국고보조 등에서 부수적인 수익이 발생하고 있다.

2) 비즈니스 모델 구성요소 분석

① 자원과 능력

동부케어가 가지고 있는 자원과 능력은 경제적 가치와 사회적 가치를 동시에 추구하는 자원과 능력이다. 본 회사는 사회서비스를 제공하고 일자리를 창출하기 위해서 화성, 평택, 용인, 오산지역에 장기요양시설을 설립하였다. 또한, 최적의 사회서비스를 제공하기 위해서 전문사회복지사, 간호사, 요양보호사 등을 포함한 약 500여명의 전문 인력을 보유하고 있다. 이와 같이 각지에 설립된 기관 내에서 본 회사의 오랜 운영 노하우와 다수의 전문 인력을 통해 행해지는 다양한 자체 프로그램은 동부케어만이 가지는 우수한 자원과 능력이다.

② 활동

동부케어는 경제적·사회적 가치를 동시에 창출하기 위해서 다양한 활동을 하고 있다. 주요 활동으로 노인 장기요양, 사회서비스, 교육 사업, 소셜 프랜차이즈 활동이 있다.

첫째, 노인 장기요양에는 노인을 대상으로 방문요양, 방문목욕, 방문간호, 주야간보호센터, 기타 급여 등을 포함한 다양한 활동을 지원한다.

둘째, 사회서비스는 전자 바우처 활동을 의미하며, 노인돌봄 종합서비스, 장애인 활동지원(목욕·간호), 가사·간병 방문, 산모·신생아 건강관리 지원이 포함된다. 노인 장기요양과 사회서비스는 모두 대상에 따라 본인 부담금이 발생할 수 있으며, 서비스를 신청하면 사회복지사가 수급자 가정을 방문하여 수급자의 신체상태, 가정환경, 가족관계, 대상자 욕구조사를 실시한 후 적합한 서비스 분야와 전문 복지사가 배치되는 방식으로 운영된다.

셋째, 교육 활동으로는 요양보호사 교육, 산모·신생아 건강관리사 교육, 마을 아이돌봄 도우미(도담이) 교육을 제공한다. 교육가능 대상자에 포함된 자가 해당 프로그램 교육과정을 이수한 후 수료가 인정된다.

그림 12-5 (주)동부케어의 방문목욕서비스

출처: 동부케어.

마지막으로 소셜 프랜차이즈 활동은 일자리 창출과 공익실현, 사회적 사업가 양성을 목적으로 하고 있다.

③ 가치제공물

동부케어가 제공하는 주된 가치제공물은 마을단위돌봄 서비스로 경제적·사회적 가치를 모두 만족시킨다. 만 65세 이상 고령자나 장기요양등급(1~5등급) 해당 고령자에게 노인장기요양 서비스를 제공하고 있으며, 방문요양, 방문목욕, 방문간호, 주야간보호센터 운영 등 세부적인 요양 서비스까지도 지원한다. 또한 전문요양관리사 자격증을 취득하기 위한 요양보호사프로그램, 직무교육과 산후관리를 전문적으로 제공해 줄 수 있는 산모/신생아 건강관리사 프로그램과 직업직무교육 서비스 등 교육프로그램을 운영하고 있다.

또한, 본 회사의 추가적인 사회적 가치제공물로는 취약계층을 대상으로 한 일자리 제공을 들 수 있다. 전체 유급근로자 중 50% 내외를 취약계층에게 고용

기회를 제공하고자 노력하고 있다.

④ 고객

본 회사의 고객은 경제적·사회적 가치를 동시에 추구하기 위한 고객과 사회적 가치를 추구하기 위한 고객으로 구분할 수 있다. 먼저 경제적·사회적 가치 창출을 위한 사업영역의 주요 고객층은 고령자, 어린이, 산모 등 종합 돌봄 서비스를 필요로 하는 취약계층, 소셜 프랜차이즈 창업희망자, 교육수강이 필요한 예비사회복지사 등이 해당한다.

유상의 사회서비스를 받기 힘든 저소득자, 고령자, 장애인 등 광의의 의미의 불특정 취약계층은 본 회사의 사회적 가치 차원의 고객이다. 또한, 한부모가정 가장, 경력 단절 여성을 중심으로 일자리 제공을 위한 사회적 가치를 실현하고 있다.

⑤ 파트너

본 회사는 경제적 가치와 사회적 가치를 동시에 추구하기 위해서 다양한 파트너십을 구축하고 있다. 동부맘, 온마을엄마품, 국민건강보험, 보건복지부가 주요 파트너이다. 그 밖에도 사회적 가치 추구를 위해서 화성시와 협약체결을 통한 민간협력관계를 조성하였다. 또한, 인근병원(3개) 및 유관기관(여성센터, 다문화센터, 새터민단체, 복지관)과 비영리민간단체 1곳(아름다운 손길)과 업무 협약을 구축하여 사업을 진행하고 있다.

3) 비즈니스 모델의 경쟁력 평가

동부케어는 고령화 사회라는 악재 속에서 실버산업으로의 가능성을 보고, 노인장기요양을 주력으로 사업을 전개해 나가고 있다. 노인의 장기요양은 사회적 가치도 포괄하므로, 경제적 및 사회적 가치를 동시에 추구하고 있다. 또한 혼합형이므로, 동일한 서비스를 취약계층에 시중가보다 낮거나 무료로 서비스를 제공하는 것과 취약계층에게 일자리를 제공하는 것을 비즈니스 모델에 포함하고 있다.

〈그림 12-6〉은 동부케어의 비즈니스 모델을 종합적으로 정리하였다. 본 회

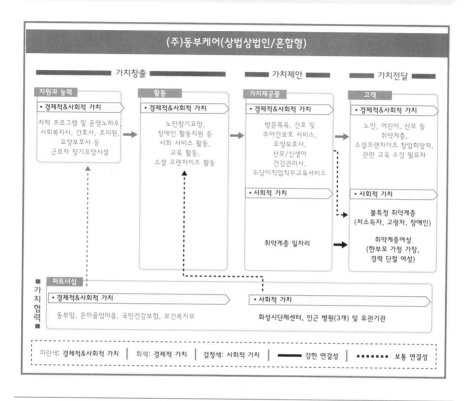

그림 12-6　**(주)동부케어의 비즈니스 모델**

사는 사회서비스 제공을 통해서 사회적 · 경제적 가치를 동시에 추구하는 활동과 일자리 제공의 사회적 가치를 추구하는 활동이 주 하위요소로 구성되어 있음을 알 수 있다.

　본 비즈니스 모델에서 동부케어가 경쟁력을 가지는 부분은 자원과 능력에서 찾아볼 수 있다. 본 회사는 자원과 능력 측면에서 전문적이고 체계적인 요양 프로그램과 특화 프로그램 등 재활치료를 위한 다양한 프로그램들이 준비되어 있다. 또한 전문 사회복지사, 치료사, 요양보호사 등을 직접 교육하고 육성함으로써 해당 프로그램에 적합한 근로자를 보유하고 있다는 점에서 높은 전략적 중요도와 상대적 우수성을 보이고 있다.

(4) (주)대가야체험캠프

1) 기업현황

경북 고령군 대가야읍 고아리에 위치한 주식회사 대가야체험캠프는 고령군에서 조성한 대가야 농촌문화 체험특구의 캠핑장과 체험시설을 민간수탁하여 운영하는 지역사회 공헌형 사회적 기업으로 2013년 설립되었다. 고령군에 산재한 대가야 유적, 유물 등의 관광 자원을 활용하여 지역주민에게 일자리를 제공하는 동시에 지역 관광 활성화를 도모하고 있다. 다양한 단체 체험활동을 유치하여 지역 내 로컬푸드 사업 및 체험농가와 연계함으로써 지역주민의 수익 증진과 지역 경제 활성화에 이바지하고 있다.

본 회사의 주 수입원은 캠프 입장료와 시설 이용료이다. 2016년 기준 매출액 약 3.4억 원을 달성하였으며, 영업이익은 −19백만 원을 기록하였다. 회사 경영상태는 적자이지만, 인건비와 전문인력, 사업개발비로 국고보조를 받아 해당 캠프를 운영해 나가고 있다. 또한, 전체 유급 근로자 40명 중 4명의 취약계층 근로자를 고용하였다.

2) 비즈니스 모델 구성요소 분석

① 자원과 능력

대가야캠핑장은 96면의 캠핑장과 4동의 고상가옥 방갈로로 구성되어 있다. 캠핑장과 함께 개수대, 샤워장 등 부대 편의 시설을 보유하고 있다. 전통문화 체험과 다양한 체험을 할 수 있는 향토문화학교를 조성하였으며, 부속시설로는 세미나, 워크샵 등 단체 활동과 숙식이 가능한 대가야연수원, 향토문화 체험동, 야외무대 등을 보유하고 있다. 또한, 근처에 대가야 역사테마 관광지, 대가야 박물관, 왕릉전시관, 대가야 문화누리, 지산동 고분군 등 대가야 유적, 관광과 문화시설이 2km 거리 안에 산재해 있다.

유치원 및 어린이집의 체험학습, 초등학교의 현장 체험학습과 재량수업, 방과후수업, 돌봄교실, 중학교의 직업진로 적성체험 등 다양한 현장체험에 적합한 주변 환경에 실내 체험장, 야외 체험장, 장비, 프로그램, 연수원과 체험문화를 지

그림 12-7　(주)대가야체험캠프의 캠핑장

출처: 대가야체험캠프.

도하는 40여명의 전문 인력을 갖추고 있다.

　② 활동

　　본 회사가 제공하는 활동은 경제적 가치와 사회적 가치를 동시에 추구하는 활동이다. 본 회사의 활동은 대가야 농촌문화 체험특구의 캠핑장과 체험장을 민간수탁하여 운영하고 있다. 지역에서 생산되는 재료를 이용한 소시지, 피자, 치즈 만들기 등의 체험형 만들기 프로그램을 같이 운영하고 있다.

　　본 회사는 봄 대가야 체험축제, 가을 우륵 가야금 체험축제 기간에 후레쉬 및 훈제 소시지 만들기, 바비큐 체험 및 경연대회, 캠프요리 경연대회, 수제 소시지 세미나 등 다양한 활동을 진행하고 있다.

　　한편 소비자로 하여금 대가야 박물관, 왕릉전시관, 대가야 역사테마관광지 등 문화관광시설을 이용하게 하고 딸기체험, 다도체험 등 지역 내 체험업체 이용을 위한 송객 활동을 함으로써 지역 관광 활성화에 기여하고 있다.

③ 가치제공물

대가야체험캠프의 가치제공물은 경제적·사회적 가치제공물과 사회적 가치 제공물로 나누어 살펴볼 수 있다. 경제적·사회적 가치제공물로는 캠프 내에서 체험활동을 원하는 일반 소비자를 대상으로 캠핑장을 제공하며, 캠프 내 소시지, 바베큐, 승마 등의 체험형 서비스와 교육 및 강연 등이 있다. 또한, 지역문화체험 과 지역사회 관광 프로그램을 운영하고 있다.

사회적 가치제공물로는 취약계층에게 소시지, 피자, 바베큐 등의 무료 체험 형 서비스를 제공하는 동시에 지역시설을 기반으로 한 다양한 관광활성화 사업 을 통해 취약계층에게 일자리를 제공하고 있다.

④ 고객

체험캠프 운영에 있어 주 고객층은 캠프 및 체험활동을 원하는 지역주민과 일반 소비자이다. 이들에게 문화체험을 제공하고 사회적 가치를 추구할 뿐만 아 니라, 이들이 지불하는 체험 수수료, 입장료 등으로 경제적 성과를 동시에 추구 하고 있다.

또한, 지역 경제 활성화를 통해 지역사회와 지역민이 사회적 혜택을 받고 있 다. 결혼이민자와 저소득자를 포함한 특정 고객층에 무료로 체험활동을 제공하 고 있으며, 취약계층에게 일자리를 제공하고 있다.

⑤ 파트너

대가야체험캠프는 지역사회 공헌을 위해 경상북도 고령군과 문화체육관광 부와 협력관계를 맺어 운영하고 있다. 본 회사는 고령 대가야체험특구 내에 위치 한 캠핑장을 고령군으로부터 민간 위탁경영을 하고 있다. 또한 지역 내 다양한 체 험업체와 긴밀한 연계 네트워크가 형성되어 있으며, 매년 봄, 가을에 걸쳐 캠핑 전문 커뮤니티와 협력하여 대가야 캠핑 축제를 개최하고 있다. 또한, 고령군에서 설립한 향토문화학교와 대가야연수원의 수탁 운영을 맡고 있다.

3) 비즈니스 모델의 경쟁력 평가

　　대가야체험캠프는 경북 고령군에 위치한 대가야 역사테마관광지의 일부를 운영하는 지역사회 공헌형 회사이다. 캠핑장 및 체험장을 운영하면서 소시지·피자·바비큐·치즈 만들기 등 체험을 할 수 있게 시설을 꾸려 놓았고, 이를 통해 손님을 유치하고 인근의 대가야역사테마관광지 및 주변 관광지로 송객하여 지역 경제 활성화에 기여하고 있다.

　　〈그림 12−8〉은 대가야체험캠프의 비즈니스 모델을 종합적으로 정리하였다. 크게 경제적·사회적 가치를 동시에 추구하는 강한 연결성의 하위 요소와 보통 연결성으로 사회적 가치를 추구하는 요소로 구성되어 있다. 본 비즈니스 모델에

그림 12-8　(주)대가야체험캠프의 비즈니스 모델

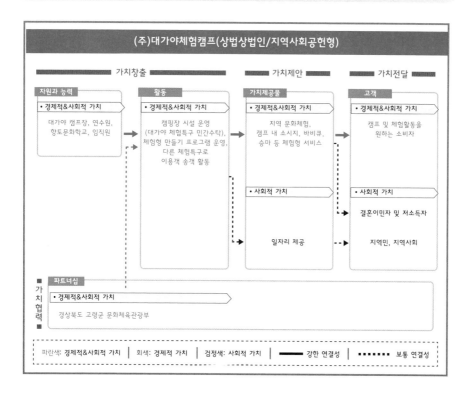

서 대가야체험캠프가 경쟁력을 가지는 부분은 가치제공물에서 찾아볼 수 있다. 본 회사가 제공하는 지역 문화체험 및 다양한 체험형 서비스 제공은 해당 프로그램들이 지역 내 체험업체 이용과 연계 네트워크가 잘 구축되었다는 점에서 전략적 중요도를 높게 평가할 수 있다. 캠프장 인근 지역 내 관광지와 교육기관이 위치하고 있다는 점에서 상대적으로 우수하다고 평가된다. 또한, 고령군이 추진한 대가야농촌체험특구와 맞물려서 지속적인 성과창출이 가능할 것으로 판단된다.

② 민법상법인의 비즈니스 모델 분석

(1) (사)장애우권익문제연구소 리드릭

1) 기업현황

장애우권익문제연구소 리드릭은 일반 고용시장 진입에 어려움을 겪고 있는 정신적 장애인(지적장애, 자폐성장애, 정신장애)을 비롯한 중증 장애인의 지속적인 일자리 창출을 통해 이들의 전인적 자활 자립과 삶의 질 향상을 도모하는 일자리 제공형 사회적 기업이다.

장애우권익문제연구소 내 사업단으로 2006년에 출범한 리드릭은 중증 장애인과 전문가가 함께 제품을 생산하는 공동체이다. 오랜 경험과 노하우를 바탕으로 인쇄물 디자인 및 제작 사업과 복사용지생산 사업을 진행하며 이를 통해 장애인들에게 양질의 일자리를 제공하고 있다. 또한 고용 장애인들에겐 직업재활, 사회재활, 동아리 지원과 같은 종합적인 서비스를 제공하여 중증 장애인의 일반고용 전환을 모색하는 동시에 그들의 고용 유지를 위해 힘쓰고 있다.

본 법인은 2014년에 이어 2015, 2016년에도 연달아 서울시 우수 사회적 기업으로 선정되었고, 2016년 기준으로 전체 유급근로자 78명 중 54명이 중증장애인인 고령자를 중심으로 취약계층을 고용하였다. 2016년에는 보건복지부의 중증장애인상품판매시설로 지정된 바 있다.

주로 인쇄물 제작, 복사용지의 판매, DM(Direct Mail) 발송 대행 및 하청 임가공 네 가지 부문을 통해 수익을 창출하고 있다. 공시 기준으로 2016년 매출액 61억 원, 영업이익 −0.8억 원, 당기순이익 1.7억 원을 기록하였다. 본 법인은 영업이익으로는 적자이지만, 장애인을 고용하는 시설로서 2.3억 원의 국가보조와 기업 후원, 기부, 기타 민간 후원을 포함한 2.6억 원의 지원금을 받아 운영되므로 당기순이익 흑자를 기록하였다.

2) 비즈니스 모델 구성요소 분석

① 자원과 능력

리드릭은 동일한 자원과 능력을 기반으로 경제적·사회적 가치를 동시에 창출하고자 한다. 영등포구 당산에 위치한 리드릭 회사 본부와 생산 및 작업을 위한 시설이 본 법인의 물적 자원에 해당하며, 중증 및 경증 장애인을 포함한 모든 유급 근로자들, 직업재활을 위한 직업재활교사, 사무지원을 위한 인력은 인적 자원에 해당된다.

본 법인의 주요 사업은 크게 인쇄와 복사용지 판매로 나뉜다. 컴퓨터 작업 중심의 디자인 등은 비교적 육체 노동이 필요하지 않기 때문에 신체 장애가 있는 근로자를 고용하고 있다. 복잡한 업무 수행이 어려운 지적 장애인들은 용지 재단, 박스 포장, 운반 등 복사용지 판매에 종사하며, 인쇄 부문에서 내지정렬, 본드 칠, 크기별 재단, 검수, 포장 등 비교적 간단하고 단순한 작업을 담당한다(경향신문, 2009). 자동화 장비를 활용하면 수동에 비해서 생산량이 10배 이상 늘지만, 수동 또는 반자동으로 생산함으로써 고용된 장애인 인력이 중요한 인적 자원임을 알 수 있다.

② 활동

리드릭이 제공하는 활동은 크게 경제적 활동과 사회적 활동으로 나누어 볼 수 있다. 먼저 경제적 가치를 위한 활동으로는 인쇄 관련 활동을 진행하며, 이는 제지생산 활동과 인쇄·판촉물 활동, 사무용품 생산활동, DM 발송 등으로 세분화된다. 본 법인은 일반적으로 자주 쓰이는 A3, A4, B4, B5 복사용지를 일반용지, 친환경용지, 신문용지 등으로 제조하고 리플릿, 포스터, 브로셔, 잡지 등의 인

그림 12-9 (사)장애우권익문제연구소 리드릭의 사용지 생산과정

출처: 리드릭.

쇄물과 타올, 볼펜, 물티슈 등의 다양한 판촉물 및 사무용품들을 제작한다. 또한 DM사업을 통해 우편물을 대리로 발송해주거나 인쇄물을 택배로 발송한다.

한편 본 법인은 사회적 활동으로 일반적인 안전 · 보건 교육을 진행할 뿐만 아니라, 장애인 근로자 개개인의 적성과 잠재 능력을 고려한 다양한 직업재활서비스 활동을 제공하고 있다. 직업재활서비스 활동에는 직업능력 향상을 위한 교육과 외부 사업체 견학 및 동아리 등의 다양한 특별활동, 개인별 직업 상담과 직업 평가 등이 포함되며, 이를 통해 시설 내 장애인 근로자들의 사회적응 능력 향상을 돕고 자활 자립 기반을 조성한다.

③ 가치제공물

본 법인의 인쇄 관련 사업활동을 통해 복사용지, 친환경용지 등 다양한 사무용지가 제작되며 간행물, 교재 등 인쇄 결과물, 물티슈 등 판촉물, 현수막, 볼펜 등 사무용품이 모두 상품으로 만들어진다. 제공되는 서비스로는 DM 발송의 대행과 인쇄물 관련 디자인 제작 서비스가 있으며 이와 같은 상품과 서비스는 모

두 리드릭의 경제적 가치제공물에 속한다.

리드릭의 대표적인 사회적 가치제공물로는 중증 장애인들을 대상으로 한 일자리 제공이 있다. 본 법인은 위와 같은 경제적 가치 활동을 진행함에 있어 중증 장애인 근로자를 유급으로 고용할 뿐만 아니라, 다양한 사회적 교육 활동을 통해 이들의 직업능력과 사회생활능력 향상을 위한 훈련을 제공한다. 이와 더불어 장애인에게 동아리 활동을 지원하거나 취업을 지도하고, 퇴사 장애인을 위한 사후 관리 서비스까지도 동시에 제공하고 있다.

④ 고객

본 법인의 고객은 경제적 가치를 창출하는 고객과 사회적 가치를 창출하는 고객으로 분명히 나뉘어진다.

먼저 본 법인이 경제적 가치를 창출하는 대표적인 고객은 본 기업에서 제작한 복사용지를 구매하거나 인쇄물 출력, DM발송 대행 서비스를 이용하는 기업 및 단체를 포함한다. 복사용지는 서울시장애인생산품판매시설을 통해 판매되며 공공기관 및 학교 등이 주요 소비처이다.

반면 본 법인으로부터 직업훈련과 근로 기회를 받는 중증 장애인 근로자들은 사회적 가치 고객이며, 본 기업의 2016년 전체 근로자 78명 중 54명이 이에 해당한다.

⑤ 파트너

리드릭의 모기관으로 (사)장애우권익문제연구소가 있으며, 이외에도 (사)사랑의친구들바자회, 한국농아인협회, 서울시 장애인생산품 판매시설인 공공기관과 학교들이 본 법인의 경제적 가치 추구를 위한 파트너로 협력하고 있다. 이들을 통해서 본 법인이 만든 제품을 판매하여 수익을 창출하고 있다. 또한 본 법인은 사회적 기업인 행복나래와 협력할 뿐만 아니라, 서울시 지방자치단체와의 연계와 사회투자지원재단 등을 통해 재정을 지원받는다.

3) 비즈니스 모델의 경쟁력 평가

장애우권익연구소 리드릭은 복사용지 생산 및 판매, 인쇄물 및 DM 대행 서비스라는 수익사업을 통해 사회양극화의 극점에 위치한 장애인을 고용한 뒤, 교육 및 훈련을 시켜 인적자원으로 활용하는 순환형태를 취하고 있다.

〈그림 12-10〉은 리드릭의 비즈니스 모델을 종합적으로 정리하였다. 크게 제품을 판매하여 경제적 가치를 추구하는 강한 연결성의 하위 요소와 취약계층을 고용의 사회적 가치를 추구하는 강한 연결성의 하위 요소로 구성되어 있다.

본 비즈니스 모델에서 리드릭이 경쟁력을 가지는 부분은 활동, 가치제공물과 고객을 들 수 있다. 많은 일자리 제공형 모델이 단순 고용에서 그치지만, 본

그림 12-10 (사)장애우권익문제연구소 리드릭의 비즈니스 모델

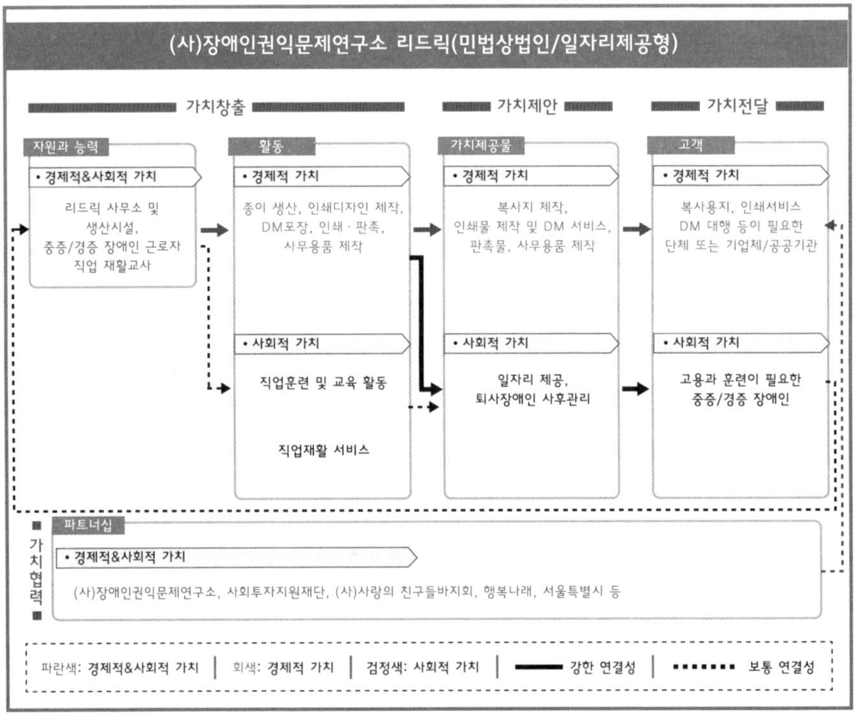

모델에서는 중증 장애인에게 적합한 직무를 설계하여 경제적 가치를 창출하기 위한 생산활동을 진행하고 있다. 또한, 다양한 방법으로 직무교육을 행하면서 사회적응을 위한 훈련도 같이 진행한다. 그리고 더 나아가 상위단계 시설로 전이를 위한 취업지도와 퇴사 장애인에 대한 사후관리까지 하는 등 사회적 가치 창출을 위한 활동에 힘을 쏟고 있다.

본 법인이 제공하는 가치제공물은 범위가 다양할 뿐만 아니라 일반적으로 자주 사용하는 소모품이기 때문에 접근성이 높은 특징이 있다. 자연스레 본 법인은 경제적 수익을 창출해 낼 다수의 고객층을 보유하였으며, 장애인 생산품을 판매하는 협력업체와의 파트너십을 통해 공공기관 및 단체 등 보다 튼튼한 고객층을 확보하였다. 또한 사회적 약자인 장애인을 유급 근로자로 고용하는 등 두터운 사회적 가치 고객층 역시 보유하고 있는 것이 강점이다.

(2) (재)대구행복한학교재단

1) 기업현황

대구행복한학교재단은 공교육의 활성화를 통해 사교육의 부담을 해소하고 취약계층에게 교육복지 혜택을 제공하자는 취지 아래 설립된 사회서비스 제공형 민법상법인이다. 2011년 SK와 대구광역시, 대구광역시교육청의 공동 출자를 통해 본 재단이 출범하였으며, 대구 지역 이외에도 서울, 울산, 부산에 독립된 재단의 행복한학교재단이 운영되고 있다.

본 재단은 대구 지역의 초등학교 방과후학교를 위탁하고 있다. 타 민간위탁 방과후학교보다 저렴하면서도 체계적인 시스템을 갖춘 방과후학교 지원사업을 주요 사업으로 진행하고 있으며, 그밖에 평생교육기관 지원사업을 진행 중이다.

대구행복한학교재단은 위탁운영을 통해 수익을 얻는 구조로, 2016년 회계년도 기준 약 32억 원 방과후학교 수익과 14억 원 돌봄학교 수익 등 총 50억 원의 매출액을 기록하였다. 또한, 영업이익 0.8억 원, 당기순이익 1억 원을 달성하였다. 영업수익 외에도 SK의 기업후원금과 정부지원금을 받아서 영업외수익을 달성하였다. 사회서비스형 사회적 기업이지만, 전체 29명의 고용인원 중 13명이 취약계층이다.

2) 비즈니스 모델 구성요소 분석

① 자원과 능력

대구행복한학교재단은 청년 및 경력단절여성 등으로 구성된 방과후수업 강사진을 통해 모든 경제적·사회적 가치를 동시에 창출해내고 있다. 또한 SK가 개발한 사회혁신모델 등 협력기관의 경영지원 및 노하우 역시 본 재단의 뛰어난 자원과 능력에 해당한다.

② 활동

본 재단이 행하는 주요 활동은 경제적 수익을 창출해냄과 동시에 대구 지역의 사교육 부담 해소 및 공교육 활성화에 기여하므로 경제적·사회적 가치를 모두 포함한다. 활동은 크게 방과후학교 지원 사업과 평생교육기관 지원 사업으로 구분되며, 그 중 방과후학교 지원 사업이 본 재단의 경제적·사회적 가치의 핵심 활동이다.

방과후학교 지원 사업에는 구체적으로 방과후교실과 토요 방과후교실, 보육과 교육을 동반하는 엄마표 돌보미교실이 있다. 모든 프로그램은 SK행복나눔재단의 지원을 받아 위탁학교에 제공되며, 주요 교과인 국어, 영어, 수학, 과학, 사회와 보조교과인 음악, 미술, 체육, 컴퓨터 및 기타 특기교육 등 학교의 특성에 맞게 방과후수업 프로그램을 편성하고 운영한다.

또한, 재단은 평생교육기관 지원 사업을 통해 평생교육시설을 지원하고 아동부터 노인까지 폭넓은 대상에게 평생교육을 제공하고자 한다. 평생교육시설과 인력개발기관에 강사파견 및 교육 프로그램 제공 활동을 하고 있다. 이들에게 다양한 교육 프로그램 및 강사를 무상으로 제공함으로써 사회적 가치를 실현하고 있다. 또한, 취약계층을 위한 돌봄 사업과 사랑의 열매 사업도 부수적으로 운영 중이다.

③ 가치제공물

가치제공물은 사회서비스의 수요자에 따라 경제적·사회적 가치제공물과

그림 12-11 (재)대구행복한학교재단 월암초교 바이올린 합주단

출처: 매일경제, 2015.

사회적 가치제공물로 나눌 수 있다. 본 재단은 대구 지역 아이들이 스스로 각자의 꿈을 찾고, 특기와 재능을 개발할 수 있도록 흥미를 고려한 맞춤형 다양한 방과후수업을 유상으로 제공한다.

그러나 지불능력이 없는 기초생활수급자, 한부모가정, 다문화가정 등을 위해 방과후교실 및 돌보미교실 프로그램을 무료로 제공하고 사랑의 열매사업을 진행하여 취약계층의 교육복지를 위해서 힘쓰고 있다. 이외에 경력단절여성과 취약계층을 근로자로 고용하는 등 안정적인 일자리를 제공하고 있다.

④ 고객

대구행복한학교재단의 서비스를 제공받는 대상은 경제적·사회적 고객과 사회적 고객으로 나눌 수 있다. 먼저 주요 경제적·사회적 고객은 본 재단이 수탁한 초등학교의 방과후학교 이용 학생들로, 위탁 학교 내 방과후교실에서 수업이 이루어진다. 일반인 학생뿐만 아니라, 취약계층 학생 모두 고객이다.

반면 본 재단의 주요 사회적 가치 고객은 기초생활수급자와 같은 저소득층의 학생이며, 한부모가정 자녀와 다문화가정 자녀 역시 혜택을 제공받고 있다. 이들은 무상으로 방과후학교를 이용하며 돌봄교육과 사랑의 열매 사업의 수혜 대상자이기도 하다. 또한, 재단에서 시행하는 평생교육 지원사업을 통해 프로그램 및 강사를 제공받는 평생교육 시설과 평생교육 대상자, 본 재단에 고용된 경력단절여성 역시 고객이 될 수 있다.

2016년 기준, 약 4만명의 비취약계층 학생과 8만 8천명의 취약계층 학생을 포함한 총 13만명의 대구 지역 학생이 본 재단의 서비스를 제공받았다.

⑤ 파트너

대구행복한학교재단은 파트너십 측면에서 다양한 협력기관을 통해 경제적·사회적 가치를 창출한다. 먼저 대구 지역의 총 50여개 이상의 초등학교와 협력을 통해 해당 학교의 학생들에게 방과후 프로그램을 제공하고 있다. 또한 대구 지역의 취약계층에게 다양한 교육·복지혜택 제공을 위해 대구 YMCA와 대구지방고용노동청과 협력하고 있다. 협력기관인 SK행복나눔재단은 기금 지원 및 경영 지원을 통해 본 재단의 운영지원을 도우며, 지방자치단체와 대구광역시 교육청 역시 본 재단에 기금을 출연하고 있다.

3) 비즈니스 모델의 경쟁력 평가

대구행복한학교재단은 대구 지역의 초등학생을 대상으로 방과후학교 지원사업을 통해서 방과후교실과 돌보미교실을 운영하고 있으며, 이를 바탕으로 교육과 돌보미의 사회서비스를 제공하고 있다. 취약계층에게는 무상으로 이들 서비스를 제공하고 있다.

〈그림 12-12〉는 대구행복한학교재단의 비즈니스 모델을 종합적으로 정리하였다. 크게 사회서비스를 판매하여 경제적·사회적 가치를 추구하는 강한 연결성의 하위 요소와 취약계층에게 무상의 사회서비스를 제공하면서 사회적 가치를 추구하는 강한 연결성의 하위 요소로 구성되어 있다.

본 비즈니스 모델에서 대구행복한학교재단이 경쟁력을 가지는 부분은 파트너십을 들 수 있다. SK행복나눔재단은 재단측에 기금의 출연과 더불어 경영지원

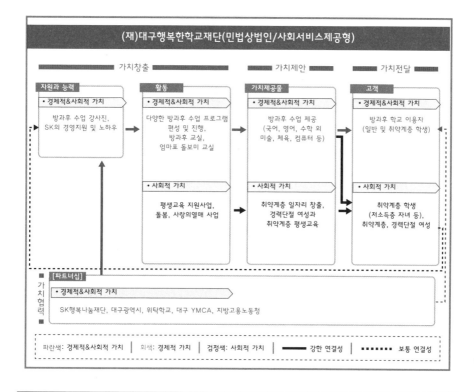

그림 12-12 (재)대구행복한학교재단의 비즈니스 모델

과 같은 운영지원을 도와주고 있다. SK측은 이외에도 행복도시락, 대구행복한미래재단, 행복전통마을과 같은 사회혁신모델을 개발하여 운영하고 있으며, 이들이 가진 경험과 노하우, 기술지원 같은 뒷받침은 다른 사회적 기업이 소유하기 힘든 요소이다.

또한, 4개 광역시에서 운영하는 행복한학교는 각각의 지방자치단체와 협력하여 활동하고 있다. 사례기업은 대구에서 운영되고 있으며, 대구광역시 및 대구광역시교육청의 기금출연을 받고 대구시내 학교들로부터 방과후학교 위탁을 받는다. 정부기관 및 지방자지단체 파트너는 안정적인 사업을 운영하기 위해 유리한 점이 있다. 앞서 제시된 재단출연기관의 안정성과 정부기관 및 지방자치단체 파트너십은 다른 사회적 기업이 모방하기 어려운 요소이며, 지속적인 성과를 창출할 수 있을 것이다.

(3) (재)다솜이재단

1) 기업현황

다솜이재단은 2004년 교보생명보험(재)과 (재)함께일하는재단이 협력하여 만든 교보다솜이간병봉사단을 모태로 하고 있다. 본 사업단을 통해 여성 가장을 위한 일자리창출과 동시에 취약계층의 무료 간병서비스를 제공하는 사회공헌사업으로 출발하였다. 교보다솜이간병사업단은 2005년 정부가 추진하는 사회적 일자리 창출 사업에 선정된 후 2007년부터 다솜이재단으로 도약하였으며, 고용노동부 인증 국내 1호 사회적 기업이다.

다솜이재단은 교보다솜이간병봉사단을 통해 취약계층 환자를 대상으로 무료간병서비스를 제공하고, 다솜이케어서비스로 전국 6개 지역에서 유료 공동간병서비스를 제공한다. 또, 다솜케어컨설팅을 통해 돌봄 분야의 종사자 및 관리자를 대상으로 맞춤형 교육과 컨설팅을 제공하고 있다.

본 재단은 서울, 경기, 대구, 광주 등 여러 지역사업단을 운영 중에 있으며, 공동간병에서 병동간병으로 전환하는 혁신형 사업인 '헬로우케어' 서비스를 추진 중에 있다.

본 재단의 수익모델은 간병사업을 통한 경제적 수익과 정부보조 및 기업후원, 기부금 등으로 다양하다. 그 중 주 수익원은 간병사업이며 2016년 기준 간병사업을 통해 약 125억 원의 매출을 올렸다. 이외에도 본 재단은 연계기업인 교보생명보험으로부터 8억 원의 재정을 지원 받았으며, 동시에 정부 지원금, 일반 기부금 등을 통해 약 9.7억 원의 지원금을 받아 운영되고 있다. 영업손실이 0.67억 원이지만, 영업외수익으로 인해서 당기순이익은 0.29억 원이다.

2) 비즈니스 모델 구성요소 분석

① 자원과 능력

다솜이재단은 마포구에 위치한 재단 중앙사무국뿐만 아니라 서울, 경기, 대전, 대구, 광주지역 등 5개의 사업단을 더 보유하고 있다. 자원봉사자를 제외하고, 재단 근로자, 간병인, 간병 보조인 등 2016년 기준 659명의 근로자를 두고 있다.

또한 이들을 대상으로 매년 간병사 워크숍, 보수교육 등 내부교육 사업을 진행하여 내부 근로자의 근로 동기부여와 업무와 관련한 소양을 키우고 있다. 그 밖에도 체계적인 근로자 복리후생제도와 인권교육 및 보건·안전교육 등을 통한 근로자의 복지와 권리향상은 본 재단이 가지는 탁월한 능력에 해당한다. 다솜이재단이 가진 자원과 능력은 경제적·사회적 가치를 동시에 추구하는 출발점이 되고 있다.

② 활동

다솜이재단의 주 활동은 유/무료 공동간병 활동과 돌봄기관 교육·컨설팅 활동이 있다. 이들 활동은 경제적·사회적 가치를 동시에 추구하는 활동이다.

공동간병 관련 활동은 세부적으로 다솜이케어서비스와 교보다솜이간병봉사단의 서비스 활동으로 구분할 수 있다. 두 서비스는 모두 간병이 필요한 환자를 대상으로 간병서비스를 제공하고 실질적 여성 가장 등에게 안정적인 간병 일자리를 제공한다는 공통점이 있다. 다솜이케어서비스는 일반 환자를 대상으로 저렴한 유료 간병서비스와 본 재단이 보유한 헬로우케어서비스를 통한 병동간병 서비스를 제공하는 활동을 한다. 반면, 교보다솜이간병봉사단은 취약계층 환자를 대상으로 교보생명보험의 후원을 받아 무료 간병서비스를 제공하는 활동을 한다.

본 재단의 교육·컨설팅 사업으로 돌봄서비스 분야의 종사자 및 관리자를 대상으로 하는 교육 아카데미를 운영하고 있다. 2016년에는 민간자격으로 서비스케어전문가, 품질경영전문가, 사회서비스품질경영전문가 교육 과정을 추가로 운영 중이다. 그 밖에 한국산업인력공단과 한국사회적기업진흥원, 서울시 동부여성발전센터로부터 위탁을 받아 운영, 컨설팅, 지속경영가능보고서 발간 등 다양

그림 12-13 (재)다솜이재단의 병동간병 서비스

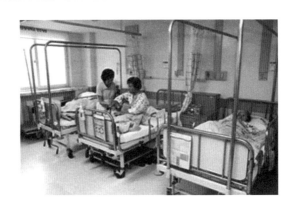

출처: 데일리메디, 2013.

한 분야에서 돌봄서비스에 특화된 활동을 하고 있다.

③ 가치제공물

다솜이재단의 가치제공물은 경제적·사회적 가치제공물과 사회적 가치제공물로 구분할 수 있다. 대표적인 경제적·사회적 가치제공물로는 간병이 필요한 환자들에게 간병서비스를 제공하는 것이다. 또한, 돌봄 종사자를 위한 간병 및 직무교육, 실습을 포함한 아카데미 교육과정과 돌봄기관 관리자를 위한 행정, 마케팅, 품질관리 등을 교육·컨설팅 해주는 서비스도 경제적·사회적 가치제공물 중 하나이다.

사회적 가치제공물로는 취약계층을 대상으로 한 무료 간병 서비스를 제공하고 있다. 또한, 취약계층을 대상으로 간병보조사 고용뿐만 아니라, 간병인 활동 일자리를 제공하고 있다. 2016년 659명의 근로자 중 취약계층을 약 472명 고용하고 있다.

④ 고객

다솜이재단의 서비스를 제공받는 대상은 경제적·사회적 고객과 사회적 고객으로 구분할 수 있다.

본 재단의 주요 경제적·사회적 가치고객은 협약병원을 이용하거나 입원 중에 있는 환자 중 상대적으로 저렴한 간병서비스를 이용하고자 하는 환자 본인 또는 환자의 가족이다. 그 밖에도 본 재단의 자격교육 아카데미 수강자, 다솜이재단에 컨설팅을 위탁한 업체 등이 해당한다.

사회적 가치 고객은 지불할 능력이 없는 저소득층 등의 취약계층 환자들이다. 본 재단은 이들에게 무료로 간병서비스를 제공하게 된다. 또한 간병인 및 간병보조사로 채용된 인원 중 실직여성가장, 경력단절여성 등이 본 재단의 사회적 가치 고객이다.

2016년 기준 한 해 약 2만 1천명이 재단의 혜택을 받았으며, 그 중 수혜 취약계층의 비율은 85.6%에 해당한다.

⑤ 파트너

다솜이재단은 연계 기업 및 연계 지방자치단체, 다양한 협회와 재단, 협약병원 등 폭넓고 탄탄한 파트너십을 보유하고 있다. 본 재단이 구축한 파트너십은 경제적·사회적 가치를 동시에 추구하고자 하며, 자원과 능력 및 활동에 집중되어 있다. (주)교보생명보험이 재정적인 측면에서 기금을 출연하며, 가치제공물 측면에서 함께일하는재단과 협력하여 경력단절여성의 일자리를 창출하기 위해서 노력하고 있다. 또한 취약계층의 무료간병서비스 제공을 위해 교보생명, 서울사회복지공동모금회, 대한의료사회복지사협회에서 간병인 지원 사업을 펼치고 있다.

또한, 건국대병원, 전남대병원을 포함해 35개 병원과 협약하여 간병 사업을 진행하고 있다. 그리고 서울시 사회적경제지원센터와 마포구청 등 연계 지방자치단체를 통한 재정지원과 한국 사회적기업중앙회, 마포 사회적경제센터, 전경련 사회공헌팀, 마포구 돌봄 네트워크 등 주변의 활성화된 사회적경제 네트워크의 도움을 받아 협동형 사업을 운영하고 있다.

3) 비즈니스 모델의 경쟁력 평가

다솜이재단은 설립 이전인 교보다솜이간병봉사단부터 기업연계형 사회적 일자리 창출의 대표 모델로 인징빝을 정도로 배경이 탄탄하나. 대한민국 제1호 사회적 기업으로서, 비즈니스 모델 전반적인 분야에 걸쳐 모두 경쟁력을 가진다.

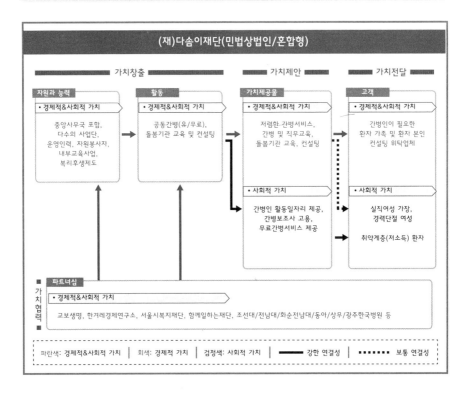

그림 12-14 **(재)다솜이재단의 비즈니스 모델**

〈그림 12-14〉는 다솜이재단의 비즈니스 모델을 종합적으로 정리하였다. 크게 사회서비스를 판매하여 경제적·사회적 가치를 추구하는 강한 연결성의 하위 요소와 취약계층에게 무상의 사회서비스를 제공하고, 취약계층에게 일자리를 제공하며 사회적 가치를 추구하는 강한 연결성의 하위 요소로 구성되어 있다. 경쟁력을 가지는 비즈니스 모델 구성요소를 살펴보면 다음과 같다.

첫째, 가치제공물은 모두 돌봄서비스에 전문화되어 있는데, 이는 재단의 미션에 부합하는 것이다. 설립 이전부터 지금까지 사업 운영노하우를 축적해온 것이다. 최근에는 돌봄서비스를 확대할 수 있는 새로운 사업모델을 개발하는 등 노력을 계속하고 있다.

둘째, 자원과 능력 및 활동영역에서 강점을 가진다. 교보생명의 출연금과 지속적인 사업 확장에 따라 지역 사업단을 운영하고 있으며, 관련 네트워크를 구축하였다. 또한 간병관련 사업을 하는 사회적 기업 중 대부분이 재가요양이나 가사간병 분야이고, 공동간병 등 간병서비스를 제공하는 기업이 있더라도 규모와 노하우 등에서 앞서고 있다.

셋째, 서비스의 대상인 환자고객층 특성상 항시 수요가 존재하며, 현재의 서비스제공범위인 병원에서 가사간병 등 다양한 영역으로 넓힐 경우 수요가 더욱 늘 것으로 전망된다.

(4) (사)백제문화원

1) 기업현황

백제문화원은 우리 전통문화에 대한 조사와 보존관리 및 교육, 홍보를 통해 우리 민족의 문화를 선양하는 동시에 취약계층 및 지역민에게 전통문화에 대한 다양한 문화서비스를 제공하기 위해 2015년 설립되었으며, 지역사회 공헌형 사회적 기업으로 인증되었다. 2012년 개소한 문화재조사연구기관인 (재)백제문화연구원 교육문화센터에 뿌리를 두고 있다.

백제문화원의 주요 사업으로는 문화재청 및 대전광역시 지방자치단체로부터 수탁한 문화재 관련 사업이 있다. 구체적으로 문화재 보존 관리, 문화재 교육 및 문화유산 답사(체험 프로그램) 등을 운영하고 있다. 또한 본 법인의 직원은 취약계층을 포함한 지역민으로 전부 구성되어 있으며, 이들로 하여금 지역 특성화 사업을 진행하는 등 지역사회의 번영에 힘쓰고 있다.

국가로부터 위탁받은 문화유산 보존관리와 문화재 돌봄 사업이 본 법인의 가장 큰 수입원이며, 그밖에 각종 문화재 사업과 체험활동, 향교서원 운영 및 유적지를 이용한 프로그램에서 수익을 얻고 있다. 또한 일자리 창출 및 전문인력 사업 명목으로 정부로부터 약 8천만 원의 지원금을 받았다. 2016년 회계연도 기준으로 백제문화원의 총 매출액은 약 8억 원이며, 영업이익 0.24억 원, 당기순이익 0.2억 원을 달성하였다.

2) 비즈니스 모델 구성요소 분석

① 자원과 능력

백제문화원은 동일한 자원과 능력을 활용하여 경제적·사회적 가치를 모두 창출해 내고 있다. 대표적인 자원은 약 200여개의 대전 지역 문화재로 이를 활용한 본 법인만의 다양한 컨텐츠 역시 중요한 자원이다. 또한 본 법인은 문화재 교육팀과 문화재 돌봄사업단으로 각각의 세부적인 사업팀을 구성하였다. 문화재 교육팀은 교육기획/체험을 진행하고 있으며, 문화재돌봄사업단은 문화재 돌봄 업무를 총괄하고 있다. 두 팀은 보다 체계적이고 전문적인 사업을 진행할 수 있는 능력을 갖추고 있다. 백제문화원의 법인 본부는 대전광역시 유성구에 위치해 있으며, 전체 직원은 2016년 회계연도 기준으로 23명의 지역민으로 구성되어 있으며, 취약계층은 7명이다.

② 활동

백제문화원은 문화재 관련 활동을 제공함으로써 경제적 수익을 얻는 동시에 우리 문화를 바로 알리고 홍보하는 사회적인 역할을 수행하고 있으므로 경제적·사회적 가치를 모두 충족시킨다.

주요 활동으로는 문화재 돌봄 활동과 문화재를 활용한 다양한 교육 및 체험 활동, 문화관광해설사 양성교육 활동 등이 있다. 문화재 돌봄 활동은 지방자치단체로부터 사업을 수탁하여, 대전광역시에 위치한 지정 및 비지정문화재 등 172개에 대해 보존 및 관리 활동을 하는 것이다. 지속적인 모니터링뿐만 아니라 청소, 제초, CCTV 관리 같은 일상 관리와 문화재의 경미한 수리 등을 맡아서 하고 있다.

문화재를 활용한 교육 및 체험활동의 경우 일반인을 대상으로 인문학 아카데미, 문화유산 답사, 유적 발굴 체험, 전통문화체험 프로그램 등을 제공한다. 또한 고령자를 위한 문화유산 답사 프로그램과 장애인 및 다문화가정 자녀를 위한 문화재 체험 프로그램 등 취약계층을 대상으로도 다양한 프로그램을 운영한다.

문화관광해설사 양성교육 활동으로 2013년 대전 문화관광해설사 양성교육 기관으로 지정되었으며, 목원대학교와 양성과정 공동운영에 관해 산학협력을 맺

그림 12-15 (사)백제문화원의 문화재 돌봄사업

출처: 백제문화원 블로그.

었다. 또한, 2015년에는 세종 문화관광해설사 양성교육과정을 수탁하였다. 기타, 문화재 지표조사 및 발굴 활동과 정부사업 수탁 활동을 부수적으로 진행하였다.

③ 가치제공물

본 법인의 가치제공물은 경제적 · 사회적 가치제공물과 사회적 가치제공물로 나눌 수 있다.

먼저 본 법인의 경제적 · 사회적 가치제공물로는 지역 지방자치단체로 수탁한 문화재의 돌봄사업을 통한 문화재 선양 및 관리 서비스를 제공하고 있다. 취약계층을 포함한 일반인 등 폭넓은 대상에게 제공하는 문화재 답사 및 체험 프로그램이 있다. 또한 문화관광해설사 교육 서비스를 제공하여 전문 인력을 양성하는데 힘쓰고 있다.

본 법인의 사회적 가치제공물로는 취약계층을 포함한 지역민을 문화재 관리 담당 인력으로 채용하여 일자리를 제공하고 있다. 또한, 지역 문화재를 활용한 다양한 서비스를 통해 우리의 역사와 문화를 바로 알게 하고, 문화재를 홍보하는 효과가 있다.

④ 고객

백제문화원의 고객은 가치제공물과 마찬가지로 경제적·사회적 가치를 추구하는 고객과 사회적 가치를 추구하는 고객으로 구분할 수 있다. 먼저 경제적·사회적 고객은 문화재 돌봄 및 문화재 사업을 위탁하고자 하는 지방자치단체를 들수 있다. 또한 문화재 사업을 통해 다양한 전통문화재 프로그램을 소비하는 사람들이 고객에 해당한다.

사회적 고객으로는 본 법인에 고용된 취약계층을 포함한 모든 지역민과 역사교육 및 체험 프로그램을 무상으로 제공받는 장애인 및 고령자 등의 취약계층이 해당한다. 백제문화원은 2016년 기준 약 1,700여명에게 서비스를 제공하였으며, 그 중 88.5%의 취약계층이 혜택을 받았다.

⑤ 파트너

백제문화원은 경제적·사회적 가치를 동시에 추구하기 위해서 장기적으로 전략적 파트너십을 구축하고 있다. 대표적인 파트너는 대전광역시, 세종특별시, 보령군, 부여군 등 소재지 인근 지방자치단체와 문화재청이다. 본 법인은 지역의 문화재를 기본 자원으로 삼아 이를 활용한 프로그램을 제공하므로, 문화재청 및 지방자치단체와 긴밀한 협력이 무엇보다 중요하다.

그 중에서 지방자치단체는 본 법인에 문화재 사업을 위탁한 경제적 고객인 동시에 본 법인의 사회적 혜택을 받는 고객으로서 상호 호혜적 관계를 형성하고 있다.

3) 비즈니스 모델의 경쟁력 평가

백제문화원은 우리 문화재를 활용하여 전통문화를 이해하고 올바른 역사인식을 정립하고자 하는 목적을 가진 사단법인으로, 큰 틀에서 문화재 돌봄사업과

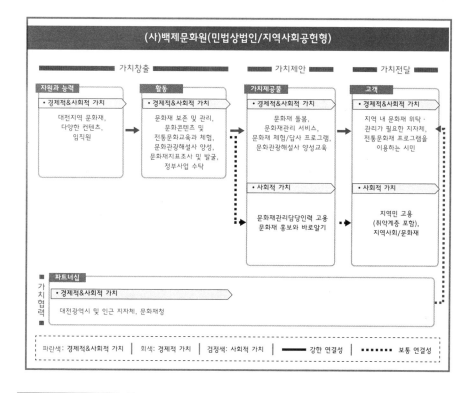

그림 12-16   (사)백제문화원의 비즈니스 모델

문화재를 이용한 체험 및 답사 프로그램을 운영하고 있다.

〈그림 12-16〉은 백제문화원의 비즈니스 모델을 종합적으로 정리하였다. 크게 사회서비스를 판매하여 경제적·사회적 가치를 추구하는 강한 연결성의 하위 요소와 취약계층에게 무상의 사회서비스를 제공하면서 사회적 가치를 추구하는 보통 연결성의 하위 요소로 구성되어 있다. 문화재 관련 사업을 통해 경제적 수익을 얻지만, 마찬가지로 지역사회 통합에도 기여하므로 동시에 사회적 가치로 보았다. 별도로 사회적 가치를 추구하는 하위 요소를 비즈니스 모델에 포함시킨 것은 취약계층의 고용과 이들에게 사회서비스를 제공하기 때문이다.

본 비즈니스 모델에서 백제문화원이 경쟁력을 가지는 부분은 활동부분을 꼽을 수 있다. 사업영역 중 문화재 돌봄 사업이 있는데, 2016년 자료를 기준으로 문화재청이 지정한 문화재 돌봄 사업단체는 전국에 13개 밖에 없다. 대전광역시 내에서는 백제문화원 한 곳으로, 인근 지역의 동일 분야 사업 내에서 경쟁자가 없다고 해도 과언이 아니다. 문화재를 활용한 전통문화 교육과 체험 프로그램도 같은 상황이다. 축적된 노하우와 사업경험 또한 많아서 후발 주자가 진입하더라도 쉽게 모방할 수 없는 사업 분야이기도 하다.

③ 비영리 민간단체의 비즈니스 모델 분석

(1) 뉴시니어라이프

1) 기업현황

뉴시니어라이프는 노령사회로 접어들며 점차 사회 중심에서 멀어지는 노인들의 사회적 문제를 해결하고 더 나아가 그들이 다시금 우리 사회의 리더 역할에 참여하는 것을 목표로 하는 일자리 제공형 사회적 기업으로 2007년 설립되었다.

본 단체는 노령자를 대상으로 다양한 패션관련 사업을 진행함으로써 직업 선택의 제약이 큰 50세 이상의 중고령층에게 이색적인 일자리를 제공하고자 한다. 뿐만 아니라, 원활한 시니어 커뮤니티와 다양한 패션쇼를 통해 자신감과 도전의식을 심어주어 그들의 당당한 노후 생활을 돕는다.

현행 사업으로는 크게 세 가지 사업을 영위하고 있다. 첫째, 시니어모델 교실을 통해 모델을 양성하고 있다. 둘째, 양성한 시니어모델을 활용하여 패션쇼를 운영한다. 셋째, 시니어모델을 위한 다양한 매니지먼트를 통해 시니어모델이 TV나 모델 활동을 할 수 있게 지원해 준다. 그 외 시니어 패션을 제작하고, 외국인을 중심으로 궁중의상쇼 및 궁중의상 체험 등을 진행하고 있다.

본 단체는 대표부터 직원까지 대부분 60대 이상으로 이루어져 있으며, 소속 모델 또한 50세 이상에서 89세까지 다양한 연령층의 시니어들로 운영되고 있다. 2014년 한 해 총 23회의 국내·외 시니어 패션쇼가 진행되었으며 소속 모델들의 미디어 노출 또한 40회 이상으로 활발한 사업을 진행 중에 있다.

　뉴시니어라이프의 주 수익원은 기초/특별/전문 과정으로 나뉘어져 있는 시니어 모델 수업료, 패션쇼 수입, 궁중의상 체험 참가비 및 의류판매 등으로 구성되고 있다.

2) 비즈니스 모델 구성요소 분석

① 자원과 능력

　뉴시니어라이프의 자원과 능력은 경제적 가치와 사회적 가치를 동시에 추구하고 있다. 인적자원은 모두 50대 이상의 중고령층으로 대표를 포함한 소속 근로자 11명과 뉴시니어라이프 패션교실 수료생이 있다(전화 인터뷰 결과, 2018. 6). 물적자원으로는 패션쇼를 위한 600벌 이상의 패션 아이템과 런웨이, 조명시설을 보유한 뉴시니어라이프의 센터가 해당한다. 교육시설로는 2012년 개설한 강남교육센터가 가장 중심에 있다. 추가적으로 서초캠프(심산문화센터), 성북캠프(평생학습관) 및 익산캠프가 있다. 익산캠프의 경우 서울에서 모델 교실을 수료한 분이 자신의 지역 노인들에게 이 프로그램을 교육하고 싶다며 자발적으로 캠프를 차려서 열심히 운영 중이다.

　본 단체는 인적자원 및 물적자원뿐만 아니라, 2007년부터 시니어모델교실과 패션쇼를 지속적으로 운영한 경험과 다양한 노하우를 축적하고 있다.

② 활동

　뉴시니어라이프는 노인층을 대상으로 패션사업을 진행함으로써 경제적 수익을 얻는 동시에 노령층의 사회적 문제를 해결해 나가고 있으므로 경제적·사회적 가치를 동시에 충족시키는 활동을 하고 있다.

　주요 활동으로는 시니어 모델교육과 패션쇼 활동이 있다. 시니어 모델교육은 입문을 위한 기초과정, 심화교육인 전문과정, 패션쇼를 위한 준비교육인 워킹클래스 그리고, 기초과정 단기교육, 연기교실, 댄스교실 등의 특별과정으로 세분화되어 있다.

　패션쇼는 일반적인 클래식 패션쇼부터 음악과 춤이 이우러진 페스티벌 패션쇼, 선상, 박람회 등과 같이 특별한 장소에서 진행하는 마이스(MICE) 및 크루즈

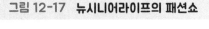

그림 12-17 **뉴시니어라이프의 패션쇼**

출처: 뉴시니어라이프.

공연 등으로 다양하게 진행된다. 현대복 패션쇼뿐만 아니라 조선왕조 궁중의상 행렬 등과 같은 전통복장 패션쇼 역시 진행하고 있다. 또한, 화려한 조명과 신나는 음악 속에서 관객들이 직접 참여하는 형식의 패션쇼를 통해 다양한 체험활동을 제공하고 있다.

③ 가치제공물

본 단체의 가치제공물은 경제적·사회적 가치제공물, 경제적 가치제공물, 사회적 가치제공물로 구분할 수 있다. 먼저 경제적·사회적 가치제공물은 노령층을 대상으로 모델교육과 패션쇼 참가기회를 제공하고 있다. 본 단체는 시니어모델 양성을 위한 단계별 교육 서비스를 제공하며, 교육을 받은 이들에게 패션쇼 참가기회를 제공하고 있다.

그림 12-18 **뉴시니어라이프의 시니어 모델교육**

출처: 뉴시니어라이프.

경제적 가치제공물은 패션쇼 이벤트와 궁중의상 체험관광 이벤트가 있다. 패션쇼 이벤트를 필요로 하는 다양한 장소에서 현대복 및 전통복장 패션쇼를 진행하고 있다. 또한 하나의 관광사업으로 소정의 체험비를 지불하면 외국인을 대상으로 궁중의상을 체험하고 이후 시니어 모델과 함께 포토타임을 갖는 체험 서비스를 제공하고 있다.

반면 사회적 가치제공물로는 시니어가 패션모델로 활동할 수 있는 하나의 기회를 창출하여, 그들에게 일자리를 제공한다. 또한 자연스럽게 형성된 시니어 모델 커뮤니티를 제공하여 노인들의 사회성과 자존감을 회복시키는 등 정신 건강을 증진하고 실버산업의 질적 확장을 도모하고자 한다.

④ 고객

뉴시니어라이프의 고객은 경제적 · 사회적 가치를 창출하는 고객, 경제적 가치를 창출하는 고객과 사회적 가치를 창출하는 고객으로 나뉘어진다. 본 단체의 경제적 · 사회적 가치를 창출하는 고객은 시니어모델이 되고자 하는 노인층이다. 이들에게 모델교육을 제공함으로써 교육기회라는 사회적 가치를 제공할 뿐만 아니라, 이들에게 수강료를 받음으로써 경제적 가치를 실현하고 있다.

본 단체의 경제적 가치 고객은 시니어 패션쇼를 개최하기를 원하는 다양한 이벤트사 및 백화점, 지방자치단체 등이 있다. 또한 소정의 체험비를 지불하여 궁중의상을 직접 입어보고 기존 시니어 모델들과 함께 포토타임을 갖기를 원하는 외국인 관광객이 본 단체의 목표 고객 중 하나이다.

사회적 가치 창출을 위한 고객은 본 단체의 소속 근로자로서 고용된 고령층이 해당한다.

⑤ 파트너

뉴시니어라이프는 경제적 및 사회적 가치를 동시에 창출하기 위하여 지역구청과 성북구 사회적경제센터 등과 가치활동 측면에서 파트너십을 맺고 있다. 이외에도 문화체육관광부 및 한국관광공사로부터 창조관광공모사업을 통해 자금 및 컨설팅을 지원받았으며, 관광업체인 FN투어와는 체험관광과 관련하여 업무협약을 맺고 있다. 2016년에는 인천공항으로부터 프로보노 멘토링을 받았다.

3) 비즈니스 모델의 경쟁력 평가

뉴시니어라이프는 노령층을 대상으로 모델 교육을 하며, 이 중에 전문적 교육을 마친 수료생들은 모델로서 활동하게 된다. 패션쇼 개최와 소속 모델의 매니지먼트를 통해 노인들의 일자리를 창출하고 있다. 현재는 패션쇼와 그에 따른 시니어 제품 판매, 모델교실, 체험관광 등의 사업을 운영하고 있지만, 향후 리마인드 웨딩이나 시니어모델 이벤트 등을 추친할 예정이다.

〈그림 12-19〉는 시니어라이프의 비즈니스 모델을 종합적으로 정리하였다. 크게 노인들을 대상으로 한 경제적·사회적 가치를 추구하는 강한 연결성의 하위 요소, 이들에게 일자리를 제공하는 사회적 가치를 추구하는 강한 연결성의 하위 요소, 일반인 및 외국인을 대상으로 경제적 가치를 추구하는 보통 연결성의 하위 요소로 구성되어 있다.

본 단체는 가치창출 활동과 가치제공물에서 경쟁우위를 보인다. 일반적으로 실버계층의 일자리 창출 활동은 청소, 경비, 식당, 주차도우미나 공공근로로 대표되는 자활사업 관련 활동이 대다수이며, 현재도 비슷한 상황이다. 그러나 본

그림 12-19 **뉴시니어라이프의 비즈니스 모델**

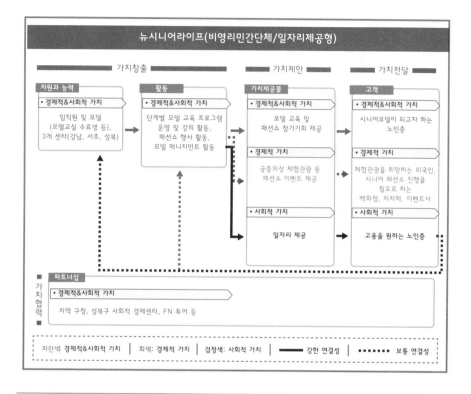

단체는 젊은층의 전유물로 여겨진 패션분야에 실버산업을 접목함으로써, 노인들에게 패션쇼 활동이라는 새로운 가치창출과 패션쇼 참여 기회라는 가치제안을 하였다는 점에서 여타 사회적 기업들과 차별화 되고 있다. 이러한 사업모델은 국내뿐만 아니라 세계적으로도 최초로, 2017년 사회적 기업 10주년 10개 분야 사회적 기업 선정에서 시니어 부문의 대표적인 사회적 기업으로 선정되기도 하였다(머니투데이, 2017).

또한, 패션모델로의 교육은 노인들에게 일자리를 제공할 뿐만 아니라 삶에 활력을 불어넣는 계기가 될 수 있을 것이며, 이는 사회적 가치 창출이라는 측면에서 경쟁우위로 작용한다.

(2) 유시스커뮤니케이션

1) 기업현황

유시스커뮤니케이션은 본래 이벤트, 축제, 청소년 교육, 콘서트, 체육대회 등 다양한 행사를 전담하는 전문 공연기획단체로 2006년 설립되었다. 본 단체는 문화사각지대에 있는 여러 취약계층 중 청소년들에게 체험 위주의 문화예술과 교류, 교육 서비스를 제공함으로써 그들의 건강한 성장과 올바른 정서함양을 도모하는 사회서비스 제공형 사회적 기업이다.

주요 사업으로는 청소년을 위한 드림스타트 사업과 재난안전교육 사업이 있다. 또한, 경제적 성과를 창출하기 위해서 지역 및 기업체에서 주관하는 이벤트 대행 사업 등이 있다. 각각의 사업부문에서도 세분화된 다양한 특화 프로그램들이 진행되고 있다.

본 단체는 기업체의 행사대행 등을 통해서 수익을 내고 있으며, 그 외에도 보건복지부의 드림스타트 사업을 통한 국고보조를 지원받는다. 2016년 회계연도 기준 유시스커뮤니케이션의 총 매출액은 4.5억 원이며, 영업이익은 0.37억 원이다.

2) 비즈니스 모델 구성요소 분석

① 자원과 능력

유시스커뮤니케이션은 동일한 자원과 능력을 기반으로 경제적·사회적 가치를 모두 창출해 내고 있다. 인적자원으로는 본 단체에 소속된 100여명의 회원과 상근 근로자 5명을 두고 있다. 또한 이들이 가진 자체 프로그램과 10여년 이상의 진행 경험을 바탕으로 운영 노하우 및 인적 네트워크 등이 보유자원에 해당된다. 또한, 다양한 고객층의 니즈에 따라 프로그램을 개발할 수 있는 능력을 가지고 있다.

② 활동

유시스커뮤니케이션이 제공하는 활동은 경제적·사회적 활동과 경제적 활동으로 구분할 수 있다. 먼저, 경제적·사회적 활동으로는 청소년 드림스타트 활동과 재난안전교육 활동이 있다. 청소년 드림스타트 활동으로는 학교폭력 예방프로그램, 학교와 연계한 창의적 체험활동(CA), 진로체험활동을 제공하는 비즈스쿨, 가족과 함께하는 역사문화탐방 및 농촌체험 캠프 등 다양한 세부 프로그램이 있다. 재난안전교육 활동은 사회적 약자인 어린이와 청소년을 대상으로 재난안전 뮤지컬 공연과 다양한 재난안전 체험교육(소화기사용, 심폐소생술, 화재대비 피난체험, 교통안전 체험교육, 재난안전 3D 버스체험 등)을 제공함으로써 안전예방을 강화하고 사고나 응급상황 발생 시 올바르게 대처할 수 있도록 돕는다.

경제적 활동으로는 각종 기업 및 지방자치단체의 이벤트 대행 활동을 기획하고 운영하는 활동이 있다. 각 시군구에서 주최하는 지역축제, 기념행사, 전통문화축제 등을 도맡아 진행하며, 다양한 기업체의 체육대회나 사회성 함양을 위한 레크리에이션 프로그램 등 기업행사를 기획하여 진행한다.

③ 가치제공물

유시스커뮤니케이션의 가치제공물은 경제적·사회적 가치제공물과 경제적 가치제공물로 나누어진다. 경제적·사회적 가치 제공물은 청소년층을 대상으로 한 다양한 축제행사와 폭넓은 주제의 캠프 프로그램, 청소년 활동인증 프로그램 등 문화 서비스이다. 또한, 인터넷중독예방, 재난안전체험 등도 자체 컨텐츠 등도 본 단체의 경제적·사회적 가치제공물에 해당된다.

청소년 및 어린이를 대상으로 사회적 및 경제적 성과를 창출하지만, 기업체와 각 지방자치단체를 대상으로 별도의 경제적 성과를 창출하고 있다. 기업체나 지방자치단체에 제공하는 체육대회나 워크숍, 가족캠프, 레크리에이션 등의 세부 이벤트 프로그램이 대표적인 경제적 가치제공물이다.

④ 고객

유시스커뮤니케이션의 서비스를 제공받는 대상은 경제적·사회적 고객과 경제적 고객으로 나눌 수 있다. 먼저, 유시스커뮤니케이션의 경제적·사회적 고객으로는 드림스타트 사업의 수혜가 필요한 취약계층인 아동 및 청소년과 진로체험, 축제, 학교폭력예방 프로그램 등을 원하는 청소년층, 재난안전 지도가 필요한 학생들 등 사업 내용에 따라 다양하다. 그러나 넓은 범위에서는 모든 아동, 청소

그림 12-20 **유시스커뮤니케이션의 어린이 재난안전 뮤지컬 공연**

출처: 유시스커뮤니케이션.

년들이 본 단체의 경제적·사회적 고객이다.

다음으로 본 단체의 경제적 고객은 직원들의 워크숍, 레크리에이션, 체육대회 등 행사를 진행하고자 하는 기업체가 있으며, 지역문화축제, 전통문화축제 등의 개최가 필요한 지방자치단체 역시 주요 고객에 해당한다.

⑤ 파트너

유시스커뮤니케이션에서 진행하는 드림스타트 사업은 국고보조사업으로써, 보건복지부와 경제적·사회적 파트너십을 맺고 있으며, 재난안전사업은 GKL사회공헌재단의 후원을 받아 진행되고 있다. 그밖에도 본 단체는 다양한 자체 프로그램 개발을 위해 한국청소년활동진흥원과 한국청소년단체협의회 등 청소년 관련 단체와 여성가족부, 다문화센터 등의 도움을 받고 있으며, 지속적으로 지방자치단체와 협력하여 프로그램을 운영하고 있다.

3) 비즈니스 모델의 경쟁력 평가

유시스커뮤니케이션은 기업체 및 공공기관을 대상으로 이벤트 및 축제 대행 사업도 하지만, 기본적으로 아동과 청소년, 특히 청소년을 중심으로 한 프로그램에 특화된 비영리 민간단체이다. 대부분의 사업 영역에서 가치전달의 대상이 아동 및 청소년이고, 이 중 취약계층에게도 동일한 사회서비스를 제공하고 있다.

〈그림 12−21〉은 유시스커뮤니케이션의 비즈니스 모델을 종합적으로 정리하였다. 크게 아동 및 청소년을 대상으로 한 경제적·사회적 가치를 추구하는 강

그림 12-21 **유시스커뮤니케이션의 비즈니스 모델**

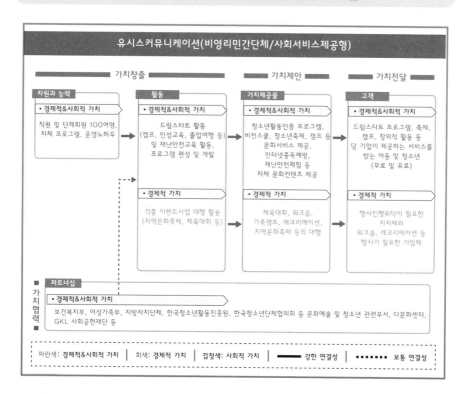

한 연결성의 하위 요소와 기업체 및 공공기관에서 이벤트 대행을 통해서 경제적 가치를 추구하는 강한 연결성의 하위 요소로 구성되어 있다.

본 단체는 가치전달인 고객에서 경쟁우위를 보인다. 가치전달 대상인 고객 영역을 아동 및 청소년에 집중함으로써 타 단체와 차별화된 프로그램을 운영하고 있다. 사회서비스를 제공하는 사회적 기업 중 상당수는 보건, 사회복지, 보육, 간병 및 가사지원 분야에서 활동하는 것을 고려했을 때 특이점을 가진다. 게다가 목표 고객이 분명한 덕분에 다양한 교육 프로그램을 구성할 수 있다. 이를 바탕으로 본 단체는 더욱 전문성 있는 서비스를 제공하고 있다.

(3) 오가니제이션요리

1) 기업현황

오가니제이션요리는 영등포구에 위치한 청소년직업센터(하자센터)에서 공연 기업인 노리단에 이어 두 번째로 인큐베이팅한 사회적 기업이다. 2007년 하자센터에 근무하던 한영미 대표가 요리에 관심이 있는 청소년을 중심으로 미취업여성 및 결혼이주여성이 함께 모이는 공동체를 구상한 결과 본 단체가 설립되었다. 단체의 이름에 포함된 오가니제이션의 의미는 '여러 주체들이 함께하는 공동체'라는 의미를 가지고 있으며, 이들을 요리라는 매개체로 묶은 것이다. 본 단체는 비교적 진입장벽이 낮은 외식 사업을 기반으로, 청소년 및 이주여성을 비롯한 다양한 취약계층에게 요리와 관련한 직업교육을 제공하고, 이들이 고용으로 이어지는 순환적 구조를 가지고 있다.

주요 사업으로는 크게 외식 사업과 영셰프스쿨이 있다. 외식 사업으로는 이주여성 등을 고용하여 카페와 레스토랑, 친환경 도시락 가게 등을 운영하거나 전문 케이터링 서비스를 제공하고 있다. 지속가능한 외식업 생태계를 위한 외식창업컨설팅과 식문화 콘텐츠 개발을 꾸준히 진행해 나가고 있다. 또한 본 단체는 청소년 요리대안학교인 영셰프스쿨을 무상으로 운영하여 제도권밖 청소년들에게 요리 교육을 제공하는 동시에 그들에게 일자리를 제공해 주고 있다.

오가니제이션요리의 경우 경제적 수익은 대부분 케이터링 서비스에서 발생한다. 영셰프스쿨은 입학금과 체험비를 제외하고는 기본적으로 무료이기 때문이다. 그밖에도 영셰프밥집을 운영하여 수익을 창출한다.

2) 비즈니스 모델 구성요소 분석

① 자원과 능력

오가니제이션요리는 경제적 · 사회적 가치를 창출하기 위한 자원과 능력으로 물적자원과 인적자원이 있다. 물적자원인 주요 시설로는 하자센터 내 케이터링 센터와 영등포에 위치한 요리 대안학교인 영셰프스쿨의 교육장이자 식당인 영셰프밥집이 있다. 본 단체에 소속된 청소년, 이주여성, 장애인 등이 인적자원에 해당된다. 또한, 직장 내 보육시설인 하마방을 운영하며 이주여성들의 자기계발과 지속적인 고용유지를 보장하고 있다.

② 활동

오가니제이션요리가 수행하는 활동은 경제적 · 사회적 활동과 사회적 활동으로 나눌 수 있다. 먼저 본 단체의 주요 활동으로는 슬로비케이터링이 있다. 이는 경제적 · 사회적 가치를 창출하기 위한 활동이다. 슬로비케이터링이란 외식업에 종사할 이주여성들을 고용함으로써 캐주얼 파티, 정찬 행사, 친환경 결혼식 등 세분화된 케이터링 서비스를 제공하는 사업이다. 또한, 슬로비생활, 오요리아시아 등과 협력하여 카페나 레스토랑을 운영하고 있다.

본 단체의 대표적인 사회적 활동으로는 영셰프스쿨이 있다. 영셰프스쿨은 제도권을 벗어난 청소년들을 대상으로 청소년 요리 대안학교로서, 다양한 수업을 무상으로 진행하고 있다. 영셰프스쿨은 2년제로 운영되며, 4개 학기의 과정으로 이루어진다. 매년 약 10명 내외의 청소년들을 선발하고 있다. 이들은 최초 1년 동안 한식, 일식, 중식, 양식을 포함한 각종 요리실습뿐만 아니라 식당경영과 환경 등과 관련한 요리인문학이나, 음악 · 미술 · 명상 등의 요리감성학, 그밖에 도시농업, 장담그기, 테스트마켓 운영, 멘토링을 받는다. 2년차부터는 슬로비생활이나 협력 레스토랑에서 현장 인턴십 활동을 진행함으로써 현장의 일자리 제공으로 이어질 수 있도록 돕는다.

③ 가치제공물

본 단체의 가치제공물은 경제적 가치제공물과 사회적 가치제공물로 나누어진다. 고객들에게 제공되는 음식들과 케이터링 서비스는 본 단체의 경제적 가치제공물에 해당된다. 본 단체는 케이터링 서비스를 제공하여 소비자들에게 출장요리를 판매한다. 출장요리는 가벼운 파티 등에 쓰이는 핑거푸드, 과일, 간식을 제공하는 케이터링 A, 일반적인 정찬이 필요한 자리에 양식, 일식, 중식 등 각종 요리 및 디저트를 제공하는 케이터링 B, 결혼식을 위해 친환경재료로 구성한 케이터링 C 등으로 구성되어 있다.

오가니제이션요리가 제공하는 사회적 가치제공물로는 일자리와 교육 서비스가 있다. 본 단체는 슬로비케이터링 서비스를 운영하는데, 이 과정에서 이주여성 및 여성가장 등 취약계층들이 요리를 담당하게 된다. 그리고 이들에게 단순한 잡일을 맡기는 대신에 요리의 모든 프로세스를 맡김으로써 책임감과 성취감을 주었다. 단순 반복작업의 일자리를 벗어나 능동적으로 활동할 수 있는 일자리를 제공하고 있다. 또한, 영셰프스쿨은 요리를 통해 대안적 진로를 모색하는 제도권 밖의 청소년들을 선발하여 요리뿐만 아니라, 요리를 통해 자립하는 방법을 가르친다. 이들에게 자립할 수 있는 교육 서비스를 제공하고 있다.

④ 고객

오가니제이션요리의 고객은 가치제공물을 제공받는 대상에 따라 경제적 고객과 사회적 고객으로 나누어 볼 수 있다. 먼저 본 단체의 친환경 로컬푸드 식단으로 식사를 하거나 케이터링 서비스를 이용하고자 하는 소비자 개인, 단체, 혹은 기업이 모두 경제적 고객이다. 추가적으로 하자센터 내 영셰프밥집의 고객은 해당 시설을 이용하는 청소년 및 일반인들 중 식사를 하고 싶은 사람들 또한 경제적 고객이다.

사회적 고객은 외식업에 종사하고자 하는 이주여성, 여성가장들이나 제도권을 벗어난 탈학교 청소년들 등 사회적 취약계층이다. 영셰프에 지원하기 위한 요건은 17~22세의 심신이 건강하고, 요리를 통해 자아를 실현하고 싶어 하는 탈학교 청소년들이다. 또한 케이터링센터에서 일할 수 있는 기회는 이주여성이나 여성가장들에게 주어지고 있다.

⑤ 파트너

오가니제이션요리는 파트너를 통해서 경제적·사회적 가치에 동시에 추구하고 있다. 단체의 출발선이 되는 하자센터와 하자센터 내 위치한 도시형 대안학교들이 유기적인 네트워크를 맺고 있다. 또한, 본 단체에서 식당/카페를 분리한 조직인 (주)슬로비생활, 마찬가지로 분리된 다문화레스토랑인 (주)오요리아시아가 있다.

그리고, 영셰프스쿨의 인턴십 실습현장으로 관계를 맺고 있는 파트너로는 르셰프 블루(Le Chef bleu) 코리아나 호텔 중식당 대상해, 레스토랑 샤떼뉴(Restaurant Chataigne) 등이 있다. 그밖에 중간지원단체인 은평 사회적경제 허브센터 등이 파트너라고 할 수 있다.

그림 12-22   카페 슬로비

출처: 오마이뉴스, 2014.

3) 비즈니스 모델의 경쟁력 평가

오가니제이션요리는 외식업에서 활동하고 싶어하는 사람들 중 이주여성과 탈학교 청소년들을 위해 만들어졌다. 케이터링 서비스 및 카페 등의 경제적 가치 추구와 영셰프스쿨 등의 사회적 가치를 추구한다.

〈그림 12-23〉은 오가니제이션요리의 비즈니스 모델을 종합적으로 정리하였다. 크게 일반 소비자를 대상으로 요리 및 케이터링 서비스를 통해서 경제적 가치를 추구하는 강한 연결성의 하위 요소와 이주여성과 탈학교 청소년에게 요리사라는 일자리를 제공해서 사회적 가치를 추구하는 강한 연결성의 하위 요소로 구성되어 있다.

그림 12-23 **오가니제이션요리의 비즈니스 모델**

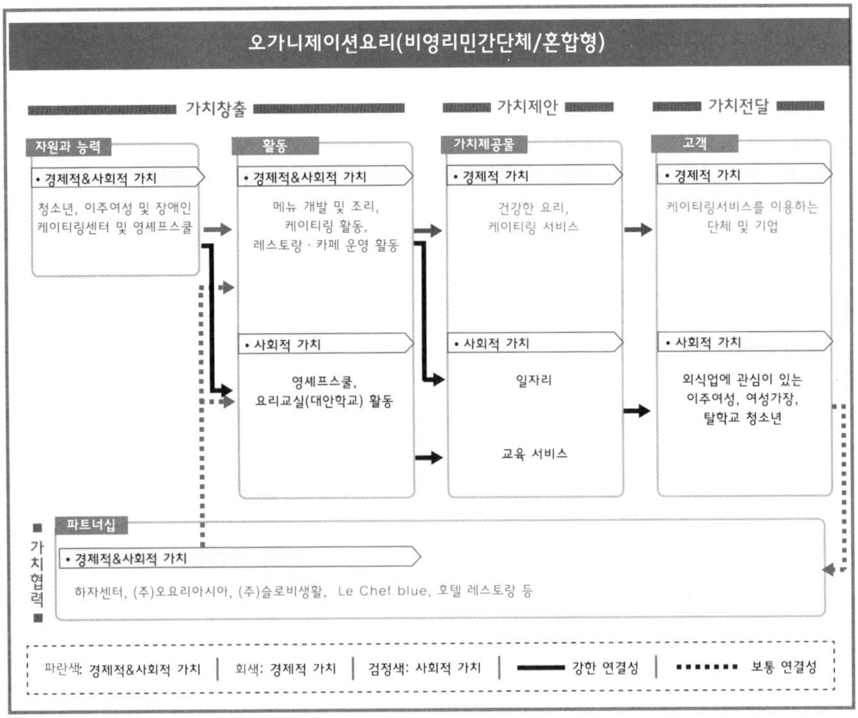

오가니제이션요리는 사회적 가치를 위한 고객 및 자원과 능력, 파트너십 측면에서 경쟁우위를 보인다. 하자센터에 위치한 이 단체는 고객들에게 케이터링 서비스를 제공하는 자원과 능력은 이주여성과 여성가장으로 이들은 사회적 가치를 추구하는 고객이기도 한다. 그리고 2년제로 운영되는 대안학교인 영셰프스쿨은 비인가여서 학력인증은 되지 않지만 탈학교 청소년들이 현장에서 일을 배우며 능력을 키워가는 데 유용할 것이다.

또한, 본 단체는 강력한 파트너십을 구축하고 있다. 본사에서 분사한 (주)슬로비생활, (주)오요리아시아가 중요한 역할을 하고 있다. 본 단체는 청소년들은 음식점인 (주)슬로비생활, 이주여성 등은 케이터링센터로 인력을 배치되는 선순환 구조를 구축하고 있다. 또한, 인턴십을 할 수 있는 여러 레스토랑 및 호텔과 파트너십을 구축하고 있다.

(4) 농촌살림연구소

1) 기업현황

농촌살림연구소는 농촌유학제도의 보급을 통해 농업을 회생시키고 지속가능한 농촌 발전을 모색하기 위해 지역사회 공헌형 사회적 기업으로 2007년 설립되었다.

본 연구소는 국내 최초로 산촌유학센터를 열어 주기적으로 농촌유학생을 모집한다. 이러한 산촌유학제도를 통해 신청자들에게 공동체 생활을 경험하게 하고 계절에 따라 어우러진 자연체험캠프 활동을 제공한다. 그밖에도 농촌뿐만 아니라 세계를 여행하는 지구여행학교 사업을 진행하면서 참여자들이 견문의 폭을 넓히고 있다.[1] 또한, 귀농을 원하는 희망자를 대상으로 한 귀농 관련 강좌를 제공하기도 한다.

본 연구소는 인구감소와 고령화로 인해 날이 지날수록 활력이 저하되는 농촌에 활력을 불어넣기를 희망하고 있다. 다양한 캠프 기획을 통해서 수익을 창출

---

1 지구여행 학교는 농촌살림연구소의 한 사업으로 전라북도 정읍시 산내면에 함께 위치하다가 2018년 서울사무국을 설립하였다. 2018년 7월 기준으로 새로운 법인 출범을 준비 중이다.

그림 12-24 농촌살림연구소

출처: 지구여행학교 다음카페.

하고자 한다. 예를 들어 환경교육캠프, 리더십강화캠프, 단식요가, 자유명상캠프 등을 진행하였다. 향후 환경, 의료, 복지, 문화, 교육 분야에 걸쳐 공공 서비스를 제공해 농촌의 종합지원시스템을 확립하여 이를 시행하는 기관으로 발돋움할 전 망이다.

현재 농촌살림연구소는 캠프나 지구여행학교, 산촌유학 등 사업부문에 참 가비를 걷어 수익을 올리는 구조를 띤다. 그러나 프로그램 운영경비가 이에 포함 되어 있으므로 큰 이득을 내지는 못하는 실정이다.

2) 비즈니스 모델 구성요소 분석

① 자원과 능력

농촌살림연구소는 경제적 · 사회적 가치를 창출하기 위한 자원과 능력으로 물적자원과 인적자원이 있다. 산촌과 농촌이라는 지역적 특성을 고려한 물적자 원이 본 연구소의 중요한 자원이다. 또 다른 물적자원으로 농촌생활을 체험하 고 농촌 관련 프로그램을 운영할 수 있는 농촌마을과 정읍 학교 터, 농촌생활관이 있으며 2010년 설립한 고산 산촌유학센터가 있다. 또한, 학령인구 감소로 인하여 지역에 폐교가 많이 존재하는 것도 물적자원 중 하나이다. 인적자원으로는 본 프로그램을 기획하고 운영할 수 있는 귀농인력이 포함된 운영자와 강사진이 존재한다.

② 활동

농촌살림연구소가 제공하는 활동은 동일한 사업관련 활동으로 경제적 수익을 내는 동시에 농촌의 발전을 도모하므로 경제적·사회적 가치를 모두 충족한다.

본 연구소의 주요 활동으로는 농촌유학센터, 자연캠프 등 농촌체험 활동, 도시·농촌 및 국제 교류활동 관련 지구여행학교, 귀농관련 교육 활동이 있다. 먼저 농촌체험 활동은 아이들을 대상으로 농촌유학센터를 열어 주기적으로 어린이 농촌 유학생을 모집하고, 공동체 생활을 경험하게 하며, 목공예, 작물 수확 등의 다양한 농촌체험 활동을 제공한다. 또한 자연캠프를 진행함으로써 다양한 자연의 경치를 느낄 수 있도록 계절별 맞춤 프로그램 역시 제공한다. 청소년을 대상으로 대안학교인 지구여행학교를 설립하여 테마별 세계여행을 진행 중에 있으며 그밖에 귀농 희망자들을 대상으로 한 귀농 관련 교육을 제공하고 있다.

③ 가치제공물

본 연구소의 가치제공물은 경제적·사회적 가치제공물과 사회적 가치제공물로 나뉘어진다. 고객들에게 경제적·사회적 가치제공물을 제공하기 위하여 본 연구소는 고산 산촌유학센터를 운영하며 농촌생활관에서 아이들에게 공동체 생활을 할 수 있도록 기본적인 숙식을 제공하고, 농작물 수확 체험 등 다양한 농촌체험 프로그램을 제공한다. 궁극적으로 참가자들에게 농촌의 가치를 전달하기 위한 것이다. 이와 더불어 제도권 밖의 청소년들에게 지구여행학교를 통해 다양한 국가들을 함께 탐방하며 청소년들의 진로탐색과 자아발견을 돕는다. 이외에도 계절별 다양한 자연캠프와 귀농귀촌 강좌 서비스를 제공한다. 사회적 가치제공물로는 정읍시 주변지역인 농촌 지역의 활성화를 도모하고 있다.

④ 고객

농촌살림연구소의 고객은 경제적·사회적 고객과 사회적 고객으로 나누어 진다. 먼저 경제적·사회적 고객으로는 농촌생활 및 공동체 체험 등을 경험하고 싶은 어린이와 제도권 밖의 청소년, 귀농을 원하는 귀농희망자가 포함된다. 사회적 고객으로는 이러한 활동의 혜택을 입는 농촌과 그 주변 지역사회가 해당한다. 전형적으로 지역사회 공헌형 사회적 기업은 주변 지역의 소득과 고용을 증대시키고 재분배 활동을 통해 지역사회를 활성화시키고 있다.

⑤ 파트너

본 연구소가 제공하는 경제적·사회적 가치를 동시에 창출하기 위해서 다양한 파트너십을 맺고 있다. 먼저 경제적·사회적 가치 활동을 위한 파트너는 농림부 농어촌공사와 농업인재개발원, 농촌문화정보센터 등으로부터 사업을 지원받고 있다. 또한, 정읍시농업기술센터와 협력하여 농촌체험 프로그램을 진행하고 있다.

3) 비즈니스 모델의 경쟁력 평가

농촌살림연구소는 지역사회 공헌형이며, 농촌체험을 위한 산촌학교와 지구촌여행학교를 중심사업으로 하여 운영하고 있는 비영리 민간단체이다. 제공 서비스는 체험형 사업이고 교육 서비스 또한 제공하지만 일반적인 교육과는 다른 형태의 서비스를 제공한다.

〈그림 12-25〉는 농촌살림연구소의 비즈니스 모델을 종합적으로 정리하였다. 청소년을 대상으로 여행 및 체험을 제공하여 경제적·사회적 가치를 추구하는 강한 연결성의 하위 요소와 지역사회를 활성화는 사회적 가치를 추구하는 보통 연결성의 하위 요소로 구성되어 있다.

본 연구소는 가치제공물에서 다른 사회적 기업에 비해서 차별화된 특징을 가지고 있다. 농촌을 이용한 체험형 교육 서비스 제공함으로써 아이들에게 인성을 함양하고 정서적 성장을 지원한다. 또한, 아이들이 농촌의 가치에 대해 알아가게 되는 시간을 가질 수 있게 된다. 이는 교실에서는 얻을 수 없는 가치로, 이 같은 형태의 사업이 가지는 이점이기도 하다. 지구촌여행학교 또한 독특한 형태의 대안학교로, 아이들이 여행하는 과정을 통해 새로운 가치를 찾을 수 있게 도와준다.

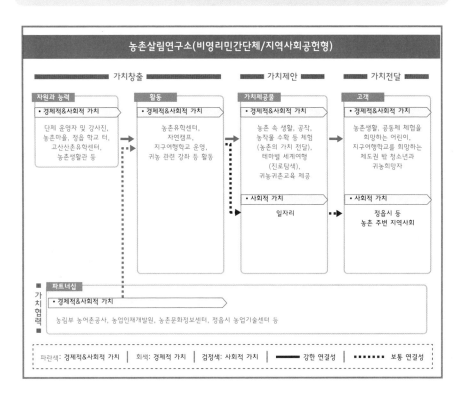

그림 12-25 **농촌살림연구소의 비즈니스 모델**

4 사회복지법인의 비즈니스 모델 분석

(1) 사회복지법인 평화의마을

1) 기업현황

평화의마을은 지적 장애인의 직업재활 및 독립생활을 위한 장애인복지시설로 2000년 설립된 일자리 제공형 사회적 기업이다. 사회에서 경쟁을 통해 고용되기 어려운 장애인들에게 유급의 일자리를 제공하여, 중증 장애인의 고용을 통한 삶의 질 향상과 사회통합의 장기적 미래를 추구한다. 더불어 올바른 먹거리를 생산, 제공해 인류의 건강한 지속가능성 확보라는 가치를 가지고 있다.

중증 장애인들의 직업재활로 육가공 부문을 운영하며, 직업적응훈련 등을 통해 이들을 유급으로 고용하는 것이 주 사업이다. 이밖에 공동생활 가정을 꾸려 독립생활에 필요한 가사훈련, 여가활동, 사회적응 훈련서비스를 제공한다. 또, 사회통합을 위해 사회적응 및 대인관계훈련 서비스도 제공하고 있다.

평화의 마을은 소시지, 햄 등의 발효육 제품류와 햄버거 패티, 돈가스 등의 식육 가공품 판매를 통해 수익을 내고 있다. 이와 더불어 장애인 고용으로 인한 보조금 및 고용 장려금, 후원금 등은 보조 수익원이다. 2015년 회계를 기준으로, 총 매출액이 약 12.5억 원이고, 영업손실이 1.4억 원이다. 그렇지만, 영업외수익 중 보조금은 약 5백만 원, 고용 장려금은 약 1억 원이 있으며, 당기순이익으로 0.76억 원을 기록하였다.

2) 비즈니스 모델 구성요소 분석

① 자원과 능력

본 법인은 경제적 · 사회적 가치를 실현하기 위하여 제주도 서귀포시에 위치한 본사와 육가공품 제조에 필요한 채소류를 키우는 인근 텃밭, 실습지, 제품생산을 위한 공장 및 냉동시스템, 위생설비 등의 물적자원을 보유하고 있다. 2012년 발효육 개발연구소인 기업부설 연구소를 개설하였다. 육가공 공장은 2006년에 준공되었으며, 2007년에 HACCP 인증을 받았다. 또한, 공동생활가정으로 행복이네와 우리집을 운영하고 있다.

인적자원으로는 장애인 26명, 비장애인 11명 등 37명의 근로자가 있다. 2010년 일본 다카사키햄, 안데스햄 기술연수를 통해서 직원들의 육가공 기술능력을 향상시키고 있으며, 제주대학교와 협력하여 2014년 조릿대 소시지 관련 특허를 등록하였다. 또한 지속적으로 자원봉사자들이 방문하여 일손을 돕고 있다.

② 활동

본 법인의 가치 활동은 크게 경제적 활동과 사회적 활동으로 나누어진다. 먼저 경제적 활동으로는 육가공품을 제조하고 판매하는 활동이다. 근로자들은 돼

그림 12-26 **사회복지법인 평화의 마을 임직원들**

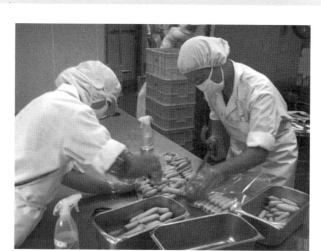

출처: 한겨레, 2012.

지고기를 가공하고 살균 및 포장작업을 통해 육가공 제품을 생산할 뿐만 아니라, 제품에 들어가는 재료를 인근 텃밭에서 직접 기르고 재배한다. 이후 제품 판촉과 마케팅 활동을 통해 제품을 홍보하고 있으며 생산된 모든 제품은 제주맘(jejumäm)에서 판매한다.

사회적 활동으로는 장애인들에게 독립생활훈련 프로그램을 제공한다. 그들에게 직무교육뿐만 아니라, 반찬 만들기, 김장, 집 꾸미기, 텃밭 가꾸기 등을 포함해 직업적응 훈련, 금전관리 훈련, 가죽공예나 비누 만들기 등의 여가생활 프로그램, 보건교육 등을 진행한다. 그밖에 본 법인은 주기적으로 지역사회 나눔 행사인 나눔디너쇼를 기획하여 지역 내 취약계층에게 무료로 음식을 대접하는 활동을 진행하고 있다.

③ 가치제공물

평화의마을의 가치제공물은 경제적 가치제공물과 사회적 가치제공물로 구분하여 분석할 수 있다. 본 법인의 대표적인 경제적 가치제공물은 흑돼지와 각종 농산물로 만든 소시지, 햄, 분쇄가공육 등의 육가공품이다. 제주맘에서는 다양한 종류의 수제 소시지와 수제 햄, 이를 꾸린 선물세트 등이 판매되고 있다.

대표적인 사회적 가치제공물은 중증 장애인들의 직업훈련을 통한 일자리 제공이 있다. 평화의마을은 중증 장애인의 고용확대와 더불어 이들에게 일상생활 훈련, 보건교육, 재활교육 등을 제공하며 장애인들의 독립된 생활과 사회적응을 돕고 있다. 또한, 본 법인은 나눔디너쇼 행사를 기획하여 취약계층에게 무료로 음식을 제공하고 있다.

④ 고객

평화의마을의 주요 고객은 경제적 고객과 사회적 고객으로 분명히 나누어진다. 본 법인의 경제적 고객은 건강한 소시지, 햄 등을 찾는 소비자들이 해당한다. 홈쇼핑, 백화점, 면세점, 슈퍼마켓 등 다양한 유통채널을 통해 제품 판매가 이루어지며, 자체 쇼핑몰인 제주맘을 통해서도 상시 판매가 이루어지고 있다.

본 법인에서 근로 및 교육을 받고 있는 장애인들은 본 법인의 사회적 고객이다. 또한 지역사회 봉사의 일환인 나눔디너쇼의 대상인 고령자, 저소득자, 보호관찰청소년 등 취약계층 역시 사회적 고객에 해당한다. 2016년 공시에서 나눔디너쇼 및 해외연수 등의 사회서비스 수혜자는 전체 156명이며, 이 중에서 130명의 취약계층이 혜택을 받았다.

⑤ 파트너

평화의마을은 태흥목장과 (주)제주맘엠앤에스, 다양한 유통업체들과 경제적 파트너십을 맺고 있다. 먼저 태흥목장으로부터 육가공품의 원료인 흑돼지를 공급받고 있으며, 수익사업을 위해서 (주)제주맘엠앤에스를 설립하여 통신판매를 하고 있다. 백화점, 호텔, 골프장 및 마트 등과 협약하여 납품하고 있으며, 다음카카오와 아임홈쇼핑 등을 통해 홍보를 하고 있다. 그밖에도 평화의마을의 사회적 활동을 위해 행복나래, 인근 보건소, 사회교육을 위한 외부강사들과 협약을 맺고 있다. 또한, 연계기업으로 오라관광주식회사가 있다.

3) 비즈니스 모델의 경쟁력 평가

평화의마을은 중증 장애인과 일반인이 어우러져 근로하는 사회복지법인으로, 햄과 소시지를 생산하는 일을 주 사업으로 하며 생산인력으로 중증 장애인을 채용한다. 이때, 단순 채용에서 끝나는 것이 아니라 직업교육, 사회재활교육을 병행함으로써 장애인의 사회통합에 다가갈 수 있게 기여하는 특징을 가지고 있다.

〈그림 12-27〉은 평화의마을의 비즈니스 모델을 종합적으로 정리하였다. 일반 소비자를 대상으로 햄, 소시지류를 판매하여 경제적 가치를 추구하는 강한 연결성의 하위 요소와 중증 장애인을 대상으로 일자리를 제공하여 사회적 가치를

그림 12-27   사회복지법인 평화의마을의 비즈니스 모델

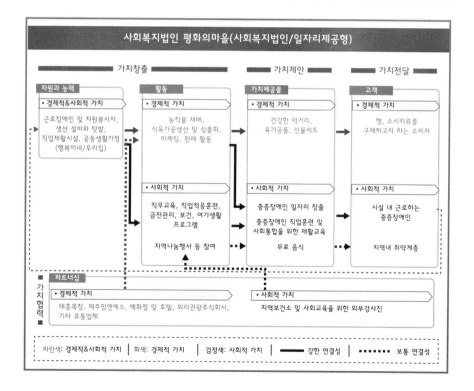

추구하는 강한 연결성의 하위 요소로 구성되어 있다. 또한, 지역 내 취약계층에게 무료 음식을 제공하는 보통 연결성의 하위 요소로 구성되어 있다.

본 법인은 사회적 가치 창출을 위한 활동에서 경쟁력을 확인할 수 있다. 법인은 앞서 언급한 바와 같이 장애인에게 사회통합을 위한 일상생활 훈련을 지속적으로 제공하고 있다. 일자리 제공형에서 가장 많이 언급되는 문구가 '빵을 팔기 위해 고용하는 것이 아니라 고용하기 위해 빵을 판다'는 것이다. 본 법인은 단순 고용보다 공급하고자 하는 제품을 더 효율적으로 만들고, 고용된 사람의 미래까지 바라보는 장기적 안목 아래 이루어지는 활동이다. 다른 일자리 창출형과 비교했을 때 전달되는 사회적 가치가 더 크다고 할 수 있을 것이다.

(2) 사회복지법인 빛과소금복지재단

1) 기업현황

빛과소금복지재단은 설립 주체인 부산의 초량교회가 IMF 이후 사랑의 쌀 나누기를 통해 주변에 굶주리는 이웃을 도운 것을 시작으로, 소외계층에게 더욱 전문적인 복지혜택을 제공하고자 2005년에 설립한 사회서비스 제공형 사회복지법인이다.

본 법인은 사회서비스를 제공하는 대상에 따라 크게 다음과 같이 주요 사업을 진행하고 있다. 첫째, 노인 및 장애인을 대상으로 전문인력을 파견하여 삶을 지원하고 있다. 둘째, 아동 및 청소년에게 지역아동센터와 그룹홈을 운영하여 아이들의 성장을 돕고 있다. 셋째, 본 법인은 지역사회를 대상으로 김장김치와 도시락을 나누고 바자회를 열어 기금을 마련하는 등 다양한 소외계층에게 특화된 사회서비스를 제공하고 있다. 넷째, 지방자치단체로부터 사회서비스를 제공하는 부산진구건강가정지원센터, 부산사하시니어클럽 등을 수탁하여 운영하고 있다.

본 법인은 운영사업을 통한 수익과 정부 및 지방자치단체로부터의 보조금, 개인 및 단체의 후원을 통해 운영되고 있다. 경제적 수익에서 가장 큰 비중을 차지하는 사업은 장애인활동지원과 노인재가요양 부문이다. 2016년 결산자료를 기준으로 장애인활동지원센터 19.6억 원, 재가노인복지시설인 카네이션방문요양센

그림 12-28　사회복지법인 빛과소금복지재단

출처: 빛과소금복지재단.

터 1.65억 원, 지역아동센터 1.19억 원, 아동공동생활가정인 파랑새그룹홈 0.99억 원의 매출액을 얻었다. 법인 전체 수입을 포함하여 전체 매출액은 24.6억 원을 달성하였다. 이 중에서 국가 보조금, 후원금이 상당한 편이다.

2) 비즈니스 모델 구성요소 분석

① 자원과 능력

빛과소금복지재단은 경제적·사회적 가치를 실현하기 위한 주요 물적자원으로 빛과소금재단사회서비스센터로 장애인활동지원센터와 카네이션방문요양센터가 있다. 또한 본 법인은 청소년을 대상으로 사회서비스를 제공하기 위하여 지역아동센터인 우리동네영어학교, 아동들의 공동생활가정인 파랑새그룹홈을 각각 보유하고 있다. 추가적으로 노인 및 장애인 대상 사업을 위해 수탁 운영하는 부산진구 노인·장애인 복지관 등이 있다. 인적자원으로는 대표이사, 각 시설의 관리자와 종사자, 교사 및 자원봉사자들이 있다.

② 활동

본 법인에서 제공하는 활동은 경제적·사회적 활동과 사회적 활동으로 구분된다. 먼저 경제적·사회적 활동으로 재단은 카네이션방문요양센터와 빛과소금 장애인활동지원센터를 운영하면서 노인 및 장애인들에게 전문 인력을 파견함으로써 그들의 생활을 돕는 다양한 지원 서비스를 제공하고 있다. 또한, 돌봄과 보호가 필요한 아동 및 청소년들을 위하여 영어특화 지역아동센터인 우리동네영어학교와 아동공동생활가정인 파랑새그룹홈을 운영하고 있다.

본 법인의 사회적 활동으로는 다양한 지역나눔 행사와 노인복지 향상 활동을 진행하고 있다. 식사를 챙기기 어려운 노인을 포함한 취약계층에게 아침인 '행복한 아침밥상'과 점심 '사랑 도시락'을 제공하고 그밖에 청소, 세탁, 말벗 등 가사지원 서비스를 제공한다. 또한, 소망노인대학에서는 노래교실, 건강체조교실, 한글교실 등을 운영하여 노인들에게 교육 서비스를 제공하고 있다.

③ 가치제공물

본 법인이 제공하는 가치제공물은 경제적·사회적 가치제공물과 사회적 가치제공물로 구분되며, 고객에 따라 다양하다. 노인들은 카네이션방문요양센터의 지원 서비스를 통해 일상생활 지원부터 심리정서와 건강관리 지원 서비스를 제공받고 있으며, 장애인들 역시 장애인활동지원센터를 통해 가사, 의사소통 및 이동 등 다양한 활동보조 서비스를 지원받고 있다. 아동 및 청소년들은 파랑새그룹홈과 우리동네영어학교를 통해 학습지도와 식사제공 서비스, 다양한 체험학습 프로그램 등을 제공받고 있다.

본 법인의 사회적 가치제공물로는 지역사회의 취약계층들에게 무상으로 제공되는 김치와 도시락 등의 음식과 침구세탁 서비스 등 복지 서비스 등이 있다. 또한, 바자회를 통해 모금된 기금을 후원금으로 취약계층에게 연결하고 있다.

④ 고객

본 법인의 고객은 주로 취약계층이며, 취약계층의 지불능력에 따라 경제적·사회적 고객과 사회적 고객으로 분류될 수 있다. 먼저 경제적·사회적 고객은 부산 동구 초량동 인근에 거주하며 심신이 병약하여 식사 및 생활지원이 필요한 노인, 활동보조가 필요한 장애인, 학습 지원이 필요한 어린이 및 청소년 등이 해당한다.

사회적 고객은 음식 나눔과 침구세탁 서비스를 지원받는 생활형편이 어려운 이웃과 노인 등이 속한다. 또한 후원금을 받는 취약계층도 사회적 가치 고객이라고 할 수 있다.

⑤ 파트너

빛과소금복지재단의 파트너는 자원과 역량 측면에서 부산시와 동구청, 초량교회, 후원자 및 후원단체 등이 있다. 먼저 법인의 모체가 되는 초량교회는 본 법인의 빼놓을 수 없는 핵심 파트너이다. 초량교회는 경제적 지원을 해주는 본 법인의 경제적 파트너인 동시에 교회 신도들을 통해 사회적 서비스 활동을 진행하므로 사회적 파트너이기도 하다.

부산시와 동구청은 본 법인의 설립 당시부터 지속적으로 경제적인 지원뿐만 아니라, 위탁사업을 발주하고 있는 주요 파트너이다. 이외에도 다양한 후원자들과 후원단체들이 후원금과 자원봉사를 통해 본 재단을 든든하게 지원해주고 있다.

3) 비즈니스 모델의 경쟁력 평가

빛과소금복지재단은 아동 및 청소년, 장애인, 노인이라는 대표 취약계층인 목표 고객을 가지고 각각에 알맞은 사회서비스를 제공하는 사회복지법인이다. 아동 및 청소년을 대상으로 공부방 및 홈스쿨링, 장애인을 대상으로 활동보조, 그리고 노인을 대상으로 노인요양센터 제공 등 노인복지를 위한 무료 서비스를 제공한다.

〈그림 12-29〉는 빛과소금복지재단의 비즈니스 모델을 종합적으로 정리하였다. 본 법인은 취약계층을 대상으로 사회서비스를 제공하면서 경제적·사회적 가치를 추구하는 강한 연결성의 하위 요소인 노인을 대상으로 무료 복지 서비스를 제공하면서 사회적 가치를 추구하는 강한 연결성의 하위 요소, 기타 생활형편이 어려운 이웃을 위해서 물품 서비스 등을 제공하는 보통 연결성의 하위 요소로 구성되어 있다.

본 법인은 경제적·사회적 가치 창출을 위한 파트너십에서 강점을 가지고 있다. 본 법인은 교회 조직을 모체로 둠으로써 사회적 가치를 실현하는데 관심이

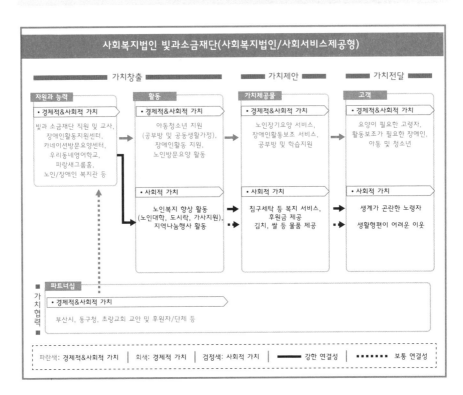

그림 12-29 사회복지법인 빛과소금복지재단의 비즈니스 모델

많은 조직과 구성원들이 있다. 본 법인의 활동이 사회에 대한 봉사라는 교회의 사명과 맞물려서 적절한 지원과 사업수행이 용이하다. 또한 교회의 신도들이라는 자원봉사자를 가지고 있다. 마찬가지로 후원자 및 후원단체도 교회와의 접점을 바탕으로 넓게 가질 수 있다.

(3) 사회복지법인 노인낙원 효도사업단

1) 기업현황

사회복지법인 노인낙원은 1992년에 서울시 가정 제1호 사회복지법인으로 인가를 받아 설립된 노인전문 사회복지법인이다. 본 법인은 고령화 사회의 문제해결에 기여하기 위해 가족공동체가 노인을 부양하던 기존 부양체제에서 벗어나 동네 단위의 지역 공동체적 사회복지를 제공하는 두레효도 운동을 추구하고 있으며, 전통문화유산인 효행 문화를 전승 및 개발하고자 하는 것이 본 법인의 특징이다. 본 법인은 두레효도 운동을 통해 고령자들이 일할 수 있는 일자리를 창출하고 노인들을 위한 다양한 근로자를 파견하는 동시에 질 높은 노인 간병 서비스를 제공하고 있다.

노인낙원은 저출산 및 고령화에 따른 사회문제를 해결하기 위하여 본 법인에서 노인낙원 효도사업단을 개설하였다. 2009년 말 사회복지법인 노인낙원 효도사업단은 혼합형 사회적 기업으로 인증되었다.

주요 사업은 크게 두레효도운동을 위한 연계사업과 그를 위한 재정확보의 일환으로 행사용품, 청소용품 등의 제작과 구매대행을 통한 수익사업을 진행하고 있다. 연계사업으로는 효도사 양성교육사업, 근로자 파견사업, 효도센터 설치사업, 한글세계화 사업, 노인재가복지사업인 방문요양, 간병인, 노인돌봄이 등이 있다.

2014년 회계연도 기준으로 매출액 11.9억 원, 영업이익 −0.42억 원, 당기순이익 −0.41억 원을 달성하였다. 본 법인은 전체 고용인력이 45명이다.

2) 비즈니스 모델 구성요소 분석

① 자원과 능력

노인낙원 효도사업단은 노인들을 고용하고 이들에게 요양 등 사회서비스를 제공하기 위하여 풍부한 물적자원을 가지고 있다. 물적자원으로 서울시 서초구에 위치한 본점과 전국 25곳의 지부가 있으며, 효도교육원을 운영하고 있다. 인적자원으로는 본 법인의 임직원들이 해당된다. 2015년 총 45명의 유급근로자를 고용하고 있으며 그 중 취약계층은 총 31명으로 고령자 19명과 경력단절자 12명을 포함한다.

② 활동

본 법인에서 제공하는 활동은 활동 내용에 따라 경제적·사회적 활동, 경제적 활동, 사회적 활동 세 가지로 나눌 수 있다. 먼저 경제적·사회적 가치의 대표적인 활동은 노인재가복지 관련 활동이다. 도움이 필요한 노인에게 간병인과 노인돌봄이를 파견하고, 그들을 통해 돌봄서비스 활동을 수행한다.

둘째, 경제적 가치 창출을 위한 활동으로는 행사용품 및 청소용품 제작과 판매가 있다. 노인낙원 효도사업단은 1443mall이라는 인터넷 쇼핑몰을 운영하면서, 생활용품부터 홍보용품까지 다양한 물건을 판매하고 있다. 또한, 구매대행서비스를 제공하여 공공기관에 납품하고 있다.

셋째, 본 법인의 사회적 활동은 우리나라 전통의 한글과 효 문화를 알리기 위해 한글 세계화사업 활동과 효도사 자격양성교육 활동을 진행하고 있다. 이를 통해 효도사 교육원을 운영하며 고령자의 일자리 창출을 도모하고 있다. 본 법인은 노인정이 노인들의 단순한 쉼터를 넘어서 지역 밀착형 효도사업을 책임질 수 있도록 효도센터를 설치하고 운영하고 있다.

③ 가치제공물

본 법인의 가치제공물은 경제적·사회적 가치제공물, 경제적 가치제공물 및 사회적 가치제공물로 구분할 수 있다. 경제적·사회적 가치제공물은 노인재가복지사업을 통해 제공되는 노인돌봄서비스가 있다. 제공되는 서비스로는 방문요양, 방문목욕 서비스와 밑반찬 배달 등이 있다.

경제적 가치제공물은 행사용품과 청소용품을 포함한 다양한 소모물품을 제작하여, 1443mall을 통해 판매하고 있다. 또한, 공공기관 등을 위한 구매대행 서비스 등이 해당된다.

사회적 가치제공물로는 전통문화 계승을 위해 제공하는 효도사 자격양성교육과 민간자격증, 경로당의 활성화된 서비스가 있다. 또한 고령자 및 경력단절자에게 효도사 교육을 운영할 수 있도록 일자리 제공 등이 있다.

그림 12-30   사회복지법인 노인낙원 효도사업단

출처: 노인낙원 효도사업단.

④ 고객

본 법인의 고객은 경제적·사회적, 경제적, 사회적 고객으로 구분될 수 있다. 경제적·사회적 고객은 요양이 필요한 노인이라고 할 수 있다. 모든 노인들이 해당되나, 특히 재가요양이 필요한 노인계층이 주요 고객이 된다.

본 법인의 경제적 활동을 통해 생산되는 판촉물, 기념품, 소모성 자재 등이 필요한 다수의 불특정 기업이나 개인이 경제적 고객에 해당한다.

사회적 고객은 효도사 자격증 및 경로 관련 사업을 원하는 사람들이나 지역사회 노인, 사업단에서 근로하는 노령자나 경력단절자 등 취약계층이 대표적이다.

⑤ 파트너

본 법인의 주요 파트너는 모체인 사회복지법인 노인낙원이 있다. 본 법인과 협력하여 공동체마다 자율적으로 상호부조의 전통을 되살리고자 노력하고 있다. 또한,

다양한 복지사업을 전개하기 위해서 서초구청의 지원을 받고 있다. 이외에 노인낙원의 별도사무소로 은파케어센터가 있다. 은파케어센터는 65세 이상의 어르신들에게 주야간 단기보호뿐만 아니라, 방문요양, 가사간병과 노인돌봄을 실시하고 있다.

3) 비즈니스 모델의 경쟁력 평가

노인낙원 효도사업단은 크게 두레사업과 행사 및 청소용품 유통사업 두 가지 활동을 하고 있는데, 두레사업에는 노인재가요양이 포함되어 있어, 경제적·사회적, 경제적, 사회적 활동이 모두 존재하는 형태이다.

〈그림 12−31〉은 노인낙원 효도사업단의 비즈니스 모델을 종합적으로 정리

그림 12-31   사회복지법인 노인낙원 효도사업단의 비즈니스 모델

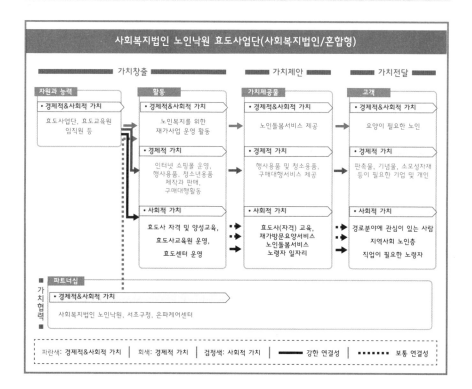

하였다. 본 법인은 노인들을 대상으로 사회서비스를 제공하면서 경제적·사회적 가치를 추구하는 강한 연결성의 하위 요소, 순수하게 일반 기업과 개인들을 대상으로 재화를 판매하여 경제적 가치를 추구하는 강한 연결성의 하위 요소, 그리고 취약계층에 일자리 및 무료 재가방문요양서비스를 제공하면서 사회적 가치를 추구하는 강한 연결성의 하위 요소로 구성되어 있다.

본 법인은 경제적 가치와 사회적 가치 창출을 위한 활동에서 차별화된 특징을 가지고 있다. 고령화 시대에 대비하여 효도의 가치를 드높이고, 노인들에게 봉사하기 위해 역량을 집중하는 활동을 전개하고 있다. 노인재가복지 외에 효도사 자격이나 효도교육원 운영 등은 다른 사회적 기업에서는 찾아보기 어려운 독특한 활동으로 경쟁력 유지에 도움이 될 수 있다.

5 협동조합 및 기타 유형의 비즈니스 모델 분석

(1) 원주노인소비자생활협동조합

1) 기업현황

강원도는 낮은 출산율과 지역 청년층의 인구유출로 인한 고령화 현상을 겪는 지역이다. 원주노인소비자생활협동조합은 이런 악재를 해결하기 위해서 일본의 노인일자리 창출 상황을 참고하였으며, 노인 스스로 경제적 독립을 이루고, 밝고 건강한 노인사회문화를 만들기 위해 2006년 설립되었다. 본 조합은 2008년 일자리 제공형 사회적 기업으로 인증되었다.

주요 사업으로는 조합원들이 학교 청소사업, 방역사업, 폐기물사업, 경비사업 등 취약계층들에게 다양한 일자리를 알선하고 있으며, 이를 통해 나오는 수익금을 통해 식당을 운영하고 있다. 또한 건강강좌, 세무·법률 등의 전문 서비스와 노인문제 상담을 제공한다.

2011년부터는 보건복지부 시니어인턴사업의 운영기관으로 노인일자리 확대에 더욱 기여하고 있으며, 자회사로 설립한 노인생협경비주식회사 또한 예비 사회적 기업으로 인가받았다. 본 조합은 노인생활소비자협동조합의 대표로서 각지에서 벤치마킹을 시도하고 있으며, 향후 노인을 위한 요양원 및 건강증진을 위한 사업을 계획하고 있다.

　원주노인소비자생활협동조합은 학교 청소, 방역, 폐기물, 경비 사업 등 다양한 사업을 통해 수익을 내고 있다. 그 중에서 주 수입원인 학교 청소사업의 수익금을 통해 운영되고 있다. 그 밖에도 원주시, 보건복지부 등으로부터 노인 일자리에 대한 지원금을 받기도 하며 직영 식당을 운영하여 부가적인 수입을 얻고 있다.

2) 비즈니스 모델 구성요소 분석

① 자원과 능력

　원주노인소비자생활협동조합에는 약 1,500여명의 조합원이 가입되어 있으며, 이는 본 조합의 최대의 자원이다. 이들은 처음 조합 설립을 위해 모인 300여명과 조합을 후원해 주는 600여명, 일자리를 원해서 가입한 600명으로 나누어지며 모두 60세 이상 노인으로 구성되어 있다. 이밖에 조합 사무실과 이들의 직영 식당인 만남의 집은 본 조합의 중요한 물적자원에 해당한다.

② 활동

　본 조합의 활동은 경제적·사회적 활동과 사회적 활동으로 구분할 수 있다. 정부 및 지방자치단체로부터 노인들을 위한 일자리 사업의 수주나 조합원들을 위한 자체적인 일자리 창출 활동은 경제적·사회적 활동으로 정의할 수 있다. 일자리 창출을 위한 주요 활동으로는 학교 및 공공기관을 대상으로 하는 깨끗한 학교 만들기 사업, 보건복지부의 노인일자리 지원사업인 시니어인턴사업, 보건소의 위탁을 받는 소독 및 방역사업, 원주시의 무단 폐기물과 뒷골목을 청소하는 클린콜사업, 아파트나 학교를 대상으로 하는 숙직, 경비사업 및 시장형 노인 일자리 등이 포함된다.

　본 조합은 사회적 활동으로서 조합원들을 위한 노인 대상 교육강좌를 만들어 운영하고 있다. 상담소 운영을 통해 노인문제 해결에 도움을 주며 봉사단을 조직하여 지역봉사활동도 하고 있다.

그림 12-32   원주노인소비자생활협동조합의 깨끗한학교 만들기 사업

출처: 부산일보, 2017.

③ 가치제공물

본 조합의 가치제공물은 경제적·사회적 가치제공물과 사회적 가치제공물로 구성되어 있다. 경제적·사회적 가치제공물은 의뢰된 학교, 공공기관과 거리의 청소 및 소독, 방역 서비스를 제공하며, 또한 아파트나 학교에는 숙직 경비원 등 경비 서비스를 제공한다.

이와 동시에 본 조합은 사회적 가치제공물로 조합원인 노인들에게 일자리를 제공하고 노인을 대상으로 교육, 모임 서비스를 제공하고 있다. 또한, 노인들의 사회문제 해결을 위해 제공되는 상담 서비스는 사회적 가치제공물에 속한다.

④ 고객

원주노인소비자생활협동조합의 고객은 경제적 가치를 창출하기 위한 고객과 사회적 가치를 창출하기 위한 고객으로 구분될 수 있다. 경제적 가치를 창출하기 위한 대표적인 고객은 깨끗한 학교 만들기 사업과 클린콜사업을 수행하는 기관이다. 깨끗한 학교 만들기 사업의 주요 고객은 초등학교 등의 공공시설이며, 클린콜사업의 대상고객은 원주시이다. 또한 숙직경비사업의 주요 대상은 아파트, 학교이며 이들은 모두 본 조합의 경제적 가치 창출을 위한 고객에 포함된다.

반면, 사회적 가치를 창출하기 위한 고객으로는 일자리를 제공받거나, 노인 사회서비스를 제공받는 본 조합의 소속 조합원들이 대표적이다.

⑤ 파트너

본 조합은 경제적·사회적 가치를 창출하기 위하여 활동 부문에서 다양한 파트너들과 협력하고 있다. 지방자치단체 및 정부 파트너로는 강원도청과 원주시, 노동부, 보건복지부가 있는데, 이들은 노인 일자리 사업을 지원한다. 자회사로 노인생협경비주식회사가 있으며, 이들을 통해서 조합원들의 일자리를 창출하고 있다. 연계 파트너십으로 강원도사회적경제지원센터, 사회적협동조합 원주협동사회 경제네트워크 등이 있다.

3) 비즈니스 모델의 경쟁력 평가

원주노인소비자생활협동조합은 지방자치단체 및 정부기관으로부터 노인형 일자리 사업을 받아 조합원들에게 알맞은 일자리를 제공해주고, 노인들은 일자리를 통해 지역사회, 공공기관, 아파트 및 기타 시설에 경비나 청소 등의 서비스를 제공한다.

〈그림 12-33〉은 원주노인소비자생활협동조합의 비즈니스 모델을 종합적으로 정리하였다. 본 조합은 학교, 공공기관 등을 대상으로 청소, 소독, 방역 및 숙직경비원을 제공하면서 경제적 가치를 추구하는 강한 연결성의 하위 요소와 소속 조합원들에게 일자리를 제공하면서 사회적 가치를 추구하는 강한 연결성의 하위 요소로 구성되어 있다.

본 조합이 경제적·사회적 가치를 창출하기 위한 자원에서 차별화된 특징을 가지고 있다. 본 조합의 조합원인 1,500여명의 노인들은 은퇴하였지만 제각기 다른 분야에서 경험을 쌓은 사람들이다. 이들을 자산으로 활용하여 시니어인턴사업을 운영하게 된 계기가 되었으며, 원주지역의 공공 서비스에서 중요한 역할을

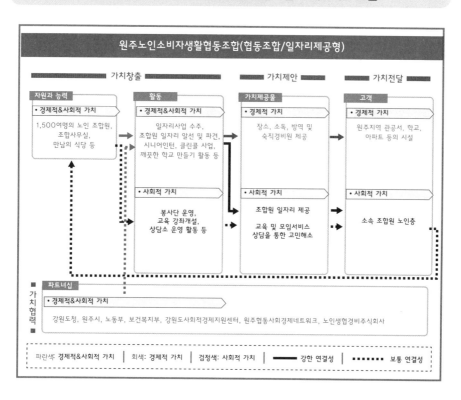

그림 12-33 원주노인소비자생활협동조합의 비즈니스 모델

원주노인소비자생활협동조합(협동조합/일자리제공형)

하고 있다.

(2) 사회적협동조합 홀더맘 심리언어발달센터

1) 기업현황

홀더맘 심리언어발달센터는 다양한 조합원들이 모여 '홀로 멋있게 더불어 조화롭게' 성장하겠다는 이념을 바탕으로, 취약계층에게 심리 사회서비스를 제공하기 위해 2013년 설립된 보건복지부 인가 비영리 사회적협동조합이다. 2014년 경기도 교육지원청 치료지원 및 방과후 프로그램 제공기관으로 등록되었으며, 2015 년에 사회적 기업으로 인증되었다.

주요 사업으로는 아동 및 청소년 등 사회서비스 대상자들의 심리적 안정과 사회성 향상, 창의·사고력 증진 등의 건강하고 균형있는 발달을 도모하기 위해 언어프로그램, 인지프로그램, 미술/모래 놀이 프로그램, 독서 프로그램 등 다양 한 심리 사회서비스를 제공한다.

본 센터는 유료 서비스와 바우처 사업으로 주 수익을 창출하고 있다. 2016 년을 회계연도 기준으로 일반교육비(상담료) 약 0.5억 원, 경기도에서 진행하는 바 우처 약 0.53억 원, 교육청 바우처 0.2억 원 정도의 수익이 발생하여 총 매출액은 약 1.22억 원을 달성하였다. 본 센터의 영업이익은 −0.30억 원이었지만, 정부 등 으로부터 지원받는 전문인력 지원금과 후원금으로 영업외수익이 0.32억 원 존재 하였다. 종합적으로 당기순이익은 1.26백만 원을 기록하였다.

2) 비즈니스 모델 구성요소 분석

① 자원과 능력

본 센터는 경제적·사회적 가치를 추구하기 위하여 우수한 인적자원을 직원 으로 채용하고 있다. 인적자원으로 전문적인 지식을 갖춘 상담, 언어, 심리분야 등을 담당하는 전문가 7명이 존재한다. 또한 조합원으로는 총 15명이 있다.

상담과 놀이치료 등을 진행할 수 있는 물적자원으로 수원 우만동에 위치한 본점과 호매실에 위치한 분점 두 곳을 가지고 있다. 그리고 지속적인 심리 상담 을 통해서 개발하고 축적한 자체 상담 프로그램이 있다.

② 활동

본 센터는 심리 사회서비스를 제공하기 위한 활동으로 경제적·사회적 활동 을 가지고 있다. 본 센터의 주요 활동으로는 심리적 지원이 필요한 아동 및 청소 년들에게 언어, 미술, 모래놀이, 연극 등 다양한 치료/상담 프로그램이 있다. 모 든 제공 활동은 일반 이용자에게는 유상으로 제공하며, 취약계층에게는 경기도 및 교육부의 지원을 받아 바우처(정부지원금 및 본인부담금) 형태로 제공한다. 이외 에도 주변 기관과의 협력을 통한 정기적인 오케스트라 공연과 경제교육 프로그

그림 12-34 **사회적협동조합 홀더맘 심리언어발달센터의 상담실**

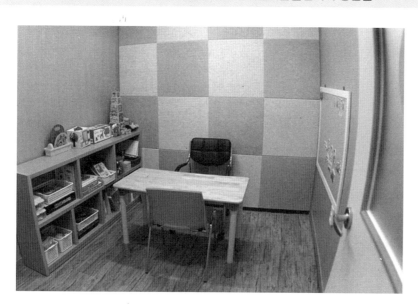

출처: 홀더맘 심리언어발달센터.

램, 정비교육 프로그램, 방과후학교 등을 제공한다.

③ 가치제공물

본 센터의 가치제공물은 경제적·사회적 가치제공물로 하나로 단순하게 구성되어 있다. 경제적·사회적 가치제공물은 다양한 치료/상담 서비스가 있다. 치료 서비스는 심리적 어려움을 호소하는 아동 및 청소년들에게 언어, 인지, 미술, 모래놀이, 독서, 음악, 사회성 등 폭넓은 치료/상담 서비스를 제공함으로써 그들의 문제해결을 도모한다. 이외에도 지역사회 프로그램을 통해 문화 서비스를 일부 제공하고 있다.

④ 고객

본 센터가 제공하는 서비스를 이용하는 아동 및 학생은 최종적인 고객이다. 사회서비스에 대한 경제적 지불능력에 따라 경제적·사회적 고객과 경제적 고객으로 나눌 수 있다. 2016년 기준으로 사회서비스를 이용한 총 고객은 1,831명이며, 취약계층은 946명으로 전체의 52%이다.

경제적·사회적 고객은 바우처 혜택을 받고 있는 장애인, 한부모 가족, 저소득자 자녀 등의 취약계층이다. 바우처의 경우 각 소득기준에 맞추어 선별된 취약계층에게 자기 부담금에 국고를 보조해주는 형태이다. 이들은 시중가보다 낮은 가격에 서비스를 제공받거나 또는 일부 무료로 서비스를 제공받는다. 경제적 가치 고객은 취약계층과 마찬가지로 동일한 서비스를 제공받지만, 유료로 이용하는 아동 및 학생이다.

⑤ 파트너

본 센터 바우처사업을 위해 경기도 및 경기도 교육청과 협력하고 있으며 경제적·사회적 가치를 추구하기 위한 주요한 전략적 동반자이다. 그리고 꿈틀아동발달센터 협동조합, 아름별 오케스트라, 자연누리 협동조합, 라온경제협동조합, 자전거문화 사회적협동조합 등 주변 사회적 기업과의 협력을 통해 지역사회 프로그램을 운영하고 있다.

3) 비즈니스 모델의 경쟁력 평가

홀더맘 심리언어발달센터는 아동들에게 언어치료, 미술치료, 놀이치료 등 심리치료를 전문으로 제공하는 단체이다. 일반인을 대상으로 교육상담과 바우처를 통한 수익사업 외에 장애아동 등 취약계층을 대상으로 동일한 서비스와 가치를 전달하는 형태이다. 인증 유형은 사회서비스 제공형으로 취약계층 고용은 없다.

〈그림 12-35〉는 홀더맘 심리언어발달센터의 비즈니스 모델을 종합적으로 정리하였다. 본 센터는 아동 및 청소년 등 학생들을 대상으로 심리 사회서비스를 통한 경제적·사회적 가치를 추구하는 강한 연결성의 하위 요소와 경제적 가치를 추구하는 강한 연결성의 하위 요소로 구성되어 있다.

본 센터의 경쟁력은 파트너십, 자원과 능력 측면에서 강사진과 자체 프로그램에 있다. 본 센터는 치료 및 상담을 위해 한 가지 방법을 고집하지 않고 다양한 접근방식을 바탕으로 이용자의 특성에 맞춰 폭넓은 서비스를 제공하고 있다. 본 센터는 각 분야별 상담사 또는 전문가가 각 파트를 담당하고 있는데, 이들은 소

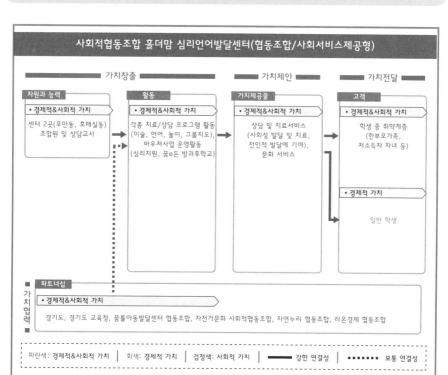

그림 12-35 사회적협동조합 홀더맘 심리언어발달센터의 비즈니스 모델

수의 아동들과 직접 마주보며 운영하는 등 효과적인 상담 및 치료 활동을 하고 있다.

이와 더불어 본 센터는 다른 사회적 기업 등과의 연계를 통해 자체 운영 기능으로는 부족할 수 있는 부분을 보충하고 있다. 예를 들어, 꿈틀아동발달센터 협동조합과의 협업을 통해 감각통합치료와 특수체육 분야를 강화하고 있다.

(3) 시흥희망의료복지 사회적협동조합

1) 기업현황

시흥희망의료복지 사회적협동조합은 의료와 건강, 생활과 관련된 문제의 해결을 위해 지역주민들과 의료인이 한데 모여 설립된 기관이다. 본 조합은 2009년 설립되었으며, 2012년 혼합형 사회적 기업으로 인증되었다. 과잉진료, 약물남용, 차별적 서비스를 제공하지 않고 예방진료, 환자권리장전의 실천을 위한 적정진료를 이루어 지역사회 주민들이 보다 나은 삶을 영위할 수 있도록 하는 것이 목적이다. 의료복지 사회적협동조합의 일반적인 설립 목표는 공익을 목적으로 지역주민, 조합원 및 의료인이 협력하여 의료기관을 운영할 뿐만 아니라, 건강증진 활동을 통해 건강한 공동체를 만들어가는 것으로 본 조합의 목적과 일치한다.

주 사업으로는 의료복지 사업과 보건 및 복지향상을 위한 사업을 위해 의료기관인 한의원, 치과, 의원을 운영하고 있다. 또한, 시흥희망돌봄센터를 운영하여 재가장기요양, 장애인활동지원 뿐만 아니라 산모신생아건강관리사교육을 진행하고 있다.

설립 당시에는 생활협동조합이었으나, 의료생협법을 악용한 일명 사무장병원과의 차별화를 목적으로 2013년 의료복지 사회적협동조합으로 전환하여 공익성을 강화하고 공동 브랜드를 구축하였다. 본 조합은 '2015 사회적 기업 경영컨설팅 성과공유대회'에서 사업모델 개발분야의 우수사례로 선정되기도 하였다.

본 조합은 소속 의료기관인 한의원, 치과 부문과 장기요양, 장애인활동보조 등을 통해 수익을 창출하고 있으며, 후원금 및 연대사업 지원금, 국가보조 등의 보조수입이 있다. 2016년을 기준으로 희망한의원 3.9억 원, 희망치과 6억 원, 장기요양 1억 원, 장애인활동보조 11억 원의 매출을 올렸다. 기타 수익사업으로 약 0.6억 원의 매출이 발생하였다.

2) 비즈니스 모델 구성요소 분석

① 자원과 능력

본 조합의 경제적·사회적 가치 창출을 위한 자원과 능력으로는 인적자원과 물적자원이 중심이다. 물적자원으로는 경기도 시흥에 위치한 조합본사 외 희망치과, 희망한의원, 희망의원과 희망돌봄센터가 있다. 2016년 공시기준 인적자원으로는 1,800명 이상의 소비자조합원, 취약계층을 포함한 총 130여명의 직원이 해당한다.

② 활동

본 조합의 활동은 경제적·사회적 활동과 사회적 활동으로 구분될 수 있다. 대표적인 경제적·사회적 활동은 한의원, 치과와 의원 등의 의료기관을 통한 진료 활동이며, 각 분야의 의료 전문가들이 지역 공동체의 건강증진을 도모하고 있다. 또한 재가요양서비스, 장애인주치의 사업 등의 돌봄 활동과 산모신생아건강관리사 양성교육 활동 등을 수행하고 있다.

그림 12-36 **희망치과**

출처: 주간시흥, 2016.

사회적 활동은 건강의 집 운영과 소모임 활동, 보건예방 활동이 있다. 먼저 본 조합은 건강의 집을 운영하여 지역주민들이 자유롭게 스스로의 건강을 확인하고 챙길 수 있는 쉼터를 제공한다. 또한 독서, 미술, 가야금 등 다양한 소모임을 개설 및 운영하여 조합원들의 문화생활을 증진시키고 있다. 이외에도 취약계층을 대상으로 한 방문진료와 지역아동센터를 대상으로 구강교육, 우리 몸 알기 교육, 건강 교육 등을 제공하며, 혈압, 혈당, 체성분 등 기본적인 건강진단을 무료로 진행하는 등 보건예방 활동을 진행한다.

③ 가치제공물

본 조합의 가치제공물은 경제적 · 사회적 가치제공물과 사회적 가치제공물로 구분된다. 먼저, 경제적 · 사회적 가치제공물은 지역주민들과 조합원들에게 제공하는 한의원, 치과, 의원 진료 서비스가 있다. 그밖에 보건예방 교육 및 생활개선을 위해 활동하며, 사회복지시설사업과 보건복지부의 산모신생아건강관리 지원사업을 위탁받아 의료복지 서비스를 제공한다.

사회적 가치제공물은 저소득자, 고령자, 장애인 등 취약계층에 제공하는 무료진료 및 물품, 차량이동지원 서비스와 무료건강진단, 건강의 집 운영 등이 해당되며, 취약계층을 위한 일자리 제공이 포함된다.

④ 고객

본 조합의 고객은 경제적 · 사회적 고객과 사회적 고객으로 구분될 수 있다. 경제적 · 사회적 고객은 한의원, 치과 진료가 필요한 일반 주민이나, 재가요양을 필요로 하는 고령자, 활동보조 · 방문목욕 · 방문간호 등이 필요한 장애인, 산모신생아건강관리사 교육을 받고자 하는 사람들이 포함된다.

본 조합이 제공하는 사회적 서비스를 제공받는 좁은 의미의 고객은 무료 진료 및 이동 서비스 등이 필요한 취약계층이 해당된다. 의료복지 사회적협동조합의 운영 특성을 고려했을 때, 조합원 및 지역주민, 무료검진 서비스를 받는 사람들이 광의의 개념에서 사회적 고객에 포함될 수 있다. 또한 일자리를 제공받는 취약계층이 사회적 고객이라 할 수 있다.

⑤ 파트너

본 조합의 파트너는 경제적 가치와 사회적 가치 창출을 위해서 다양한 파트너십을 유지하고 있다. 소재지 관청인 시흥시, 시흥시 보건소와 한국의료복지사회적협동조합 연합회 및 회원사가 본 조합의 주요 파트너이다. 그밖에 MOU 등 업무협약을 맺은 신한은행, 시흥시장애인종합복지관 등 관내 장애인기관, 지역 어린이집, 사회복지공동모금회 등이 있다.

3) 비즈니스 모델의 경쟁력 평가

시흥희망의료복지 사회적협동조합은 지역사회에 의료 서비스를 제공하는 조합으로서, 한의원과 치과진료 등 의료 서비스 외 장애인 활동보조와 노인장기요양 등 돌봄 서비스를 제공한다. 궁극적으로는 모든 조합원과 지역주민이 경제적·사회적 목표 고객이지만, 무료검진 등의 서비스를 제공받는 사회적 취약계층이 사회적 가치 고객이다.

〈그림 12-37〉은 본 센터의 비즈니스 모델을 종합적으로 정리하였다. 본 센터는 지역주민 및 조합원을 대상으로 의료 서비스를 통한 경제적·사회적 가치를 추구하는 강한 연결성의 하위 요소와 무료 서비스의 사회적 가치를 추구하는 강한 연결성의 하위 요소로 구성되어 있다. 그리고 일자리 제공의 사회적 가치를 추구하는 강한 연결성의 하위 요소가 있다.

본 조합의 경쟁력이 있는 부분은 가치창출을 위한 다음의 요소에서 살펴볼 수 있다. 첫째, 자원과 능력 부분으로 강력한 조합원과 의료시설이 중요한 차별화 요소이다. 의료복지 사회적협동조합의 경우 설립 시 최소 500명의 조합원이 있어야 하는데, 본 조합은 2016년 기준으로 1,890명의 조합원을 확보하였고, 100여명이 넘는 직원이 지역사회 의료복지 증진을 위해 활동하고 있다. 또한 본 조합은 물적자원인 희망치과, 희망한의원, 희망의원 등을 자체적으로 운영하고 있다. 본 시설을 바탕으로 수익을 창출할 뿐만 아니라, 지속적이면서 체계적인 의료 서비스를 제공하고 있다.

둘째, 활동 부분이다. 조합은 크게 의료 서비스와 돌봄 사업을 같이 진행한다. 치과, 한의원 등 의료 서비스의 경우 환자의 권리장전에 의한 적정진료와 치

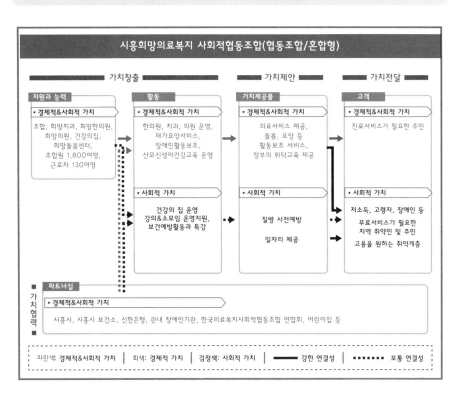

그림 12-37 시흥희망의료복지 사회적협동조합의 비즈니스 모델

료보다 예방을 중점에 두어 지역사회 건강증진에 기여한다. 돌봄 사업의 경우, 자 칫 차별성 없는 사회서비스가 될 수 있으나 조합이 가진 의료 서비스 및 건강증 진을 위한 활동 역량이 더해져서 더욱 효과적인 서비스가 가능해질 것으로 예상 된다.

(4) 생드르영농조합법인

1) 기업현황

생드르영농조합법인은 제주도 내의 친환경 농업자·생산자 단체인 흙살림 제주도연합회와 한살림제주생드르연합회의 유통사업단이다. 친환경농산물을 가공·유통하고 발생된 부가가치를 다시 농촌으로 순환시켜 지역을 재생시키고 자립을 돕는 것을 목표로 하고 있다. 이름인 생드르는 생(生)과 드르(제주 방언으로 들판)의 합성어로 살아있는 들판을 의미한다.

1993년 조천읍유기농업연구회로 출범하여 2000년에 법인으로 전환하였으며, 2012년 사회적 기업으로 인증되었다. 생드르영농조합법인은 제주도 내 5개 공동체(제주시, 대정, 성산·표선, 조천, 구좌)를 기반으로 85농가의 112명의 생산자가 회원으로 활동 중에 있다. 이들은 주로 감귤 및 만감류, 당근, 감자, 양배추, 브로콜리 등 친환경 농산물과 가공품을 생산 및 유통하며, 제주 지역학교 및 지역아동센터에 친환경 급식재료를 공급한다.

본 법인의 주요 매출은 농산물 판매액과 급식재료 납품 수익이다. 2016년 신용분석보고서에 따르면 매출액 72억 원, 영업이익 0.2억 원인 것으로 나타났다. 이는 전국영농조합 평균 매출액이 약 11억 원 정도인 것을 비교하였을 때 상당한 매출액을 기록하고 있음을 확인할 수 있다. 이외에도 인건비와 사회보험료 등 소정의 정부지원금을 지원받아 운영되고 있다.

2) 비즈니스 모델 구성요소 분석

① 자원과 능력

본 법인이 경제적·사회적 가치를 창출하기 위해서 보유한 자원과 역량은 물적자원과 인적자원으로 구분될 수 있다. 물적자원으로는 시설과 영농을 위한 토지가 있다. 시설로 제주시 조천읍에 위치한 영농조합 본사가 있다. 내부에는 냉동고, 선과장, 소분실, 농산물 집하장 등의 물류시설과 식품제조가공실, 학교급식 납품을 위한 저온 저장고와 재포장실, 조합원 교육을 위한 교육장, 교류를 위한 감귤 수확 체험학습장 및 쉼터 등으로 구성되어 있다. 또한, 11만 핵타

르(Hectare)에 이르는 상당한 토지를 소유하고 있다. 본 법인의 인적자원으로는 총 6명의 조합 근로자와 5개 권역에 존재하는 112명의 생산자 조합원이 활동 중이다.

② 활동

본 법인의 활동은 경제적·사회적 활동과 사회적 활동으로 구분될 수 있다. 먼저 경제적·사회적 활동은 입고된 농산물을 포장하고 가공하여 상품화하고 한살림, 직거래장터나 온라인에 판매하거나 급식센터에 납품하는 것이 주요 활동이다. 이를 위한 보조활동으로 조합에서는 총회·월례회의를 통해 의견을 교환하고 과수분과위원회·밭작물분과위원회·여성생산자위원회를 운영하여 생산과 출하, 가격을 조정한다. 또한, 급식센터 납품을 위해서 납품·입찰 등을 담당하는 친환경급식사업단을 운영하기도 하며 영농 체험을 위한 체험교육을 운영한다.

사회적 가치의 주요 활동으로는 지역 내 취약계층을 선별하여 무상으로 친

그림 12-38   생드르영농조합법인의 당근 수확 모습

출처: 생드르영농조합법인.

환경농산물을 제공하며, 조합 생산자인 농민을 대상으로 친환경 농업에 대한 교육 및 기술교류를 지원한다. 이외에도 농민들이 이상기후로 농사를 망칠 경우를 대비하여 생산안정기금을 적립하는 것이 있다.

③ 가치제공물

본 법인의 가치제공물은 경제적 가치제공물과 사회적 가치제공물로 구분될 수 있다. 경제적 가치제공물은 5개 생산자 공동체의 회원으로부터 수확한 농산물이 대표적이라 할 수 있다. 이들의 출하 품목은 감귤 및 한라봉, 천혜향 등의 만감류와 계절채소, 시설채소 등 다양하다. 가공품은 상품성이 떨어지는 소과·흠과 등을 이용해 만든 유기감귤즙과 당근즙, 무말랭이 등이 있다. 또한 일반인을 대상으로 영농 체험교육과 쉼터를 제공하여 농업의 즐거움과 가치를 일깨워주고 있다.

사회적 가치제공물로는 저소득층, 장애인, 고령자 등 취약계층에게 무상으로 제공되는 친환경농산물이 해당하며 이외에도 조합이 유통을 담당하여 농민들이 본연의 업무인 농사에 집중할 수 있게 되었고, 이익은 다시 농민들에게 돌아가 지역의 자립과 재생을 돕는 역할을 하고 있다. 또한 조합은 다양한 기술교육과 연수 등을 통해 소속 농민들의 역량강화를 도모하고 있다.

④ 고객

본 법인의 고객은 경제적 고객과 사회적 고객으로 구분될 수 있다. 경제적 가치 창출을 위한 주요 고객은 지역에 관계없이 친환경농산물을 구매하고자 하는 일반 소비자와 친환경농산물을 급식으로 공급하고자 하는 지역 급식센터 및 학교이다. 또한 영농체험을 원하는 일반인 역시 경제적 고객에 해당한다.

사회적 고객으로는 푸드뱅크, 주민센터, 복지관 등을 통해 무상으로 농산물을 공급받는 취약계층이 이에 속한다. 이와 더불어 농산품 판매 이익의 선순환 활동으로 소속 농민과 지역민이 혜택을 받으므로 이들도 사회적 가치를 얻는 잠재적인 고객에 속한다.

⑤ 파트너

본 법인은 다양한 파트너십을 통해 경제적·사회적 가치, 경제적 가치, 사회적 가치를 창출하고 있다. 먼저 농산물의 공급자인 생산자공동체의 회원들은 한살림 생산자 제주도연합회, 흙살림 제주도연합회에서 활동하고 있는데 단체의 활동 성격이 유사하며, 농민 간 관계활성화와 기술교류를 이어준다. 한살림은 가치사슬의 후방에서 유통처의 역할도 같이 겸하므로 경제적·사회적 가치 창출을 위한 파트너이다. 친환경급식과 관련해서 현재 납품 중인 제주친환경급식센터와 서울친환경유통센터는 경제적 가치 협력기관이다. 다솜발달장애인 자립지원센터, 홍익아동복지센터, 사회복지협의회, 제주푸드뱅크 등 취약계층에게 친환경농산물을 공급하기 위한 사회적 가치 파트너이다.

3) 비즈니스 모델의 경쟁력 평가

생드르영농조합법인의 주된 활동은 조합원이 생산한 농산물을 분류 포장 및 가공을 통해 상품화시켜서 일반 소비자 및 급식센터에 판매하는 가치사슬을 가지고 있다. 경제적 고객에게 판매된 친환경농산물은 수익을 창출하고, 수익이 조합원인 생산자 농민과 지역사회에 환원되는 형태이다.

〈그림 12−39〉는 본 법인의 비즈니스 모델을 종합적으로 정리하였다. 본 법인은 경제적 가치를 추구하는 강한 연결성의 하위 요소와 지역 내 취약계층에 무료 식사지원 등 사회적 가치를 추구하는 강한 연결성의 하위 요소로 구성되어 있다.

본 조합의 경쟁력이 있는 부분은 활동과 파트너십에서 찾을 수 있다. 첫째, 가치창출을 위한 다양한 활동이 서로 분업화되어 효율적으로 진행되고 있다. 본 조합이 마케팅과 판매 등에 역량을 집중하는 사이 생산자인 농민은 본업인 농사에 전념할 수 있게 된다. 또한 각 권역 생산자들이 모여 품목별로 분과위원회를 열어 합리적인 의사결정을 하며, 주요 품목인 감귤 같은 경우 생산안정기금을 모아 유사 시에 대비하는 등 효율적으로 운영되고 있기 때문에 경쟁력이 있다.

둘째, 본 법인은 사회적 가치와 경제적 가치의 목적과 가치유형에 따라서 다양한 협력관계를 구축하고 있다. 가치창출을 위해서는 생산자 단체 중심으로 협

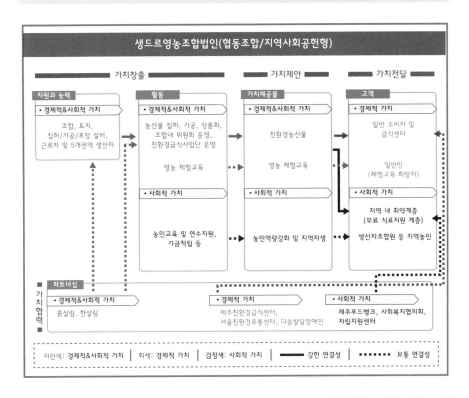

그림 12-39 **생드르영농조합법인의 비즈니스 모델**

력하고 있다. 경제적 가치 고객과 사회적 가치 고객을 개별로 달성할 수 있도록 서로 다른 강한 협력관계를 구축하여 효과적으로 운영하고 있다.

CHAPTER 13 비즈니스 모델의 평가

1 사회적 목적 유형별 비즈니스 모델 평가

사회적 기업의 법적 형태에서 따라서 총 19개 사회적 기업의 비즈니스 모델을 분석하였다. 이들 비즈니스 모델의 공통적인 특징과 특이사항을 알아보기 위하여 사회적 목적 유형별 비즈니스 모델을 가치 중심의 세부 구성요소별 경제적 및 사회적 가치의 하위요소가 어떤 연결성으로 전개되는지를 비교분석하였다

(1) 일자리제공형 사회적 기업의 비즈니스 모델 평가

일자리제공형 사회적 기업의 비즈니스 모델을 살펴보면 〈그림 13-1〉과 같다. 일자리제공형의 경우 사례로 선정된 기업을 중심으로 비즈니스 모델을 분석한 결과 포스코휴먼스로 대표되는 유형과 뉴시니어라이프로 대표되는 유형 두 가지로 요약되는 것을 확인할 수 있다.

첫째 유형은 사회적 가치를 실현하는 취약계층 근로자를 포함하는 자원과 능력을 바탕으로 주로 경제적 활동을 하며 경제적 가치를 만들어낸다. 그리고 여기서 나오는 수익을 기반으로 취약계층에게 일자리를 제공하며 사회적 가치를

그림 13-1 **일자리제공형 사회적 기업의 비즈니스 모델 요약**

만드는 형태이다.

둘째 유형인 뉴시니어라이프의 비즈니스 모델은 영리사업을 통해 고용이 이루어지는 것은 동일하다. 하지만 활동 영역에서 취약계층인 노인들을 대상으로 하는 모델교육이 주가 되어 경제적·사회적 가치를 동시에 추구한다는 차이점이 있다. 이를 기반으로 그들에게 사회적 자립을 위한 기회를 제공하는 방식으로 경제적·사회적 가치를 추구한다. 그리고, 체험관광이나 패션쇼 개최를 통해 경제적 가치를 추구하며, 노인들을 고용함으로써 사회적 가치까지 동시에 창출하고 있다.

첫째 유형을 자세히 살펴보면, 원주노인생활협동조합의 경우 나머지 두 기업과 가치의 흐름에서 약간 다른 양상을 나타내고 있다. 다른 사회적 기업들은 자원과 능력만 경제적·사회적 가치를 추구하지만, 본 조합은 활동 영역에도 경제적·사회적 가치를 동시에 추구한다는 점에서 차이가 있다.

종합적으로 살펴보면, 일자리제공형 비즈니스 모델은 영리기업과 마찬가지로 경제적 가치를 추구하는 모델을 기반으로 영리사업을 진행하고, 동시에 하위요소로 취약계층에게 일자리를 제공하는 방식으로 사회적 가치를 추구하고 있다. 이와 같은 방식으로 두 가치를 동시에 추구하는 형태가 일반적이라고 할 수 있다.

(2) 사회서비스 제공형 사회적 기업의 비즈니스 모델 평가

사회서비스 제공형의 비즈니스 모델을 종합적으로 살펴보면 〈그림 13-2〉와 같다. 사회서비스 제공형의 경우 행복더하기로 대표되는 유형과 유시스커뮤니케이션으로 대표되는 유형으로 요약될 수 있다.

사회서비스 제공형의 서비스 분야는 대부분 교육, 보건, 의료, 사회복지 등의 네 가지 카테고리로 구분될 수 있다. 사회서비스 제공형 사회적 기업은 사회적

그림 13-2 사회서비스 제공형 사회적 기업의 비즈니스 모델 요약

가치가 있는 서비스에 집중하여 경제적 가치를 창출할 수 있는 고객에게 서비스를 제공하는 과정에서 취약계층에게 시중가보다 저렴하거나 혹은 무상으로 서비스를 제공하고 있다. 그러므로, 사회서비스 제공형 사회적 기업의 비즈니스 모델은 기본적으로 모든 구성요소에서 사회적·경제적 가치를 함께 추구한다는 공통점을 보인다. 그렇지만, 하위요소에서 사회적 가치나 경제적 가치 중 어떤 가치를 부가적으로 추구하는가에 따라서 두 가지 유형으로 나뉠 수 있다.

사회적 가치를 부가적으로 창출하는 첫째 유형의 대표 기업인 행복더하기는 돌봄서비스를 제공하는 것을 기본으로 경제적·사회적 가치를 동시에 창출하고 그 비용을 감당하기 어려운 취약계층에게 서비스를 무료로 제공하면서 사회적 가치를 동시에 창출한다. 반면, 경제적 가치를 부가적으로 창출하는 둘째 유형의 대표 기업인 유시스커뮤니케이션의 경우 각종 이벤트나 교육 프로그램을 아동 및 청소년에게 제공하면서 경제적·사회적 가치를 창출하고 일반 기업이나 지방자치단체를 대상으로 비슷한 서비스를 제공하여 경제적 가치 추구한다는 특징을 보인다.

첫째 유형에는 행복더하기 외에도 대구행복한학교재단과 빛과소금복지재단이 포함된다. 둘째 유형에는 유시스커뮤니케이션과 더불어 홀더맘 심리언어발달센터가 포함될 수 있다. 첫째 유형 중에서 빛과소금복지재단과 대구행복한학교재단은 활동단계부터 사회적 가치를 추구하기 위한 하위 요소를 분리하여 진행하고 있다. 둘째 유형에서 홀더맘 심리언어발달센터는 마지막 단계인 고객에서 사회적 가치를 하위 요소로 추구하고 있다.

사회서비스 제공형 사회적 기업의 비즈니스 모델은 사회적 가치가 있는 사회서비스를 취약계층에게 비교적 저렴하게 제공함으로써 경제적·사회적 가치를 추구하는 하위 요소를 기본으로 한다. 사회서비스를 지불능력이 없는 취약계층에게 무료로 제공하여 사회적 가치를 부가적으로 만들어내는 방식과 일반 고객에게 제공하여 경제적 가치를 제공하는 방식으로 나뉠 수 있다.

(3) 혼합형 사회적 기업의 비즈니스 모델 평가

혼합형 사회적 기업의 비즈니스 모델을 종합적으로 살펴보면 〈그림 13-3〉과 같이 요약될 수 있다. 혼합형 비즈니스 모델은 일자리 제공과 사회서비스 제공을 동시에 추구하여 두 가지 목적의 비즈니스 모델이 혼합되어 있는 형태를 말한다. 본 연구에서는 두 가지 중 어떤 목적이 더 주요한 목적이 되느냐 또는 둘 다 주로 추구하느냐에 따라서 구분될 수 있다.

일자리 제공을 주 목적으로 사업을 진행하는 오가니제이션요리의 유형과 사회서비스 제공을 주로 하는 동부케어, 다솜이재단, 시흥희망의료복지 사회적협동조합의 유형 그리고 마지막으로 두 가지 목적 모두를 주요 사업으로 추구하는 노인낙원 효도사업단으로 나뉜다.

첫째 유형을 대표하는 오가니제이션요리는 일자리 제공과 사회서비스 제공 중 일자리 제공 측면에 더 초점을 맞춘다. 탈학교청소년에게 요리교육 서비스를 제공하는 방식으로 사회적 가치를 추구하지만, 교육을 받은 인재들과 이주여성

그림 13-3 혼합형 사회적 기업의 비즈니스 모델 요약

	Resource	**A**ctivity	**O**bjective	**T**arget
(주)동부케어	E / S	E / S	E / S	E / S
			S / S	S / S
(재)다솜이재단	E / S	E / S	E / S	E / S
			S / S	S / S
사회복지법인 노인낙원 효도사업단	E / S	E / S E S	E / S E S	E / S E S
오가니제이션요리	E / S	E / S S	E S	E S / S
시흥희망의료복지 사회적협동조합	E / S	E / S	E / S	E / S S / S

들에게 자체적으로 만든 브랜드인 레스토랑이나 카페의 일자리를 제공하는 것에 더 우위를 두는 것으로 보인다. 반면, 둘째 유형을 대표하는 다솜이재단은 간병 서비스를 제공함으로써 사회서비스를 주 활동으로 하고, 하위요소로 취약계층에 게 간병인교육을 하고 일자리를 제공한다. 마지막으로 두 가지 목적을 동시에 주 활동으로 추구하는 노인낙원 효도사업단은 약간의 차이를 보인다. 노인낙원 효 도사업단은 경제적·사회적 가치 추구를 위해서 노인돌봄서비스를 운영하고, 효 도사를 양성하여 관련 일자리를 창출함으로써 추가적으로 사회적 목적을 달성 하고 있다. 뿐만 아니라 노인낙원 효도사업단은 인터넷쇼핑몰을 운영하거나 행사 용품을 제작, 판매하며 별도로 경제적 가치를 추구하고 있다.

둘째 유형 중 시흥희망의료복지 사회적협동조합은 동부케어와 다솜이재단 과 가치의 흐름상에서 약간 다른 모습을 보인다. 앞선 두 기업은 사회적 가치를 위한 하위요소가 가치제공물 단계에서 나타나는 반면, 시흥희망의료복지 사회적 협동조합은 활동 단계부터 하위요소로 사회적 가치를 추구하고 있다.

결론적으로 혼합형 사회적 기업의 비즈니스 모델은 기본적으로 사회서비스 제공과 일자리 제공 두 가지 사회적 목적을 모두 추구한다. 두 가지 중 어떤 목적 을 주 목적으로 추구하느냐에 따라 비즈니스 모델의 유형이 크게 구분될 수 있 다. 또한, 그 외에도 두 목적을 동시에 추구하는 비즈니스 모델로서 하나의 유형 으로 구분될 수 있다.

(4) 지역사회공헌형 사회적 기업의 비즈니스 모델 평가

지역사회 공헌형 사회적 기업의 비즈니스 모델을 종합적으로 살펴보면, 〈그 림 13-4〉와 같이 나타낼 수 있다. 지역사회 공헌형은 주로 관광분야나 농업 및 농업 생산품 분야에서 많이 찾아볼 수 있다. 이 유형은 일반적으로 지역사회 활 성화의 가치를 미션이나 설립 목적으로 가진다.

본 유형의 비즈니스 모델은 관광분야에 해당하는 대가야체험캠프, 백제문 화원, 농촌살림연구소로 이루어진 유형과 농업생산품분야에 해당하는 샌드르영 농조합법인의 유형 두 가지 종류로 나뉜다.

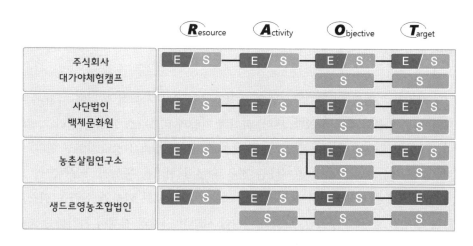

그림 13-4 지역사회공헌형 사회적 기업의 비즈니스 모델 요약

먼저 대가야체험캠프로 대표되는 첫째 유형은 해당 지역사회에 존재하는 문화재나 자연환경을 자원으로 이용하여 해당 자원을 홍보하고 체험하는 활동을 판매함으로써 지역 활성화를 이루며 경제적·사회적 가치를 동시에 창출한다. 추가적으로 지역활성화 뿐만 아니라, 일자리 창출로 사회적 가치를 동시에 추구한다.

두번째 유형인 생드르영농조합법인은 해당 지역의 농산물을 집하하고 가공하여 판매하거나 영농체험을 제공하는 등의 활동으로 경제적·사회적 가치를 동시에 창출한다. 동시에 하위요소로 일반 소비자를 고객으로 제품을 판매해 경제적 가치를 얻고, 취약계층에게 농산물을 무상으로 지원하거나 농민을 지원하여 사회적 가치를 창출한다.

지역사회공헌형의 비즈니스 모델은 기본적으로 해당 지역의 관광자원을 활용하여 소비자들에게 체험 등을 제공함으로써 경제적·사회적 가치를 모두 추구하는 지역사회 활성화를 유도하는 형태가 가장 많다. 다음으로 지역 농산품을 판매하거나 농업 관련 체험을 만들어 제공함으로써 경제적 이윤을 창출하고 그

이윤으로 지역사회의 발전을 지원하는 방식으로 대표될 수 있다.

② 파트너십 유형별 비즈니스 모델 평가

사회적 기업의 비즈니스 모델은 법적인 형태보다 사회적 목적에 따라서 유형화될 수 있음을 확인하였다. 또한, 사회적 기업의 비즈니스 모델은 영리 기업의 비즈니스 모델과 달리 가치협력 차원에서 파트너와의 협력을 중요시하고 있다. 영리기업은 자신들의 약점이 존재하는 경우 외부와 협력을 통해서 확보하고자 하며, 정보노출을 꺼려하거나 핵심자산을 보호하기 위해서 외부와 협력을 최소화하는 경우도 있다. 그렇지만, 사회적 기업이 사회적 가치와 경제적 가치를 동시에 달성하기 위해서 필요한 자원과 능력, 활동, 고객을 모두 확보하는 것은 불가능하다. 그렇기 때문에 협력은 필수불가결한 요소라고 할 수 있다. 사회적 목적별 파트너십을 평가하여 경쟁력 있는 모델을 도출하고자 한다.

(1) 일자리제공형 사회적 기업의 파트너십 모델 평가

사회적 목적에 따른 유형별 사회적 기업의 주요 파트너들이 비즈니스 모델의 어느 부분에서 어떤 역할로 작용하는지에 대하여 분석하고자 하였다. 먼저, 일자리제공형 사회적 기업의 주요 파트너십 관계와 역할은 〈표 13-1〉과 같다. 비즈니스 모델을 개략적으로 살펴본 결과, 자원, 활동, 고객 요소에서 파트너십을 구축하였다. 이를 정리하여 표기하였다.

(주)포스코휴먼스는 주요 파트너가 자원과 고객 측면에서 주요한 역할로 작용하였다. 자원의 경우 (주)포스코휴먼스의 주식의 상당 부분을 (주)포스코가 보유한 상태이다. 이는 다른 대기업 집단이 만든 사회적 기업처럼 재무적 자원의 중요한 원천이 된다. 고객의 경우 포스코휴먼스의 위드플러스 사업부문의 서비스인 사무지원, IT, 세탁서비스 등을 제공받는 주요 기업이 포스코 계열사에 속하기 때문에 고객 측면에서 강력한 협력관계를 맺고 있다.

표 13-1 일자리제공형 사회적 기업의 주요 파트너와 역할

기업명	자원	활동	고객
(주)포스코휴먼스	○	-	○
(사)장애우권익연구소 리드릭	-	-	○
뉴시니어라이프	-	-	-
사회복지법인 평화의마을	-	○	-
원주노인 생활협동조합	-	○	-

　(사)장애우연구소리드릭의 자원과 활동 부분에서 크게 영향을 미치는 파트너는 없다. 그러나 리드릭이 생산하는 복사용지 등을 공공기관, 학교 등에 판매하기 위해서는 서울특별시립 장애인생산품판매시설을 이용해야 하므로 이들이 고객과 관련된 중요한 파트너십이 될 수 있으며, 안정적인 매출에 기여하고 있다.

　뉴시니어라이프는 성북구청, 인천공항, 문화체육관광부 등과 사업적 연결고리가 있으나, 연결성이 보통으로 파트너십을 적절히 활용해 운영하기보다 자체적인 역량을 가지고 사업하는 형태로 볼 수 있다.

　사회복지법인 평화의마을은 햄, 소시지 등 가공품을 생산하는데 필수적인 원료인 흑돼지를 같은 도내에 위치한 태흥목장으로부터 공급받는데 이는 활동영역, 특히 생산활동을 위한 파트너십으로 볼 수 있다.

　원주노인생활협동조합은 조합원인 노인들에게 일자리를 제공하는 것을 주사업으로 하고 있는데 깨끗한 학교 만들기, 크린콜, 소독 및 방역사업 등 대부분은 원주시나 보건복지부에서 제공한 일자리 사업이다. 따라서 정부단체 및 지방자치단체가 활동을 위한 주요 파트너에 포함된다.

(2) 사회서비스 제공형 사회적 기업의 파트너십 모델 평가

사회서비스를 제공하는 형태의 사회적 기업의 주요 파트너십과 역할은 〈표 13-2〉와 같다. 사회서비스 제공형 사회적 기업은 사회서비스를 제공하기 위한 활동에서 주요한 파트너십을 구축하고 있음을 알 수 있다.

(주)행복더하기는 노인과 장애인을 대상으로 하는 요양, 돌봄 서비스를 주 활동으로 한다. 본 기업의 주요 파트너십은 해당 서비스를 효율적으로 제공하기 위하여 파주시 정신건강증진센터, 문산종합사회복지관 등이 고객과의 연결을 해 주기도 하고, 일자리와 건강 관련하여 다양한 지원을 하는 것이다.

대구행복한학교재단은 청소년을 대상으로 방과후수업 편성과 진행을 주 활동으로 한다. 이를 위하여 SK행복나눔재단과 파트너십을 통해 금전적 지원과 경영적 지원을 받고 있으며, 방과후수업을 제공하기 위한 대구지역의 위탁학교들이 주요 파트너십이다. 일자리제공형의 포스코휴먼스와 마찬가지로 자원 측면에서 대기업 관련 재단과 협력을 맺고 있다.

유시스커뮤니케이션은 청소년 관련 프로그램 제공을 주 활동으로 하고 있다. 다양한 자체 프로그램 개발을 위해 한국청소년활동진흥원 등 청소년관련 단체와 여성가족부와의 협력이 주요 파트너십이다.

사회복지법인 빛과소금복지재단은 초량교회의 활동 속에서 출범한 단체이며 설립부터 부산광역시의 지원을 받았다. 재무적 측면뿐만 아니라 인적자원 측

표 13-2 사회서비스 제공형 사회적 기업의 주요 파트너와 역할

기업명	자원	활동	고객
(주)행복더하기	○	○	–
(재)대구행복한학교재단	○	–	○
유시스커뮤니케이션	–	○	–
사회복지법인 빛과소금복지재단	○	○	–
사회적협동조합 홀더맘 심리언어발달센터	–	○	–

면에서도 교회 특성상 자원봉사자 및 자선 활동가들이 모이기 용이하기 때문에 초량교회는 자원과 관련된 중요한 파트너십이라고 할 수 있다. 한편 활동영역에서도 초량교회와 복지관 및 공부방 위탁운영사업 관련하여 파트너십이 맺어져 있고, 교회측은 각종 활동을 지원해주는 역할을 한다.

사회적협동조합 홀더맘 심리언어발달센터는 자체적으로 운영하는 심리치료 프로그램에서 보다 나은 서비스를 제공하기 위해 지역사회의 사회적 경제기관과 협력하여 활동하고 있다. 따라서 이 부분은 활동측면의 파트너십이다. 또한 홀더맘은 경기도와 교육청의 바우처사업의 대상이므로 마찬가지로 활동영역의 파트너십을 가진다.

(3) 혼합형 사회적 기업의 파트너십 모델 평가

취약계층에게 일자리 및 사회서비스를 동시에 제공하는 혼합형의 주요 파트너십과 역할은 〈표 13-3〉과 같다. 혼합형은 일자리 및 사회서비스 제공을 위한 다양한 파트너십을 맺고 있음을 알 수 있다.

㈜동부케어는 노인 장기요양과 그에 해당하는 소셜프랜차이즈를 전문으로 하는 기업이다. 화성시는 본점이 소재한 지역의 지방자치단체이며, 본 기업은 화성시에서 진행하는 마을육아공동체 시범사업을 운영하거나 화성시 자원봉사센

표 13-3 **혼합형 사회적 기업의 주요 파트너와 역할**

기업명	자원	활동	고객
㈜동부케어	–	○	–
(재)다솜이재단	○	○	–
오가니제이션요리	–	○	–
사회복지법인 노인낙원 효도사업단	–	–	–
시흥희망의료복지 사회적협동조합	–	○	–

터와 업무협약을 체결하는 등 활동영역에서 많은 협력이 일어나는 편이다.

(재)다솜이재단은 재단의 출연금 대부분을 교보생명에서 출자한 법인으로, 자원 측면에서의 강력한 파트너십을 구축하고 있다. 주요 사업인 공동간병서비스를 제공하기 위하여 35개의 병원과 협약을 맺었으며, 이는 활동을 위한 파트너십에 해당한다.

오가니제이션요리는 하자센터의 인큐베이팅을 통해서 탄생한 기업이며, 청소년과 이주여성에게 일자리를 제공하여 레스토랑이나 케이터링 서비스를 주로 제공한다. 주요 파트너십으로는 청소년과 이주여성이 일할 수 있는 자회사인 슬로비 생활이 있으며 이는 활동을 위한 파트너십에 해당한다.

사회복지법인 노인낙원 효도사업단은 자원과 활동, 고객부분에서 모두 특별히 강한 파트너십을 가지지 않으며, 다양한 협력 체계를 구축하기 위해서 노력하고 있다.

시흥희망의료복지 사회적협동조합은 같은 의료복지 사회적협동조합이 속해 있는 의료복지 사회적협동조합연합회와 파트너십을 맺어 활동 부분에서 많은 도움을 받고 있다.

(4) 지역사회공헌형 사회적 기업의 파트너십 모델 평가

지역사회공헌을 하는 사회적 기업의 주요 파트너십과 역할은 〈표 13-4〉와 같다. 앞서 언급된 바와 같이 사회복지법인의 경우 지역사회공헌형 기업이 없으므로 제외된다.

㈜대가야체험캠프는 지역사회의 관광자원인 대가야역사테마관광지에 속해 있으며, 주변 사업자들과 유기적인 협력을 이루어 손님을 끌어 모으고 지역관광자원을 활성화 하는 등 활동측면에서의 파트너십을 구축하고 있다. 또한, 고령군의 캠프시설을 위탁 운영하는 것이므로 고령군과 문화체육관광부가 활동측면에서의 파트너라고 할 수 있다.

(사)백제문화원은 대전광역시로부터 문화재돌봄사업을 위탁받아 진행 중에 있다. 또한 인근지역의 지방자치단체와 협력하여 문화재를 이용한 교육 및 체험

표 13-4   **지역사회공헌형 사회적 기업의 주요 파트너와 역할**

기업명	자원	활동	고객
㈜대가야체험캠프	–	○	–
(사)백제문화원	–	–	○
농촌살림연구소	–	–	–
생드르영농조합법인	○	○	○

프로그램을 고객에게 제공하는 서비스를 하고 있다. 따라서 지방자치단체 등은 문화재를 위탁 관리하게끔 하는 고객측면에서 연결되는 긴밀한 파트너이다.

농촌살림연구소는 일부사업과 관련하여 농림부 등의 지원을 받고 있으나, 중요한 파트너 관계를 맺고 있지는 않다. 조직 간의 파트너십보다는 자체적인 역량과 개인 간의 네트워크연결이 더 많이 활용된다.

생드르영농조합법인의 생산자 조합원은 한살림 단체의 조합원이기도 하다. 한살림은 농민 간의 친환경 농법 기술공유나 농민 간의 네트워크를 이어준다는 측면에서 자원 부분의 파트너이다. 그리고 동시에 한살림은 전국적인 조직으로써 유통관계사항을 잘 알고 있고, 일부분의 농산물들은 한살림을 통해 판매되기도 한다는 점에서 고객에 가까운 파트너이기도 하다. 또한, 제주친환경급식센터의 경우 본 법인의 친환경급식사업 활동과 관련된 주요 파트너이다. 생드로영농조합법인은 다양한 영역에서 강력한 파트너십을 구축하고 있음을 알 수 있다.

한국 사회적 기업이
나아가야할 방향

본 파트에서는 한국의 사회적 기업이 나아가야할 방향을 간단히 정리하면서 마무리하고자 한다. 사회적 기업이 지속적인 성과를 창출하기 위해서는 비즈니스 모델이 중요함을 다양한 사례 기업을 통해서 살펴보았다. 사회적 기업이 비즈니스 모델을 혁신하기 위한 방안과 지속가능성을 높이기 위한 정책적인 개선방안이 한국 사회적 기업의 발전에 미력하나마 기여할 수 있을 것으로 기대된다.

CHAPTER

14

사회적 기업의 비즈니스 모델 혁신

① 사회적 기업 비즈니스 모델의 시사점

　　사회적 기업은 취약계층에게 사회서비스 또는 일자리 제공 등 사회적 목표를 달성하기 위하여 재화와 서비스를 판매하는 영업활동을 하는 조직이다. 이들 기업의 지속가능성은 사회적 목표를 지속적으로 달성하기 위하여 장기적 관점에서 자원과 역량을 갖추는 것이다. 즉, 사회적 기업이 사회적 성과와 경제적 성과를 동시에 달성하여야 지속가능하다고 볼 수 있다. 우리나라 사회적 기업의 지속 현황은 2017년 12월 기준 총 1,877개가 존재하고 있다. 2008년 218개 인증 사회적 기업을 분석한 결과 2017년까지 156개 기업이 인증을 유지하고 있으며, 62개 기업이 인증해제 되었다. 약 28%의 사회적 기업이 10년 사이에 인증해제 되었다. 상당히 많은 수의 사회적 기업이 폐업하거나 사업 목표를 변경하였음을 의미한다.

　　사회적 기업은 영리기업과 마찬가지로 고객에게 새로운 가치를 제안하고 자원과 역량을 바탕으로 가치를 창출한 후 이를 고객에게 전달하는 경제적 조직이다. 사회적 기업의 가치제안, 가치창출, 가치전달에 있어서 단순히 경제적 가치뿐만 아니라, 사회적 가치를 동시에 진행한다. 따라서 사회적 기업은 경제적 가치와 사회적 가치를 동시에 창출하고 전달할 수 있는 혁신적인 비즈니스 모델이 필요하다. 사회적 기업에 대한 관심은 급격히 증가하였지만, 사회적 기업의 비즈니스 모델에 대한 연구는 여전히 부족한 실정이다. 본 서에서 사회적 기업의 비즈니스 모델에 대한 이론적 연구를 종합적으로 제시하였다. 이를 바탕으로 우리나라 사회적 기업의 사례를 이용하여 비즈니스 모델을 분석하였다.

본 연구는 전체 1,877개의 사회적 기업을 법인유형과 사회서비스 유형으로 세분화하여 각각 유형에 해당하는 대표 기업을 하나씩 선정하여 총 19개 기업의 비즈니스 모델을 체계적으로 분석하였다. 19개 기업이 하나의 일관된 비즈니스 모델을 나타내지 않지만, 주요 특징을 중심으로 몇 가지 시사점을 도출하면 다음과 같이 요약될 수 있다.

첫째, 사회적 기업의 비즈니스 모델은 사회적 가치와 경제적 가치를 추구하는 가치제안, 가치창출, 가치전달 활동을 모두 가지고 있음을 알 수 있다. 일부 가치 관련 항목에서는 경제적 가치와 사회적 가치 추구 활동이 분리되어 있지만, 일부에서는 동일한 활동으로 경제적 가치와 사회적 가치를 동시에 추구하고 있다.

둘째, 사회적 기업의 비즈니스 모델은 경제적 가치와 사회적 가치 측면에서 각각 가치창출, 가치제안, 가치전달 간 하나의 강한 연결성을 갖는 하위 모델을 가지고 있음을 알 수 있다. 사회서비스 목적 유형에 따라서 강한 연결성을 갖는 하위 모델이 서로 다르게 나타나고 있다.

셋째, 사회적 기업의 비즈니스 모델을 분석한 결과 법인유형에 따라서 유사한 비즈니스 모델을 가지는 것이 아니라, 사회서비스 유형별 몇 가지 유사한 비즈니스 모델을 도출할 수 있었다.

이상의 특징에서 사회적 기업가가 사회적 기업의 비즈니스 모델을 벤치마킹할 때 동일한 법인 유형보다 유사한 사회서비스를 제공하는 기업을 살펴보는 것이 타당하다. 사회적 기업의 사회서비스 유형별 비즈니스 모델의 특징을 요약하면 다음과 같다.

첫째, 일자리 제공형 비즈니스 모델은 포용적 비즈니스 모델처럼 취약계층에게는 고용이라는 사회적 가치를 제공하고, 이들이 생산하는 재화와 서비스를 일반인을 대상으로 공급하는 비즈니스 모델 형태이다. 즉, 사회적 가치를 제공하는 하위 모델과 경제적 가치를 제공하는 하위 모델이 분리되어 있다. 특히, 가치제 안과 가치전달 측면에서 엄격히 분리된 형태로 통합적인 비즈니스 모델이 나타난다.

둘째, 사회서비스 제공형 비즈니스 모델은 사회서비스라는 가치제공물을 이용하여 취약계층과 일반인에게 제공하는 경제적 및 사회적 가치를 동시에 추구하는 하위 모델과 경제적 또는 사회적 가치를 별도로 추구하는 하위 모델을 가지고 있다. 지속적인 사회서비스를 제공하기 위한 경제적 재원을 확보하기 위하여 별도의 경제적 가치를 추구하는 하위 모델을 내포하고 있는 형태가 나타나고 있다.

셋째, 혼합형 비즈니스 모델은 일자리 제공형 비즈니스 모델과 사회서비스 제공형 비즈니스 모델을 하위 비즈니스 모델로 모두 내포하고 있는 형태이다. 기업 특성상 일자리 제공형 비즈니스 모델 중심 또는 사회서비스 제공형 비즈니스 모델 중심으로 보다 강화된 형태로 나타나고 있다.

넷째, 지역사회공헌형 비즈니스 모델은 지역재생과 사회통합을 위하여 경제적 가치추구 활동과 사회적 가치추구 활동을 구분하지 않고 가치창출, 가치제안, 가치전달을 하는 하위 모델을 필수적으로 가지고 있다. 또한, 지역사회공헌형 특성상 지역의 취약계층을 고용하는 사회적 가치추구 하위 모델을 별도로 가지고 있는 형태가 일반적이다.

사회적 기업의 비즈니스 모델은 영리기업의 비즈니스 모델과 달리 외부와 협력을 하는 가치협력 관점에서 파트너십을 구축하고 있다. 우수한 성과를 창출하는 사회적 기업을 살펴보면, 지속적으로 지원을 받을 수 있는 모기업을 가지고 있거나, 다양한 전략적 제휴 업체를 가지고 있는 기업이다. 영리기업의 파트너십은 내부적으로 자원과 능력이 부족한 경우 이를 확보하기 위해서 외부와의 파트너십을 강화하는 추세이지만, 모든 영리기업이 강한 파트너십을 구축하고 있는 것은 아니다. 그렇지만, 사회적 기업은 사회적 목표를 달성하기 위해서 다양한 활동에서 전략적 제휴를 통한 강력한 파트너십을 구축하고 있다. 사회적 기업의 가치협력은 가치창출을 위한 자원과 능력, 활동에서 협력뿐만 아니라, 사회적 가치를 제안하고 전달하기 위해서도 정부기관, 지방자치단체, 민간단체 및 영리기업 등과 협력이 필수 불가결한 요소라 할 수 있다.

② 사회적 기업 비즈니스 모델의 혁신 방안

사회적 기업의 비즈니스 모델 분석에서 이들의 유형이 다양하게 나타났다. 대표적인 사회적 기업을 중심으로 비즈니스 모델 분석을 진행하였을 때, 대다수 기업들의 비즈니스 모델은 명확하게 분석이 가능한 반면, 일부 기업의 비즈니스 모델은 복잡하면서 명확하지 않았다. 오래되면서 성과가 나는 사회적 기업의 비즈니스 모델은 분석이 가능하지만, 새롭게 신설된 많은 사회적 기업의 비즈니스 모델은 분석이 힘들거나 불명확할 것으로 예상된다. 이는 사회적 가치와 경제적 가치를 동시에 추구하여서 복잡한 것도 있지만, 사회적 목표와 경제적 목표에 대한 가치추구 활동들이 명확하지 않아서 나타나는 경향도 있다. 사회적 기업이 지속가능성을 확보하기 위해서는 경쟁력 있는 비즈니스 모델의 개발 또는 혁신이 필요하다.

사회적 기업 비즈니스 모델의 혁신은 크게 두 가지 방향으로 진행이 가능하다. 먼저, 사회적 목적 유형에 맞는 최적의 비즈니스 모델을 개발하기 위해서 선도적인 사회적 기업의 비즈니스 모델을 벤치마킹하는 것이 필요하다. 앞에서 분석한 것처럼 사회적 기업의 비즈니스 모델은 법인 유형에 따라서 차별화된 모델이 존재하지 않았다. 그러나 사회적 목적 유형에 따라서 유사한 비즈니스 모델 또는 경쟁력 있는 비즈니스 모델이 존재하였다. 사회적 기업은 각 사가 추구하는 사회적 목적과 경제적 목적을 명확히 하고, 이를 바탕으로 사회적 가치의 하위 모델과 경제적 가치의 하위 모델을 벤치마킹한 후 통합적인 비즈니스 모델을 구축할 수 있을 것이다.

다음으로 사회적 기업은 나름대로 비즈니스 모델을 가지고 있지만, 경쟁력을 유지하기 위해서 비즈니스 모델의 혁신이 필요하다. 본 서에서 비즈니스 모델의 혁신을 구체적으로 다루지는 않지만 개괄적으로 비즈니스 모델을 혁신할 수 있는 방법의 다음의 4가지로 요약할 수 있다(Foss, saebi, 2015).

첫째, 가치 관련 활동의 조정으로 기업에서 수행하는 가치 관련 활동을 변경하는 것이다. 사회적 기업의 가치 관련 활동은 크게 가치제안, 가치창출, 가치전달, 가치협력으로 크게 구분될 수 있다. 본 가치 관련 활동에서 새로운 가치를 부가하기 힘들거나 기존 기업 대비 비용이 많이 드는 가치 관련 활동들은 과감하게 변경할 필요가 있다. 특히, 사회적 기업은 영리기업과 달리 경제적 가치 관련 하부 활동과 사회적 가치 관련 하부 활동을 모두 가지고 있는 복잡한 조직이다. 경쟁력이 없는 가치 관련 활동은 과감히 수정하여야 한다.

둘째, 가치 관련 활동 간 상호연결 관계를 변경하는 것으로, 각 가치 관련 활동 간 연결 관계를 재배치하거나 최소화하여 거래비용 등을 감소시킨다. 사회적 기업의 비즈니스 모델은 사회적 가치 관련 하부 모델과 경제적 가치 관련 하부 모델의 가치 관련 활동들이 개별적으로 연결되어 있거나, 일부 가치 관련 활동들이 상호 연결되어 있다. 각 가치 활동 간의 연결이 너무 긴 경우에는 비용이 발생할 가능성이 높다. 과감하게 각 가치 활동 간의 연결성을 최소화할 필요가 있다.

셋째, 조직 내외의 사업 또는 가치 관련 활동의 경계를 조정하는 것으로, 가치관련 활동을 직접 하거나 외부에 아웃소싱을 하는 등 이들을 재조종하는 것이다. 대다수 사회적 기업은 가치 관련 활동 중에서 가치협력 측면에서 외부와의 전략적 파트너십을 구축하고 있다. 일부 핵심역량 또는 핵심자원일지라도 외부 협력을 통해서 구축하는 경우가 있다. 사회적 기업의 특성상 경제적 가치와 사회적 가치를 동시 추구하기 때문에 필요한 자원과 능력을 모두 가지는 것은 비용측면 또는 효과성 측면에서 불가능하다. 장기적 관점에서 전략적 파트너십이 중요한 요소이다.

마지막으로, 가치 관련 활동을 수행하는 조직들의 물리적, 문화적, 제도적 위치를 변화시키는 것이다. 단순히 물리적 변화뿐만 아니라, 문화적, 제도적 변화를 통해서 비즈니스 모델을 혁신할 수 있다. 사회적 기업이 수행하는 사회적 목표는 이해당사자의 이익을 극대화하는 것이 아니라, 취약계층에게 최대의 사회서비스를 제공하는 것이다. 사회적 기업에 종사하거나 관련된 조직의 사명감이 없이는 불가능하다. 건전한 조직문화 및 제도적 변화를 통해서 관련 종사자들의 내적 만족감을 높여 자발적인 참여를 유도할 필요가 있다.

사회적 기업의
지속가능성을 위한 정책 개선

① 사회적 기업 개념의 확대

우리나라 사회적 기업의 개념은 사회적기업육성법에서 정하는 기준에 따라서 인증받은 조직만이 사회적 기업이 될 수 있다. 외국은 사회적 기업과 사회적 경제가 혼용되고 있다. 그렇지만 우리나라는 사회적 경제 관련 조직 중에서 엄격한 기준으로 인증받은 조직만이 사회적 기업이 될 수 있다. 사회적기업육성법에서 정의한 "사회적 기업이란 취약계층에게 사회서비스 또는 일자리를 제공하거나 지역사회에 공헌함으로써 지역주민의 삶의 질을 높이는 등의 사회적 목적을 추구하면서 재화 및 서비스의 생산·판매 등 영업활동을 하는 기업"이다. 기본적으로 사회적 기업에 준하는 목적을 수행하고 영업활동을 할지라도, 엄격한 인증조건을 만족하지 못할 경우 사회적 기업이라 할 수 없는 단점이 있다.

현재 사회적 기업이 될 수 있는 조직은 협동조합 등 비영리 조합, 사단/재단법인, 사회복지법인 등 비영리 민간단체, 상법상 회사, 기타 마을기업, 자활기업, 농어촌공동체회사 등 다양한 형태이다. 이 중에서 마을기업, 협동조합, 자활기업, 농어촌공동체회사 등은 사회적 경제 조직들로 조직 설립의 근간이 되는 법률이 서로 다르다. 또한, 이들을 지원하기 위한 조직과 정책이 부처별로 분산되어서 추진되고 있다. 이들 중 사회적 기업으로 인증을 받은 조직은 사회적기업육성법을 근거로 정부차원에서 지원을 받고 있다. 사회적 기업 인증을 받지 않고 사회서비스를 제공하는 사회적 경제 조직의 일부는 개별적인 법률을 바탕으로 정부지원을 받고 있으나, 일부는 법적인 근거 없이 한시적인 정부재정사업으로 지원을 받고 있다. 일부 조직은 사회적 기업 관련 법률에 의한 지원과 동시에 개별 법률에 의한 지원이 가능하고, 일부 조직은 지원이 상당히 부족하다. 현재 사회서비스를 제공하는 사회적 경제 관련 조직을 지원하는 근거가 되는 사회적 경제 관련 법은 정부차원의 상위법이 없이 하위법인 각 지방자치단체가 조례를 제정하여 지원하고 있다.

정부차원에서 사회적 경제 조직을 지원하는 사회적 경제 기본법을 제정한 후 기타 제도 및 법률을 체계적으로 정비할 필요가 있다. 사회적 목표를 달성하기 위하여 경제적 활동을 수행하는 다양한 조직을 포괄할 수 있는 사회적 경제

그림 15-1 사회적 기업과 사회적 경제의 법적 구분

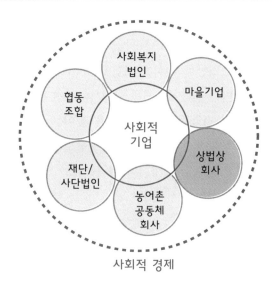

* 상법상 회사는 사회적 기업을 제외하고 일반적으로 사회적 경제 조직이 아님.

의 개념을 도입하고, 이를 법제도적 인증과 관계없이 사회적 기업에 도입할 필요가 있다. 이를 바탕으로 국가 전체의 사회서비스 전략목표 및 세부 사업 간 핵심 과제 등 종합적인 계획 수립이 필요하다(강정석 외, 2017).

2 사회적 기업 인증 및 지원제도 개선

사회적 기업은 사회적기업육성법의 인증 절차에 의해 엄격하게 규정되고 있으며, 인증을 받은 사회적 기업만이 법률에 근거한 다양한 지원을 받을 수 있다. 반면, 사회적 경제 관련 타 법률은 사회적 경제 관련 조직이 기본 원칙을 준수하는 경우 정부의 지원정책을 받을 수 있도록 하고 있다.

2017년 12월 기준 사회적 기업으로 인증되어 있는 조직을 살펴보면, 총 1,877개 사회적 기업 중 상법상법인이 1,113개로 59.3%를 차지한다. 다음으로 민법상법인 13.7%, 협동조합 및 기타 18.0%, 비영리민간단체 4.7%, 사회복지법인 4.3%이다. 상법상법인이 상당한 부분을 차지하고 있는 이유는 사업 및 서비스 형태, 영업활동을 통한 수입기준 등 엄격한 인증 절차에 따른 것으로 판단된다. 한편으로, 사회적 경제 관련 타 법률이나 조례에서 지원이 충분할 경우 사회적 기업 인증 조건을 갖추었더라도 신청하지 않을 수 있으며, 타 법률에 기반하여 지원을 받을 가능성도 있다.

사회적 기업의 개념을 도입하는 초창기에는 사회서비스를 위한 정부정책과 지원을 명확하게 하기 위한 인증제도가 필요하였다. 그렇지만 점차 사회적 문제를 해결하기 위한 방법이 다양해지고, 시민사회의 참여가 확대되고 있다. 그러므로 사회적 기업에 대한 엄격한 인증제보다는 등록제 또는 지정제, 인증기준 완화 등이 필요할 것으로 판단된다. 등록제 또는 지정제를 통해서 법률이 정한 일정한 요건을 갖추면 이를 사회적 기업으로 인정할 필요가 있다. 사회적 가치 확대를 위한 사회적 기업의 장기 로드맵을 바탕으로 한 정부지원 정책에 자발적으로 참여할 수 있는 자격을 인정하는 것이 타당하다(김성기, 2011).

사회적 기업을 지원하기 위한 정부 정책은 대부분 직접적으로 재정을 지원하는데 초점이 맞추어져 있다. 우리나라 사회적 기업의 경우 자립적으로 지속가능성을 높이기 위한 노력보다 인건비, 세금감면 등 정부재정지원에 의존하려는 경향이 높다. 오랫동안 정부의 재정지원 정책을 지속할 경우 정부의 부담도 가중될 수 있다(최조순, 2012). 궁극적으로 사회적 기업의 지속가능성인 자체적인 경제적 활동을 통한 수익구조 확보 또는 외부의 안정적인 기부처 확보를 게을리 할 수 있다.

사회적 기업은 공공중심 서비스 산업의 한 축으로 자리를 잡아가고 있다. 직접적인 경제적 지원보다 시장경제체계에서 환경적 수용성을 높일 수 있는 지원이 보다 필요하다. 사회적 기업을 중심으로 한 생태계가 선순환 구조를 가지기 위해서는 수요조건에 대한 명확한 파악뿐만 아니라 이를 바탕으로 판로 및 구매지원을 할 필요가 있다. 또한 대학 등을 중심으로 사회적 기업을 효율적으로 운영할 수 있는 사회적 기업가를 양성함과 동시에 경영 컨설팅 지원 등을 체계화해야 한다(강정석 외, 2017).

또한 취약계층의 고용 창출에 기여하는 일자리 제공형 사회적 기업에 대해서는 지원기간 및 취약계층의 범위에 대해서 다양화할 필요가 있다. 중증장애인, 약물중독자, 노숙자 등과 같이 정규 노동시장에 진입하기 힘든 취약계층은 지속적으로 정부지원이 필요한 반면, 장기실업자, 경력단절자 등과 같은 경우는 지원기간을 짧게 가지고 가더라도 일반 노동자와 동일한 경쟁력을 확보할 수 있을 것이다.

③ 사회서비스 및 시장기능 확대

사회적 기업이 창출하고자 하는 사회적 가치는 크게 일자리, 사회서비스, 지역사회공헌 등이며, 사회서비스는 다양한 형태로 나타나고 있다. 그렇지만 사회적 기업이 제공하고 있는 사회적 가치의 수혜 계층과 분야가 일부 분야에 국한될 수 있다는 우려가 있다.

2017년 12월 기준 사회적 기업을 사회적 목적을 중심으로 분석하면, 전체 1,811개 기업 중 일자리 제공형이 1,287개로 68.6%를 차지하고 있다. 다음이 9.4%, 사회서비스 제공형 6.2%, 지역사회공헌형 4.8%를 차지하고 있다. 사회적 기업 중 약 70%가 취약계층의 일자리 제공형으로 특정 사회서비스 분야에 집중되어 있음을 알 수 있다. 취약계층의 사회서비스 제공형은 6.3%로 상당히 취약하다. 또한 취약계층의 정의는 장애인, 실업자, 새터민 등으로 다양하나, 사회적 기업이 실질적이면서 다양한 형태의 취약계층을 고용하지 않을 가능성이 존재한다. 또한, 사회서비스 중에서도 청소, 교육 분야가 많은 비중으로 차지고 있으며, 다양한 형태의 서비스가 이루어지지 않고 있다.

우리 사회는 급격한 환경 변화에 함께 다양한 사회서비스에 대한 필요성과 수요가 지속적으로 증가하고 있다. 이를 해결하기 위한 방안으로 다양한 사회서비스를 확대하면서 시장이 이를 제공할 수 있도록 하여야 한다. 현재 정부재정에서 사회복지에 대한 지출이 확대되고 있지만, 공공부문에서 이를 효율적으로 충족시키지 못하고 있다. 또한 사회서비스 공급기관을 확대하기 위하여 정부지출 확대, 기업참여 독려, 사회적 기업 확대 등을 통해 일부 시장화를 추진하였지만, 수요 감소로 사회서비스의 질이 저하되거나 공급 부족과 같은 부작용이 나타나고 있다.

그럼에도 불구하고, 사회서비스의 산업화를 통해서 시장기능을 확대함으로써 수요를 증대시켜야 한다. 우리나라는 선진국에 비해서 서비스 공급기관의 수가 적기 때문에, 사회서비스의 민간확대는 시장경쟁체제를 바탕으로 서비스 질을 높일 수 있다. 또한, 이를 통해 고용을 창출할 수도 있다(정무성 외, 2011). 그러기 위해서는 사회서비스를 위탁계약 중심으로 민영화한 미국이나 준시장화를 도입한 영국 등을 세밀히 검토하고 구체적인 계획을 수립하여 실행할 필요가 있다.

참고문헌

■ 국내 논문 및 단행본

강욱모, 심창학. (2012). 사회적 기업을 말한다: 이론과 실제. 오름.

강정석, 진종순, 이정환, 노용휘, 문신일, 한승주, 오윤경, 박선주, 이동은, 하은희, 김혜진. (2017). 공동체 중심 서비스를 위한 시스템 및 인프라 구축 방안. 경제·인문사회연구회.

강혜규, 노대명, 박세경, 강병구, 이상원, 조원일, 이병화. (2007). 사회서비스 확충방안 연구: 주요 사회서비스 수요 추계 및 정책과제.

강혜규, 김형용, 박세경, 최현수, 김은지, 최은영, 황덕순, 김보영, 박수지. (2007). 사회서비스 공급의 역할분담 모형개발과 정책과제. 한국보건사회연구원 연구보고서.

김명희. (2008). 영국의 사회적 기업 사례 연구와 한국에의 정책적 함의. 사회복지정책, 33, 135−157.

김성기. (2011). 사회적 기업의 이슈와 쟁점. 아르케.

김성기, 김정원, 변재관, 신명호, 이견직, 이문국, 이성수, 이인재, 장원봉, 장종익. (2014). 사회적 경제의 이해와 전망. 아르케.

김숙연, 김재준. (2013). 균형성과표(BSC)를 적용한 사회적기업의 성과평가지표 개발에 관한 연구. 글로벌경영학회지, 10, 217−239.

김일중. (2003). 환경정책의 비용/편익분석 지침서 개발에 관한 연구. 환경부.

김정원. (2009). 사회적 기업이란 무엇인가?. 아르케.

김혜원. (2007). 사회서비스 분야 사회적 기업은 지속가능한가. 노동리뷰, 31−50.

꿈과미래사회연구원. (2013). 마을기반형 사회적 경제 활성화 방안 연구.

남승연, 조창현, 정무권. (2010). 사회적 기업의 개념화와 유형화 논쟁. 창조와 혁신, 3, 129−173.

남미옥. (2014). 노동 통합 사회적기업의 지속가능성. 사회적 기업과 정책연구, 3(2), 71−102.

남상민. (2009). 지속가능성보고서를 토대로 한 기업 지속가능가치평가. 한국콘텐츠학회논문지, 9(10), 339−348.

남찬섭. (2012). 사회복지서비스와 사회서비스의 개념과 범주, 어떻게 확립할 것인가?. 사회보장법 개정에 따른 사회(복지)서비스 정책 쟁점과 과제. 한국사회복지학회 · 한국사회서비스학회.

노대명. (2007). 한국 사회적경제(Social Economy)의 현황과 과제: 사회적 경제의 정착 과정을 중심으로. 시민사회와 NGO, 5(2), 35−73.

노영희. (2015). 한국의 사회적 경제 DB 구축을 위한 메타데이터 개발에 관한 연구. 사회과학연구, 26(3), 267−311.

라준영. (2010). 사회적 기업의 비즈니스모델. 기업가정신과 벤처연구, 13(4), 136−137.

박대석, 박상하, 고두갑 역. (2009). 사회적 기업 1. 시그마프레스.

박정윤, 권영철. (2010). 전통적 기업과 사회적 기업의 연계전략에 대한 탐색적 연구. 로고스경영연구, 8(1), 1−22.

서정민, 전동일, 이인재. (2012). 보건복지부 사회서비스 바우처사업이 경제에 미치는 영향. 한국사회복지행정학, 14(3), 1−30.

송인방. (2014). 사회적 경제 조직의 지속가능을 위한 몇 가지 법적 검토. 법학연구, 25(3), 393−427.

엄형식. (2008). 한국의 사회적 경제와 사회적 기업: 유럽 경험과의 비교와 시사점. 실업극복국민재단 함께 일하는 사회 정책연구원.

오현택. (2010). 지속가능경영과 지속가능성 측정. 경영경제연구, 33(1), 44−77.

이광택, 이정헌, 박연진, 엄한진, 최혁진, 이강익, 박정환, 이명희, 김현미, 홍원표. (2011). 사회적 기업 영역, 어디까지인가?. 함께일하는재단.

이동현. (2003). A business model approach to Strategic management. 한국전략경영학회 학술대회발표논문집, 99−118.

이성현, 박도준. (2012). 여섯 가지 구성요소를 이용한 비즈니스 모델 프레임워크 개발 및 적용. e−비즈니스연구, 13(2), 203−222.

이영범, 박성우, 남승연, 정무권. (2012). 근거이론을 통한 사회적기업의 지속발전 모형에 대한 연구. 한국사회와 행정연구, 22(4), 355−387.

이윤재. (2010). 사회적 기업 경제. 탑북스.

이진민, 이상식. (2017). 사회적 기업의 성과와 지속가능성의 성공요인에 관한 연구. 한국산업정보학회논문지, 22(2), 123－142.

이태진, 홍경준, 김사현, 유진영, 손기철, 박형존. (2010). 사회통합을 위한 복지정책의 기본방향, 한국보건사회연구원.

임팩트스퀘어. (2013). 사회적 성과 평가 방법론의 글로벌 발전 동향 연구.

장영란, 홍정화, 차진화. (2012). 사회적 기업의 성과 및 지속가능성에 영향을 미치는 요인에 대한 연구. 회계정보연구, 30(2), 175－207.

정경희, 이현주, 박세경, 김영순, 최은영, 이윤경, 최현수, 방효정. (2006). 한국의 사회서비스 쟁점 및 발전전략. 한국보건사회연구원.

정무성, 황정은, 김수영, 현종철, 서정민. (2011). 사회적 기업과 사회서비스. 공동체.

정영순, 송연경. (2010). 노동통합 사회적기업 발전 방안 연구: 영국과 한국의 비교 분석. 사회보장연구, 26(4), 265－292.

정선희. (2004). 사회적 기업. 다우.

조달호, 유인혜, 정현철. (2016). 서울시 사회적기업의 성과 평가. 서울연구원.

조현승. (2007). 주요 선진국의 사회서비스 민영화 사례 및 시사점. KIET 산업경제, 109(10), 44－54.

주상호, 이광순. (2016). 사회적 기업의 비즈니스모델을 통한 사례분석 연구. 인문사회 21, 7(4), 167－186.

차미숙, 윤윤정. (2012). 영국의 지역사회통합지표 개발·활용사례 및 정책적 시사점. 국토, 102－111.

차미숙, 임은선, 김혜승, 윤윤정. (2011). 사회통합을 위한 지역적 대응과제: 지역사회통합지수 개발 및 활용방안. 국토연구원 이슈페이퍼.

최조순. (2012). 사회적 기업의 지속가능성과 기업가 정신. 한국학술정보(주).

최조순, 김태영, 김종수. (2011). 도시재생과 사회적기업의 역할. 도시행정학보, 24(1), 283－302.

최홍근, 유연우. (2013). 사회적 기업의 성과분석에 관한 사례연구: 인천시 남동구를 중심으로. 지방행정연구, 27(1), 351－377.

한국사회적기업진흥원. (2018). 2018년 사회적 가치지표(SVI) 활용 매뉴얼.

한국임팩트평가. (2013). 사회적 성과 평가의 역사와 현황 및 국내 적용에 대한 연구.

황덕순, 박찬임, 길현종. (2015). 사회적 경제 이슈와 쟁점. 한국노동연구원 연구보고서. 한국노동연구원.

황석중. (2011). 환경분야 사회적기업 육성방안. 환경부.

Cooney, K. (2014). 미국 사회적 기업의 새로운 방향, 국제노동브리프, 12(10), 31－46.

■ 해외 논문 및 단행본

Afuah, A., & Tucci, C. L. (2001). Internet business models and strategies (p. 358). McGraw-Hill.

Al-Debei, M. M., & Avison, D. (2010). Developing a unified framework of the business model concept. European journal of information systems, 19(3), 359-376.

Alter, S. K. (2002). Case studies in social enterprise: Counterpart international's experience. Counterpart international.

Alter, K. (2007). Social enterprise typology. Virtue ventures LLC, 12, 1-124.

Amit, R., & Zott, C. (2001). Value creation in e-business. Strategic management journal, 22(6-7), 493-520.

Austin, J., Stevenson, H., & Wei-Skillern, J. (2006). Social and commercial entrepreneurship: Same, different, or both?. Entrepreneurship theory and practice, 30(1), 1-22.

Auteri, M. (2003). The entrepreneurial establishment of a nonprofit organization. Public organization review, 3(2), 171-189.

Bambury, P. (1998). A taxonomy of internet commerce. First monday, 3(10).

Bebbington, J., & Gray, R. (2001). An account of sustainability: failure, success and a reconceptualization. Critical perspectives on accounting, 12(5), 557-587.

Borzaga, C., & Defourny, J. (Eds.). (2004). The emergence of social enterprise (Vol. 4). Psychology press.

Brouard, F., & Larivet, S. (2010). Essay of clarifications and definitions of the related concepts of social enterprise, social entrepreneur and social entrepreneurship. Handbook of research on social entrepreneurship, 29-56.

Brousseau, E., & Pénard, T. (2007). The economics of digital business models: A framework for analyzing the economics of platforms. Review of network economics, 6(2).

Bull, M., & Crompton, H. (2006). Business practices in social enterprises. Social enterprise journal, 2(1), 42-60.

Burkhart, T., Krumeich, J., Werth, D., & Loos, P. (2011). Analyzing the business model concept-a comprehensive classification of literature.

Campbell, M. (1999). The third system employment and local development, Policy research, Institute.

Casadesus−Masanell, R., & Ricart, J. E. (2011). How to design a winning business model. Harvard business review, 89(1/2), 100−107.

Chesbrough, H., & Rosenbloom, R. S. (2002). The role of the business model in capturing value from innovation: Evidence from Xerox Corporation's technology spin-off companies. Industrial and corporate change, 11(3), 529−555.

Clark, C., Rosenzweig, W., Long, D., & Olsen, S. (2004). Double bottom line project report: Assessing social impact in double bottom line ventures. The rockefeller foundation.

Defourny, J., & Nyssens, M. (2010). Conceptions of social enterprise and social entrepreneurship in Europe and the United States: Convergences and divergences. Journal of social entrepreneurship, 1(1), 32−53.

Defourny, J., & Nyssens, M. (2012). The EMES approach of social enterprise in a comparative perspective (No. UCL−Université Catholique de Louvain).

Demil, B., & Lecocq, X. (2010). Business model evolution: in search of dynamic consistency. Long range planning, 43(2), 227−246.

Doherty, B., Haugh, H., & Lyon, F. (2014). Social enterprises as hybrid organizations: A review and research agenda. International journal of management reviews, 16(4), 417−436.

Dubosson-Torbay, M., Osterwalder, A., & Pigneur, Y. (2002). E-business model design, classification, and measurements. Thunderbird international business review, 44(1), 5−23.

Forrer, J., Kee, J. E., Newcomer, K. E., & Boyer, E. (2010). Public-private partnerships and the public accountability question. Public administration review, 70(3), 475−484.

Foss and Saebi (2015). Business model innovation. Oxford university press.

Ghaziani, A., & Ventresca, M. J. (2005). Keywords and cultural change: Frame analysis of business model public talk, 1975-2000. Sociological forum, 20(4), 523−559.

Gordijn, Jaap, and J. M. (2003). Akkermans. Value−based requirements engineering: Exploring innovative e−commerce ideas. Requirements engineering, 8(2), 114−134.

Haigh, N., & Hoffman, A. J. (2014). The new heretics: Hybrid organizations and the challenges they present to corporate sustainability. Organization & Environment, 27(3), 223−241.

Hasenfeld, Y., & Gidron, B. (2005). Understanding multi−purpose hybrid voluntary organizations: The contributions of theories on civil society, social movements and non−profit organizations. Journal of civil society, 1(2), 97−112.

Johanisova, N., Crabtree, T., & Fraňková, E. (2013). Social enterprises and non− market capitals: A path to degrowth?. Journal of cleaner production, 38, 7−16.

Johnson, G., Scholes, K., & Whittington, R. (2008). Exploring corporate strategy: Text & cases. Pearson education.

Joldersma, C., & Winter, V. (2002). Strategic management in hybrid organizations. Public management review, 4(1), 83−99.

Jutla, D., Bodorik, P., & Wang, Y. (1999). Developing internet e−commerce benchmarks. Information systems, 24(6), 475−493.

Kaplan, R. S., & och Norton, D. P. (1992). The balanced scorecard: Translating strategy into action. Harvard business review, January−February.

Kerlin, J. A. (2006). Social enterprise in the United States and Europe: Understanding and learning from the differences. Voluntas: International journal of voluntary and nonprofit organizations, 17(3), 246.

Laudon, K. C., & Traver, C. G. (2001). E−Commerce: Business, technology society. Addison−wesley longman publishing Co.

Lee, I. (2015). A social enterprise business model for social entrepreneurs: Theoretical foundations and model development. International journal of social entrepreneurship and innovation, 3(4), 269−301.

Lee, M., & Battilana, J. (2013). How the zebra got its stripes: Imprinting of individuals and hybrid social ventures.

Linder, J., & Cantrell, S. (2000). So what is a business model anyway. Accenture institute for high performance business.

Mahadevan, B. (2000). Business models for Internet−based e−commerce: An anatomy. California management review, 42(4), 55−69.

Magretta, J. (2002). Why business models matter.

Michelini, L., & Fiorentino, D. (2012). New business models for creating shared value. Social responsibility journal, 8(4), 561−577.

Morris, M., Schindehutte, M., & Allen, J. (2005). The entrepreneur's business model: Toward a unified perspective. Journal of business research, 58(6), 726−735.

Osterwalder, A., & Pigneur, Y. (2010). Business model generation: A handbook for visionaries, game changers, and challengers. John Wiley & Sons.

Osterwalder, A., Pigneur, Y., & Tucci, C. L. (2005). Clarifying business models: Origins, present, and future of the concept. Communications of the association for information systems, 16(1), 1−25.

Rahmani, Q. A. (2014). Understanding the business model of social enterprise: A case study of indonesia mengajar.

Rahmani, Q. A. (2016). Business model canvas for social enterprise, Journal of business and economics, 7(4), 627−637.

Rappa, M. (2001). Managing the digital enterprise−business models on the Web.

Rayport, J. F., & Jaworski, B. J. (2000). e−Commerce. McGraw−Hill higher education.

Richardson, J. (2008). The business model: An integrative framework for strategy execution. Strategic change, 17(5-6), 133−144.

Salamon, L. M. (1995). Partners in public service: Government−nonprofit relations in the modern welfare state. JHU Press.

Seddon, P. B., Lewis, G. P., Freeman, P., & Shanks, G. (2004). The case for viewing business models as abstractions of strategy. The Communications of the association for information systems, 13(1), 64.

Shafer, S. M., Smith, H. J., & Linder, J. C. (2005). The power of business models. Business horizons, 48(3), 199−207.

Sharir, M., & Lerner, M. (2006). Gauging the success of social ventures initiated by individual social entrepreneurs. Journal of world business, 41(1), 6−20.

Sikdar, S. K. (2003). Sustainable development and sustainability metrics. AIChE journal, 49(8), 1928−1932.

Slywotzky, A. J., & Morrison, D. J. (1997). The profit zone, Times business. NY.

Smallbone, D., & Welter, F. (2001). The distinctiveness of entrepreneurship in transition economies. Small business economics, 16(4), 249−262.

Smith G. (2012). The non profit business model canvas: Innovative non profit, available on line at: http://www.innovativenonprofit.com/2012/08/the−nonprofit−business−model−canvas−2/#.Uzz5ivmSwoy.

Teece, D. J. (2010). Business models, business strategy and innovation. Long range planning, 43(2), 172−194.

Tengvald, K. (2000). Outcome issues in Swedish soical services and outcome indicators used in studies from the centre for evaluation of social services (CUS).

Thompson, J., & Doherty, B. (2006). The diverse world of social enterprise: A collection of social enterprise stories. International journal of social economics, 33(5/6), 361−375.

Timmers, P. (1998). Business models for electronic markets. Electronic markets, 8(2), 3−8.

Venkatraman, N., & Henderson, J. C. (1998). Real strategies for virtual organizing. Sloan management review, 40(1), 33−48.

Wallace, B. (2005). Exploring the meaning (s) of sustainability for community−based social entrepreneurs. Social enterprise journal, 1(1), 78−89.

Weill, P., Malone, T. W., D'Urso, V. T., Herman, G., & Woerner, S. (2005). Do some business models perform better than others? A study of the 1000 largest US firms. MIT Center for coordination science working paper, 226.

Wheeler, D., Colbert, B., & Freeman, R. E. (2003). Focusing on value: Reconciling corporate social responsibility, sustainability and a stakeholder approach in a network world. Journal of general management, 28(3), 1−28.

Wilson, F., & Post, J. E. (2013). Business models for people, planet (& profits): exploring the phenomena of social business, a market−based approach to social value creation. Small business economics, 40(3), 715−737.

Wirtz, B. W. (2011). Business model management. Design-Instrumente-Erfolgsfaktoren von Geschäftsmodellen.

Wirtz, B. W., Pistoia, A., Ullrich, S., & Göttel, V. (2016). Business models: Origin, development and future research perspectives. Long range planning, 49(1), 36−54.

Yunus, M., Moingeon, B., & Lehmann−Ortega, L. (2010). Building social business models: Lessons from the grameen experience. Long range planning, 43(2−3), 308−325.

Zott, C., & Amit, R. (2007). Business model design and the performance of entrepreneurial firms. Organization science, 18(2), 181−199.

■ 웹사이트

가이드스타(http://guidestar.or.kr/)

농촌살림연구소(www.mamter.com)

농어업경영체 육성 및 지원에 관한 법률(http://www.law.go.kr/lsInfoP.do?lsiSeq=192 486&efYd=20170922#0000)

뉴시니어라이프(http://www.newseniorlife.co.kr/)

문화재청(http://www.cha.go.kr/)

법제처 국가법령정보센터(http://www.law.go.kr/)

보건복지부(http://www.mohw.go.kr)

원주노인생활협동조합(http://www.coop6080.com/)

유시스커뮤니케이션(http://www.youthis.co.kr/)

재단법인 행복한학교(http://www.happy−school.org/)

사단법인 백제문화원(http://www.gajahistory.kr/)

사단법인 장애우권익연구소 리드릭(http://www.ridplus.com/)

사회보장정보원(http://www.socialservice.or.kr/)

사회복지법인 노인낙원 효도사업단(http://hydoclub.cafe24.com)

사회복지법인 빛과소금복지재단(http://www.thesarang.org/)

사회복지법인 평화의마을(http://peacevil.ejeju.net/)

사회적기업육성법(http://www.law.go.kr/lsInfoP.do?lsiSeq=122694&efYd= 20120802#0000)

사회적기업육성법 시행규칙(http://www.law.go.kr/lsInfoP.do?lsiSeq=192859&efYd= 20170324#0000)

사회적협동조합 시흥희망의료복지(https://www.facebook.com/shmed0919/)

사회적협동조합 홀더맘 심리리언어발달센터(http://hdmom.kr/)

생드르영농조합법인(www.saengdr.com)

오가니제이션요리(http://www.orgyori.com/)

지구여행학교(http://cafe487.daum.net/_c21_/home?grpid=19WDG)

전자공시시스템(http://dart.fss.or.kr/)

(재)다솜이재단(http://www.dasomi.org/)

㈜대가야체험캠프(http://www.daegayacamp.com/)

㈜동부케어(http://www.idbc.kr/)

㈜포스코휴먼스(http://poscohumans.com/)

㈜행복더하기(http://www.happy3040.com/)

한국사회적기업진흥원(http://www.socialenterprise.or.kr/)

협동조합(http://www.coop.go.kr/)

협동조합기본법(http://www.law.go.kr/LSW/LsiJoLinkP.do?lsNm=%ED%98%91%
    EB%8F%99%EC%A1%B0%ED%95%A9+%EA%B8%B0%EB%B3%B8%EB
    %B2%95#)

한국사회적기업연구원(http://www.rise.or.kr)

Korean Social Enterprise Promotion Agency(http://www.socialenterprise.or.kr)

NESsT(http://www.nesst.org)

Organisation for Economic Co-operation and Development(OECD)(http://www.
    oecd.org)

Social Enterprise Alliance(http://www.se-alliance.org)

Social Enterprise Magazine Online(http://www.socialent erprisemagazine.org)

Social Enterprise UK(http://www.socialenterprise.org.uk)

Social Enterprise West Midlands(http://www.socialenterprisewm.org.uk)

UK Central/Government's Department for Business, Innovation and Skills(http://
    www.gov.uk)

■ 신문기사 및 블로그 등

고양파주시민연합뉴스. (2017). '행복더하기' 기업 이·미용 등 사회봉사에 앞장. 2017.
    07.05. (http://www.pajuilbo.com/technote7/board.php? board=ggg4talk&se
    arch=%ED%96%89%EB%B3%B5%EB%8D%94%ED%95%98%EA%B8%B0&s
    hwhere=tbody& command=body&no=782)

경향신문. (2009). '[사회적 기업이 희망이다] (34) 리드릭'. 2009.11.22. (http://news.khan.co.kr/kh_news/khan_art_view.html?artid=200911221742375)

매일경제. (2015). 'SK그룹 '행복한 학교' 고마워요'. 2015.07.28. (http://news.mk.co.kr/newsRead.php?year=2015&no=724383)

데일리메디. (2013). '순천향 · 건국대병원 '공동간병제' 만족도↑'. 2013.12.16. (http://www.dailymedi.com/detail.php?number=775034)

백제문화원 블로그, https://blog.naver.com/gajahistory

머니투데이. (2017). '성북구 '시니어라이프' '세진플러스' 10대 사회적 기업 선정'. 2017.06.20. (http://m.mt.co.kr/renew/view.html?no=2017062017548288673&googleamp)

오마이뉴스. (2014). '인문학과 요리의 만남, 맛있는 청소년대안학교'. 2014.11.12. (http://omn.kr/asic)

한겨레. (2012). '소시지 생산 10년만에 경제적 자립 달성'. 2012.3. http://www.hani.co.kr/arti/economy/heri_review/540706.html)

부산일보. (2017). "[노인도 행복한 부산] 9. 원주노인생협의 성공 모델'. 2017.06.16. (http://news20.busan.com/controller/ newsController.jsp?newsId=20170615000255)

주간시흥. (2016). ''희망치과' 가족처럼 편안한 치과로 인기'. 2016.11.22. (http://www.sh-news.com/sub_read.html?uid=14975)

찾아보기

저자 소개

이정환

명지대학교 경영대학 국제통상학과 교수로 재직 중이며, 한국전략경영학회 이사, 한국중견기업학회 상임이사 및 한국공정거래학회 총무이사로 활동하고 있다. 고려대학교 금속공학과 학사, 서울대학교 금속공학과 석사, KAIST 테크노경영대학원 MBA를 거쳐 서울대학교 경영대학 경영전략/국제경영 전공으로 박사학위를 취득하였다. 삼성전기(주)에서 중앙연구소 기술전략팀 차장을 역임하면서 회사의 중장기 경영전략 및 사업전략을 수립하는 등 다양한 경험을 하였다.

대학에서 경영전략, 국제경영학, 혁신연구, 벤처경영론을 가르치고 있으며, 관련 분야의 국내외 유명 학술지에 다수의 논문을 게재하였다. 저서로는 한 장 보고서의 달인이 되라: 화이트칼라 이노베이션 전략이 있다.

사회적 기업과 비즈니스 모델

초판발행	2019년 6월 1일
중판발행	2021년 3월 10일
지은이	이정환
펴낸이	안종만 · 안상준
편 집	김효선
기획/마케팅	정성혁
표지디자인	이미연
제 작	고철민 · 조영환
펴낸곳	(주) **박영사**
	서울특별시 금천구 가산디지털2로 53, 210호(가산동, 한라시그마밸리)
	등록 1959. 3. 11. 제300–1959–1호(倫)
전 화	02)733 – 6771
f a x	02)736 – 4818
e-mail	pys@pybook.co.kr
homepage	www.pybook.co.kr
ISBN	979 – 11 – 303 – 0762 – 6 93320

* 잘못된 책은 바꿔드립니다. 본서의 무단복제행위를 금합니다.
* 저자와 협의하여 인지첩부를 생략합니다.

정 가   18,000원